アッシジのフランチェスコと自然

自然環境に対する西洋キリスト教的態度の伝統と革新

St. Francis of Assisi and Nature

Tradition and Innovation in Western Christian Attitudes toward the Environment

R. D. ソレル［著］　金田俊郎［訳］

教文館

最も柔和にして創造的なる人、
全ての人類がその遺産に愛を込め
時代を越えて語り継いでいる人、
アッシジのフランチェスコへ。

St. Francis of Assisi and Nature:
Tradition and Innovation in Western Christian Attitudes toward the Environment

by Roger D. Sorrell

謝辞

コーネル大学のブライアン・ティアニー博士には特別な感謝をささげねばならない。その絶え間ない支援と理にかなった批判がなければ、この研究が刊行されることはなかっただろう。また私はその研究によって大いに鼓舞された先行する二人の研究者の恩義に謝意を表さなければならない。エドワード・A・アームストロングの『聖フランチェスコ、自然神秘家――フランチェスコ伝記における自然の物語の起源と意義』は、本研究で考察した多くの逸話の、完全な収集と最初の分析としてすこぶる有益であった。またローレンス・カニングハムの研究、特にその『アッシジの聖フランチェスコ』は、キリスト教の伝統へのフランチェスコの依存関係という、この分野における難問にたいする注意深い研究のため、素晴らしい基礎を供給してくれた。

その惜しみない精神的支援と草稿の素読によって助力してくれた、親愛なる友ケビン・シューダ、ウィリアム・バールマン、モヤ・デュプリカには、同じく特別の恩義を被っている。

本書に含まれる聖書の引用は改訂標準訳（*Revised Standard Version Bible*, ©1946, 1952, 1971）からであり、アメリカ合衆国キリスト教協議会のキリスト教教育部の許可により使用した。フレデリック・ゴールディン訳の『吟遊詩人たちの叙情詩』（©1976）からの引用は、バンタム・ダブルデイ・デル出版グループの一部門ダブルデイの許可により再録している。また同じく、以下の各書からの文章引用について、それぞれの出版社からの許可に心より謝意を表する。すなわち、L・カニングハムの『兄弟フランチェスコ――アッシジの聖フランチェスコによる著作および彼に関する著作からの詞華集』(©1972)、ハーパー&ロウ社。アウグスティヌスの『告白録』(R・S・パイン‐コフィン編訳、©1961)およびアウグスティヌスの『神の国――異教徒にたいして』(H・ベッテンソン訳、©1972)、ペンギンブックス。プロティノスの『エネアーデス』(S・マッケンナ訳、第四版、©1969)、フェーバー&フェーバー社。E・A・アームストロングの『聖フランチェスコ、自然神秘家――フランチェスコ伝記における自然の物語の起源と意義』(©1973)、カリフォルニア大学出版。O・エングルベールの『アッシジの聖フランチェスコ、伝記』(E・クーパー訳、第二版、©1972)、および『アッシジの聖フランチェスコ、著作と初期伝記――聖フランチェスコの生涯に関する資料の英訳選集』(M・ハービッグ編、改訂第三版、©1973)、フランシスカンヘラルド出版。L・ビーラーの『アイルランド、中世の先駆者』(©1963)、『神秘主義と哲学的分析』(S・カッツ編、©1978)、『神秘主義と宗教的伝統』(S・カッツ編、©1983)、オックスフォード大学出版。以上の各社である。

一九八八年六月　シアトルにて　R・D・S

目次

装丁　桂川　潤

略記

抜粋されているフランチェスコの著作

EX　『神への賛美の励まし（*Exhortatio ad Laudem Dei*）』
LH　『全時課に唱えられるべき賛美（*Laudes Horarum*）』
RB　『勅書によって裁可された会則［一二二三年会則］（*Regula Bullata*）』
RNB　『勅書によって裁可されていない会則［一二二一年会則］（*Regula non Bullata*）』
SV　『諸徳への挨拶（*Salutatio Virtutum*）』

初期伝記と聖人伝

FF　『聖フランチェスコの小さき花（*I Fioretti di San Francesco*）』
F II　同「聖痕についての考察（*F-Stigmata*）」*
NewF　『新・小さき花（*New Fioretti*）』（Habig 版英訳全集所蔵の断片集*）
Actus　『祝福されたフランチェスコと彼の仲間たちの事跡（*Actus Beati Francisci et Sociorum Eius*）』*
LP　『ペルージア伝記（*Legenda Perugina*）』

ML　ボナヴェントゥラ『聖フランチェスコの大伝記（*Legenda Maior*）』
MNL　ボナヴェントゥラ『聖フランチェスコの小伝記（*Legenda Minor*）』
MP　『完全の鑑（*Speculum Perfectionis*）』
3 Comp.　『三人の伴侶の伝記（*Legenda Trium Sociorum*）』
TM　チェラノのトマス『祝福されたフランチェスコの奇跡についての論考（*Tractatus de Miraculis Beati Francisci*）』
VP　チェラノのトマス『フランチェスコの第一伝記（*Vita Prima*）』
VS　チェラノのトマス『フランチェスコの第二伝記（*Vita Secunda*）』

〔＊　訳注　原著では記載が欠けていたので追加した。〕

序論

中世的自然観についての神話

われわれが探求しようとする主題は、近代において非常に誤って理解され伝えられている中世思想という領域の一部を含んでいる。自然環境にたいする中世の態度、とりわけ聖フランチェスコの自然にたいする態度は、極めて多くの党派的な曲解と神話化とにさらされてきた問題であり、この論争の後遺症はわれわれにとり非常に大きい。学術的歴史学がこれらの分野における一般的誤解を修正することを期待されたが、実際は学術的歴史学そのものが、最近までしばしば通俗的な固定観念を造り出し助長してきた。というのは、自然についての中世的な信念という主題について今日的見解の形成を促進した有名な歴史家の著作を読んでみると、ある奇妙な逆説を発見するからである。中世の研究における合理性と啓蒙性を何よりも誇ったまさにその歴史家たちが、中世教会の自然環境への見方を論議するようになると、まさしくあからさまな蔑視を示している。彼らの澄んだ瞳は曇ってしまい、広漠で情緒を満載した一般論をもたらす。彼らのこの態度は迷信に由来している。すなわち、物質的世界にたいする中世の態度に折々影響を与えた、キリスト教的敬虔の特異な形態である「禁欲主義」への迷信的な恐れに由来する。この領域では、偉大なる合理主義者たちが大きな偏見をもっていたのである。

中世歴史家の巨人ギボンは、『ローマ帝国の衰退と滅亡』の一章全部を中世初期キリスト教禁欲運動への辛辣な攻撃にあてた。(1) その周到で皮肉な文体で表現されたこの歴史家の蔑視は、歴史における最も大きな文献上の電撃戦の一つを引き起こした。彼は次のように引用されている。

人類の精神史において、この禁欲という伝染病よりも深く痛ましい影響をもたらした局面はおそらくないだろう。忌まわしい、歪められた、やせ衰えた熱狂者が、その狂乱した脳中の不気味な幻影におびえつつ、知識も、愛国心も、自然な情愛もなしに、無用で残忍な自虐行為という、たえまない慣習のうちにその生涯を浪費し、プラトンやキケロの著作とソクラテスやカトーの生涯を知っていたはずの国民たちの理想となったのだった。(2)

実際には注目すべき生態学的《エコロジカル》な観点と影響力をもっていた、聖フランチェスコの先駆者であるかの隠者や修道士たちの信念や働きを評価しようとするその試みにおいて、こうした激しい偏見がもつであろう破壊的効果は想像に難くない。

禁欲の理念は、新しい環境の創造者としての人類の理念の進化における、最初の刺激であった。初期の聖人たちは目的を持ってこの世から退いたのであり、彼らはその浄化によって地上の楽園を再び創造すること、そして堕罪前に存在した全ての命への全き神の支配を再び宣言することを心に描いていた。他の修道士たちと一般信徒たち双方にたいする、これらの隠遁の引力と、回心への組織的な努力は、荒れ地を開墾するごとが宗教経験の一部であったところの、キリスト教的行動主義をもたらしたのであった。[3]

ごく最近になってようやく、こうした偏見のない洞察力ある分析がなされるようになった。[4] ギボンの「禁欲という伝染病」についての激しい糾弾のゆえに、その伝染病自体が彼に従った歴史家たちに伝染し、はなはだしく過度な一般化と、基本的に唯一の中世的自然観しか存在しないという神話の創作をもたらした。それは感覚世界を介する悪魔の誘惑という病的な疑いのゆえに自然環境を熱心に評価することができなかった、熱狂的な（たいてい無名の）修道士たちのものである。二〇世紀の著者たちにおいてさえ人々は、このような中世的自然観に向けて、火縄銃にできるかぎりの精度で狙われた、手当たり次第の射撃になお出会うかもしれない。コールトン[5]は彼の中世教会史で、この時代についての古い神話を打破することを意図したが、その代わり彼が取り消したものとほとんど同じだけを永続するものとして結論した。彼は中世の自然環境への見方を典型的な大言壮語で片づけてしまった。

教会は自然を疑っていた。修道士の著者が野原や森や水辺の美しさを描写するようなことは滅多になく、またたとえあったとしてもおそらく、これらの歓喜から地獄の苦痛への一歩がいかに短いかを示すためだけである。聖エドムンド・リッチがオックスフォードとアビントンの間で見たミヤマガラスたちの飛翔は、悪魔の飛行に他ならなかった。聖ドミニコは彼の読書を妨げたスズメの中に悪魔を見た。それゆえ彼は生きたままそれの羽をむしりとった。フランチェスコとアンセルムス、リンカンのヒューらにおける魅力ある自然とのふれあいは非典型的であり、むしろ著しく例外的である。自然は堕罪以来呪われたのであった。[6]

アーノルド・トインビーやリン・ホワイト・Jr.のように生態学的な問題に関わったより最近の著者たちは、「場所に住みつき守護する精霊（genus loci）」という異教の概念にキリスト教が取って代わった際に支配的となっていた、仮定上の「一神教的な自然への無関心」[7]の一部として禁欲の伝統を描くことを試みた。[8]フランチェスコは暗黒時代のこれら冷淡で無責任な態度から、ともかくも自らを解き放った英雄なのである。[9]しかし諸資料は、この時代におけるキリスト教思想と実践にたいする、こうした偏狭で粗雑な見方を支持してはいない。

前述のような誤解のゆえに、われわれはこの研究を初期中世の自然観の綿密な再検討から始めなければならない。中世的な見解の範囲と多様性についての調査は、この時代についてなされてきた誤解させ曲解させやすい結論づけの多くを、修正あるいは論駁することになるだろう。われわれはこの時代を通じた創造物への禁欲的・修道院的な見方について、その多様な変化を調査しよう。自然環境にたいするフランチェスコの態度についての論議のために、適切に備えをするためである。

フランチェスコの考えは甚だしい論争と、同じく多くの誤解や曲解の源となってきた。彼は汎神論者、[10]プロテスタント、[11]敬虔なカトリック教徒、[12]カトリック解放運動家、[13]あるいは奇跡的に火あぶりを免れた異端者[14]などと見られてきた。フランチェスコの生涯を「あらゆる辛苦をなめた生涯[15]」と呼んだ伝記作家は、彼が把握していたよりもっと真実な表現をした。

今日、フランチェスコはあまりにもてはやされ過ぎている。つまり、彼の考えや態度のいくらかが現代の思想と非常に関連があるように見えるので、もとの文脈から抜き取られ、その元来の意味を歪める現代的な思考様式の中に取り入れられ、そして現代の価値観と期待の意のままにそれらを位置づけるように、人々はほとんど要求しているのである。フランチェスコの行動は現代的な動機づけを、またその信念は現代的な基礎を得る。彼の翻訳不可能な中世主義は（見出されるなら）、風変わりで場違いで、厭わしくさえ思われるが[16]、この誘惑があまりに強いので、フランチェスコは現代的なイメージに適合するよう再形成されたのだ。ある最近の研究者はこの傾向をこう批判している。

「現代」世代の中世における原型としてフランチェスコを特定することは、限りなく複雑な人間のイメージを単純化することである。それはまた、われわれ自身の時代の注目にたいしてはるかに広範な権利を持っている、ひとりの人間の人格と意義のもつ他の側面を曇らせることでもある……。フランチェスコを魅力的な中世の「自然愛好家」の一種とみる傾向はその良い例である……。しかし事柄の明白な事実は、フランチェスコは中世の人だったということだ。たとえ彼の模範と教えとが彼の生きた時代を超越していたとしても、それでも彼はまさにあの時代に生きたのである[17]。

こうした現代的な再解釈の極端なものの一つは、フランチェスコを「人間の被造物にたいするその専制君主の地位を廃位し、神のすべての被造物の民主主義を築こうとした[18]」異教的アニミズム革命家として描いているが、初期資料の研究によって容易に論駁される解釈である。加えて、フランチェスコの考えからこうしたいわゆる民主的要素を取り出し、それを多くの時代錯誤的な連想をもつ現代の標語と同一視することは、曲解と混同を招くことに他ならない。他の研究者たちは、フランチェスコが彼らの現代的な先入観や期待に全く一致しないことに苛立ちを覚えているようにも見える。その手になるフランチェスコの伝記が一九六〇年代後半の時代背景から彼を見ようとする傾向にある、モーリス・ビショップの意見を考察してみてほしい。曰く、「奇妙なことに、すべての命を愛したこの人は、続いて理にかなった、ほとんど必然的なはずの手段をとらず、肉食を拒否することをしなかった」[19]。また別の面では、「彼は実際、公の告白と自己卑下とを病的なほど必要と感じていた。ある説教で彼は、アドベントの断食期間中に豚の油で揚げた野菜を食べたことを自慢げに話している」[20]。フランチェスコは滅多に自慢することはなく、彼のいつもの告白は「病的」でもない。この両方の問題はともに、フランチェスコの新たな使徒的理想と苦行にたいする中世的な尊重との結果として容易に説明される[21]。これら前述のすべての場合において中世の文脈は失われ、異なる動機に帰されるか、フランチェスコが偽善者あるいは精神病者とさえ見られるか、である。

フランチェスコの思想の満足すべき歴史的理解のためには、彼の理念や行動における非独創的で典型的でさえある中世的な要素は、決して無視されても、その「先進性」の強調を抑制されてもいけない。それは単に曲解と不満足な無理解に終わるだけである。それ自身の文脈においては分かることだが、フランチェスコの表現が表しているのはまとまりのない混合でも系統だった調和でもなく、フランチェスコにとっての最も深い価値観、自身の経験、生きた時代にふさわしいところの、有機的で生きた統合であり、伝統と独創との複雑で時に困難な均衡なのである。この生きた統合こそフランチェスコの偉大な業績であり、キリスト教教理とその潜在力への彼の飛び抜けて直感的な把握、すなわち当時の学者らによって畏敬をもって承認された把握に基づいているのである[22]。フランチェスコを革命家か異端者の代わりに、伝統の内の改革者ないし革新者にしたのは、キリスト教的理想にたいする飛び抜けて直感的なこの均衡と誠実さなのである。

初期資料

本書が基づいている資料は多くの読者にとってあまりなじみのないものかもしれない。フランチェスコについての忘れがたい物語に関する、最も有名な資料は『聖フランチェスコの小さき花』と、聖ボナヴェントゥラによって書かれた『聖フランチェスコの大伝記』である。しかしこの有名な作品はどちらも、フランチェスコの死後何年も経過してから書かれたものであるため、[23]われわれの当面の課題領域においては、最大級の信頼性をもってはいないのである。ボナヴェントゥラの『大伝記（*Legenda Maior*）』は、より初期の資料に見られない独自の素材をほんのわずかしか、あるいはほとんど含んでおらず、フランチェスコに面識のない、大学教育を受けたスコラ学者の目を通して見たフランチェスコ像を提示している。『小さき花（*I Fioretti*）』は、一四世紀初頭のラテン語記述（『祝福されたフランチェスコと彼の仲間たちの事跡（*Actus Beati Francisci et Sociorum Eius*）』）からのイタリア語訳である。[24]奇跡的な要素の詳述をしがちな、時に関連する史実の年代を混乱させる口頭伝承に由来している。

フランチェスコに最も密接にかかわる物語や観点のためには、われわれに残された他の作品に向かうべきだろう。まず、フランチェスコ自身による現存の手紙、詩、その他の著作がある。[25]またフランチェスコの死の二年後、チェラノのトマスが『フランチェスコの第一伝記（*Vita Prima*）』を著している。[26]チェラノはフランチェスコに個人的な面識があり、教養あるよく訓練されたフランシスコ会士であったので、彼の『第一伝記』はフランチェスコに関する多くの記事において最も初期の尊重すべき資料である。さらに一二四四年、フランチェスコの死の約二〇年後、彼の修道会は、まだ生前のフランチェスコを覚えている人々から新しい素材を収集するために呼びかけを発した[27]。そしてこれらの素材のいくらかは、フランチェスコの最も親しく信頼していた弟子たちの幾人かによって作られた文書というかたちで編集された。その弟子の中には、フランチェスコの特に親しい、弁舌の立つ仲間であった有名な兄弟レオネもいた。この素材は実際『ペルージア伝記（*Legenda Perugina*）』と呼ばれる文書の中におそらく、少なくとも部分的には残されている[28]。したがってそれは、フランチェスコと彼の特に親密な弟子たちの見方をほぼ間違いなく反映している。チェラノの『フランチェスコの第二伝記（*Vita Secunda*）』は、この素材とより初期の素材とを用いて一二四六年に書かれた。われわれは第一にこれら最初期の資料から根拠を引き出し、それからもっぱら慎重に後期のものを利用することにしたい。

フランチェスコ、自然、そして生態学《エコロジー》

本書はフランチェスコと自然に関するものだが、フランチェスコ自身は「自然 natura」という言葉を決して使わなかった。この語の欠落は「自然を愛した人」としてしばしば描かれる聖人については示唆的である。代わりにフランチェスコは「天」や「地」、「世界」そして「天の下のすべての被造物」について語っている[29]。これらの用語と、そして彼の全体的見解とは実に、宇宙を律する科学法則

の複雑な配列といった現代の自然の概念からでも、あるいはこれらの法則の擬人化からでもなく、ウルガタ聖書、とくに彼が日々暗唱した聖務日課の詩編と賛歌において彼が見出した用語と概念から来ているのである。(30) フランチェスコが依拠した聖書の文学は、創造における事物についての個別的な用語に富んでおり、おおよそ抽象的な概念化にふけることはなく、むしろ描写力にふさわしいある種の詩的想像性に依存している。それはまた、階層的かつ不変の計画にもとづいて、定められた位置をもっており、神の意志と行為に依存しているすべての部分によって構成された、神の創造への信仰を主張している。(31) これが自然の世界についてのフランチェスコの概念にとって最も根本的な基礎であった。

この研究で用いられる用語は、フランチェスコの行った想定をあいまいにしないように、ある程度彼の基本的な概念を映し出すことを目指している。「自然 nature」という用語を用いる代わり本書では「創造・創造物 creation」を使い、むしろ多様な「被造物 creatures」についてより具体的に論じたい。自然という言葉は（例えば「自然神秘主義」、「自然界」、「自然環境」などのように）、物質世界の非人間的・非人工的な構成要素という意味において用いられる修飾語としてのみ現れるであろう。

同じ理由から、「生態学《エコロジー》 ecology」や「生態学的《エコロジカル》 ecological」という用語もここでは慎重に用いられる。それらがフランチェスコの時代とは異質の様々な含意をもっているからである。しかし少なくとも基本的にはフランチェスコの信念は、一般的な意味でわれわれが「生態学《エコロジー》 ecology」と呼んでいるものと大いに関係している、と言うことは正しい。それが人類と他の被造物との関係についての気遣いを、非常に強く内包しているからである。実際おそらく、本書の焦点を最もシンプルで適切なしかたで述べるなら、他の創造物と人類との関係についての中世キリスト教思想の伝統におけるフランチェスコの立場に関する研究、となろう。

序論　注

（1）　Edward Gibbon, *The History of the Decline and Fall of the Roman Empire*, with notes by the Rev. H. Milman (London, n.d.), vol. 2, pp. 985–97.〔訳注　エドワード・ギボン著、朱牟田夏雄訳『ローマ帝国衰亡史』第VI巻（第三七章）、筑摩書房、一九八八年。〕

（2）　P. F. Anson, *The Call of the Desert: The Solitary Life in the Christian Church* (London, 1964), p. 14. ギボンの『ローマ帝国衰亡史』第三七章は、初期禁欲運動を論ずるにおいて、彼の感情的な偏見と結果的な洞察力の欠如とを示している。

（3）　C. Gracken, *Traces on the Rhodian shore: Nature and Culture in Western Thought from Ancient Times on the End of the Eighteenth Century* (Berkeley, 1967), p. 349.

（4）　モンタランベール伯 The Count de Montalembert は *The Monks of the West, from St. Benedict to St. Bernard* (London, 1861) において先の主張への論駁を試みたが、彼自身の宗教的偏見が、彼のなした指摘の妥当性を覆い隠してしまった。例えば、vol. 1, pp. 71ff.

（5）　G. C. Coulton, *Five Centuries of Religion* (Cambridge 1923).

（6）　Ibid., vol. 1, p. 179.

（7）　*International Journal of Environmental Studies* 3 (1972): 141–46 において、“The Religious Background of the Present Environmental Crisis” として初出。ここでは D. and E. Spring, eds., *Ecology and religion in History* (New York, 1974), p. 145 から引用した。

（8）　L. White, Jr., “The Histrical Roots of our Ecologic Crisis”, *Science Magazine* l9 Mar 1967 に初出。ここでは、Spring, *Ecology and Religion in History*, p. 25 から引用した。〔訳注　リン・ホワイト著、青木靖三訳『機械と神』、第五章「現在の生態学的危機の歴史的根源」、みすず書房、一九七二年、七六―九六頁。〕

（9）　White, in Spring, pp. 26–31.

（10）　H. Adams, *Mont-Saint-Michel and Chartres* (New York, 1961), pp. 25, 336 を見よ。

（11）　P・サバティエ Sabatier は、*Life of Saint Francis of Assisi*, trans. L. Houghton (New York, 1894) において、フランチェスコをカトリック階層制度により抑圧された一種の初期プロテスタントとして理解した。

（12）　G・K・チェスタトン Chesterton の *Saint Francis of Assisi* (New York, 1924) は、フランチェスコの基本的な正統信仰に有力な論拠を与えている。

(13) L・ボフ Boffは、著書 *Saint Francis: A Model for Human Liberation*, trans. J. M. Diercksmeier (New York, 1982)〔訳注 レオナルド・ボフ著、石井健吾訳『アシジの貧者・解放の神学』エンデルレ書店、一九八五年〕において、この方法でフランチェスコの生涯を解釈している。しかしこの著者の奇妙な文体は、その難解な用語と共に、本格的な考察に足る観点には有害である。二つの優れた近年の評伝として、J. Green, *God's Fool: The Life and Times of Francis of Assisi*, trans. P. Heinigg (San Francisco, 1985) と、O. Englebert, *Saint Francis of Assisi: A Biography*, trans. E. Cooper, 2nd ed. (Chicago, 1972)〔訳注 エングルベール著、平井篤子訳『アシジの聖フランシスコ』創文社、一九六九年〕がある。エングルベールの著書の一九七二年版ハードカバーは、後に私が言及する優れた学問的な附論を含んでいる。一方より入手しやすい一九七九年版ペーパーバック (Servant Books, Ann Arbor, Michigan) は、伝記それ自体の幾つかの洞察について私は信頼しているが、附論を欠いている。

(14) White, in Spring, p. 29.

(15) F. P. Longford, *Francis of Assisi: A Life for All Seasons* (London, 1978).

(16) このことは、その他の点では価値のあるE・A・アームストロング『聖フランチェスコ——自然神秘家』E. A. Armstrong, *St. Francis: Nature Mystic* (Berkeley, 1973) においてさえ見出される。そこで彼はフランチェスコに「ふさわしくない」出来事に反感と不信を表明している。またフランチェスコの持つ「非進歩的」態度を表現するという理由で、それをフランシスコ会全体による統合の一部として理解する代わりに、フランチェスコの初期伝記者たちへの非難を試みている。pp. 113–15 を見よ。

(17) L. Cunningham, ed., *Brother Francis: An Anthology of Writings by and about saint Francis of Assisi* (New York, 1972), pp. x–xi; xvii. 同じく *L'immagine di San Francesco nella storiografia dall'umanesimo all'ottocento* (Assisi, 1983) を見よ。

(18) White, in Spring, pp. 29–30.〔訳注 前掲邦訳書九三頁。〕この誤った見解はしかしながら、科学と技術の歴史にたいするホワイトの偉大な貢献をいささかも減じるものではない。

(19) M. Bishop, *Saint Francis of Assisi* (Boston, 1974), p. 187.

(20) Ibid., p. 73.

（21） 前掲書を見よ。p. 144.

（22） *VS* 102–4 を見よ。

（23） 『大伝記』は一二六一―一二六三年に書かれた。

（24） 附論IIを見よ。

（25） M. Habig, ed., *St. Francis of Assisi, Writings and Early Biographies: English Omnibus of Sources*, 3rd ed., rev.（Chicago, 1973）において英訳されている。C. Esser, *Die Opuscula des Hl. Franziskus von Assisi, neue textkritische edition*（Rome, 1976）に新版がある。学者たちは Habig 版に大きな恩恵を被っており、本書における翻訳文の大部分も彼の収集からのものである。フランチェスコの著作の他の新しい版としては、R. Armstrong and I. Brady, trans., *Francis and Clare: The Complete Works*（Ramsey, New Jersey, 1982）を見よ。〔訳注　庄司篤訳『アシジの聖フランシスコの小品集』聖母の騎士社、一九八八年。なお、新しい英訳全集としては、R. J. Armstrong, J. A. W. Hellmann, W. J. Short, ed., *Francis of Assisi: Early Documents*, I–III, New York, 1999–2001 がある。また上記 C. Esser のものは、一九八九年版が出ている。〕

（26） Habig, pp. 179ff を見よ。

（27） Ibid., p. 186ff, 959–71.

（28） R. Brooke, Introduction to *Scripta Leonis, Rufini, et Angeli*（Oxford, 1970）; Habig, pp. 959–71 を見よ。

（29） フランチェスコの『主の御受難の聖務日課（晩課）』、『訓戒の言葉』一五および五を見よ。

（30） 特に詩編一四八編、ダニエル書三・一三三以下を見よ〔訳注　ウルガタ「三人の若者の賛歌」。新共同訳では旧約続編『ダニエル書補遺　アザルヤの祈りと三人の若者の賛歌』に相当する〕。フランチェスコの『讃歌』におけるこれらのテキストの影響については、V. Branca, "Il Cantico di Frate Sole", *Archivum Franciscanum Historicum* 41（1948）: 62–78 を参照。

（31） フランチェスコの『讃歌』は、われわれが後に見るように、聖書資料に関連する限りは、創世記一、二章、詩編一四八編、ダニエル書三章〔訳注　ウルガタ〕に基づいている。人間の創造との関わりについての彼の最も基本的な理念は、このようにこれら良く知られた聖書の章句に由来するのである。

第一章

禁欲の伝統と初期フランシスコ会の見解

創造にたいする初期キリスト教の態度

確かにキリスト教が創造に関して際立った仕方で（否定的に言う人もいるだろう）、中世の多くの人々の態度を形作ったことを示す証拠に不足はない。聖コルンバーヌスの次の詩を考察してほしい。

この上なく義なる王の日、
　その日は間近だ、
憤怒と復讐の日、
　暗闇が地の上に。
厚き雲と轟きの日、
　大いなる雷《いかずち》の日、

激しい苦悶と、
　苦き悲嘆の日。

女人の愛は終わり、
　その欲情はついえ、
男たちの争いは静まり、
　世はもはや欲に燃えることはない。(1)

あるいはマルムスバリーの初期のある学者による次の詩では、

粉砕する嵐と破滅とが
　恐怖で世を圧倒し、
風は吹き出で、高い天を抜け
　そのバッカス祭は始まった。
彼らの盟約は破られ、腹帯は張り裂けて
　その猛威は地上に放たれた。
激流につぐ激流のごとく雨は降り、
　愛らしきプレアデスは闇となり、

その七つのランプは消え去って、
　星たちの住処《すみか》たる家は闇となる。
シリウスはもはや全く輝かず、
　天は漆黒の棺覆いを掛けられる……(2)

後者の作品の恐ろしい黙示的なイメージのただ中においてさえ、創造についての別の見方の痕跡を指摘できる。それは古典的な見方である。キリスト教中世においては実際、創造への禁欲的な態度とは明らかに異なる、同時に存在したいくつかの態度があった。それらの内で最も重要なものは、以下のように特徴づけられるだろう。すなわち古典的あるいは古典に影響された詩的解釈、科学的あるいは哲学的な伝統に由来する見方、そして民族的・原始的な見解である。これらは各々われわれに残された文学において数多くの表現をもつので、それらをつぶさに論議しようとする企ては、そのために一冊の本を必要とするであろう。従ってこの研究では、それぞれの領域における広い範囲の可能性の中から、ごくわずかな見本のみを示すこととしたい。

詩の伝統

レイビー(3)は中世を通じてラテン叙情詩の歴史をたどっている。この世俗叙情詩の伝統はウェルギリウスの『牧歌（*Eclogues*）』や『農耕詩（*Georgics*）』のような作品を生み出したが、自然環境の描写において栄誉ある地位を保持した。古代末期の詩人アウソニウス（三九五年頃没）は、それらの伝統のかなり典型的な作品として、以下のような詩句を残している。

春よ、黄金の暁の鋭さよ。
日の昇る前、涼風は
吹きわたる、熱い一日を約束しつつ、
そしてわたしはわが礼式の庭を歩みゆく、
わたしを新たにするために、日の老いる前に。

わたしは折れた草の上に堅い白霜を見た、
玉菜《キャベツ》の上の　まるまるとした水玉の上に座して、
そしてすべてのわがパエストゥムのバラがわたしを笑い、
露に濡れ、そして東には明けの明星、
そこかしこに、露のしずくが白く煌《きら》めくが、
曙光の中たちまち消えさるに違いない……(4)

彼のモーゼル川への賛辞は、古代後期詩歌の忘れがたい傑作の一つである。

今は何色だろうか、あなたの静かな水の色は？

宵の星がたそがれの光を運び来り、
そして緑の山腹で川を満たし、
丘の頂はさざなみ立つ水のうちに揺らめく。
在らざる葡萄の樹はそよぎ、その実はふくらんでいる、
あなたの澄んだ水晶のうちに……(5)

さあ行こう、そしてフリギアの大理石の板で
滑らかなる床を整えよ、あなたの暗い広間に一面の大理石を広げて!
しかしわたしは、豊穣と富が授けたものを嘲笑《あざわら》いつつ、
天然の手仕事にこそ驚嘆しよう、
浮気女と放蕩者らが向こう見ずにも、
その浪費を歓びつつ滅びゆく、かの所においてではなく。
ここは堅く締まった砂地が、濡れた岸辺に広がって(6)
その上に休めたこの足の、跡もうしろに残らない。

またアウソニウスの友、パウリーヌスは「春」の詩をキリスト教化した内容につくりかえた。

春は鳥の声を目覚めさせる、
しかしわたしにとって、わが聖者の日こそがわが春だ、

その光の内に、すべての彼の喜びの民のため、冬はほころびゆく。
肌刺す真冬の霜もなく、
冷気に固まってすべて田園は真白でも、
より厳しき魂の冬は過ぎ去った……(7)

さてフォルトゥナートゥスは、詩的な情感と劇的な自然環境とを統合できる可能性を、別の方法で示した。

風は吹きすさぶとも、あなたの名は静かに語られる、
海は荒ぶれども、あなたの顔の上を越えゆくことはない。
穏やかにわが愛は、逃れ場たるその住処《すみか》へと急ぎゆく、
ここへ、おお心よ、あなたが住むべき所へと。

東風のもとの波のように素早く
冬空のもとの海のように暗く、
かようにわが心へと、記憶は目覚めさせんと押し寄せる、
なんと暗いのか、おお愛よ、あなたなしのわが霊は。(8)

レイビーが示すように、春を祝したり環境と人間の感覚を結びつけたりする詩歌は、かの暗黒時代を通じても知られている。ある場合には、禁欲的改革運動に関係したのと同じカロリング朝時代の修道院が、現存するような詩歌を生み出したのであろう。それは、古典の模範への単なる愛から(9)、あるいは創造物の実際の鑑賞から(10)、古典を模倣した自然のイメージにおいて自然の観察と喜びとを用いている(11)。この伝統は、吟遊詩人《トルバドール》の時代に至るまで続いた。

科学の伝統

もし「科学的」という言葉を広い意味で解釈するなら、中世におけるこうした文書には三つの段階が定められるであろう。すなわち一般的、百科全書的、そして本来哲学的なものである。一般的段階は、動物寓話集のようなラテン語文書を含んでいる。これは古代文化に由来する所見とキリスト教的解釈とを融和させ、象徴主義《シンボリズム》によって創造主と被造物とを結びつける、中世の一般的傾向を反映するものである。

豹は、黄褐色の上の丸い斑点、その黒と白のまだら模様によって識別される、全身を小さな斑点でおおわれた動物である……。

プリニウスは、鋭い爪を持つ動物はしばしば子供を産むことができない、その子供が動き回ると体の中に傷を受けてしまうからである、と言う……。

真の豹、われらの主イエス・キリストは、天から降ってくる悪魔の竜の力からわれらを奪い取る……。(12)

一連のキリスト教百科全書家、最も良く知られた名としてイシドールス、ベーダ、ラバーヌス・マウルスも、天文学的観察や暦の記録から観念的な思索におよぶ、多くの古典的科学を伝えている。(13) 例えばイシドールスの『自然について（*De natura rerum*）』は、世界霊魂の理念を伝えている。マクロビウスの『スキピオの夢の注解』のような異教徒の解説がしたのと同様である。(14)

本来の段階において、アウグスティヌスやヨアネス・スコートゥス・エリウーゲナのような哲学者は、創造についてのいくつかの古典的見方の特徴をもつ知的統合を創り出すため、ギリシャ・ラテンの資料を利用している。アウグスティヌスは、感覚的世界にたいする両義性《アンビヴァレンス》にもかかわらず、熱意を込めてその美しさを評価することができた。

それで、自然の創造物には美しさと有用性がある。それは、たとえ人類が罪を咎められ、楽園からこの世の辛苦と悲惨へと追放されたとしても、神の寛容が、人がそれを見たり使ったりするために、授けたところのものである。どのような描写がこれら全ての祝福を、正しく表すことができるだろうか？　空と大地と海の美しさの多様な変化。太陽と月と星々の、光の豊かさとその奇跡的な愛らしさ。森の暗い木陰、花々の色彩と香り。鳥たちの群れなす種類の多さ、その歌と鮮やかな美服。あらゆる形と大きさの生ける被造物の数え切れないほどの多様な種類、その中でわれわれに最も大きな驚嘆を引き起こすのは、大きさにおいて最も小さき者である。われわれは、鯨の巨体よりも小さな蟻や蜂たちの働きにいっそう驚かされるからである。そして海そのものの力強い光景がある。様々な衣装のごとく変わる色彩をまとって、今は緑、多くの変化に富んだ陰影を伴って、今は紫、今は青と。[15]……

ヨアネス・スコートゥス・エリウーゲナは九世紀、キリスト教教理と古典哲学との独創的な統合を生み出した。[16]原初の純粋さからの堕落にもかかわらず、神的善性に満たされ、回復に向かって進みつつある世界を、彼は思い描いていた。宇宙の霊の中に吸収されることに加えて、[17]世界はその全体の方向決定と指示とを、ロゴスとしてのキリストから得たのである。「すべてのものは彼から出て、彼に向かってゆく。なぜなら彼は初めであり終わりだからである」。[18]神は、キリスト教化された新プラトン主義の仕方で理解され、世界の内に秩序と形をゆきわたらせたのである。

それで、神的善性の授与こそがこの世界の構築であり、一般的あるいは特別な理由による、すべての被造物のための配分である。すなわち超本質的な善である神が、至高のものから、つまりすべての被造物の至高である知的存在から、世界の果ての最も低いところを支えている物質的なものに至るまで、あまねくすべてのものに惜しみなく与えられた配分なのである。[19]

これらスコートゥスが参考にしたのと同様の素材、アウグスティヌス、ボエーティウス、オリゲネス、偽ディオニューシオスなどは、一二世紀シャルトル学派の著者たちに霊感を与えた。ベルナルドゥス・シルウェストリスの『宇宙論（*De mundi universitae*）』、コーンシェのギョーム『世界の哲学

（*De philosophia mundi*）』、リルのアラーヌスの『クラウディアーヌス反論（*Anticlaudianus*）』のような著作は、新プラトン主義に由来する、自然世界についての肯定的な見解を含んでいる。[20] この場合もやはり、非常に広大な対象範囲なので、創造物への肯定的で哲学的に高度な態度の一例を提供することしかできない。以下は『クラウディアーヌス反論』からの一節である。

自然は、それぞれの個別のものを深遠な知恵によって定めたが、それらの住居（身体）のためにそれ自身のしきたりを持っており、そしてそれを野生界へと公布する法則を、先を見とおす目によって形作っている。自然は物事の原因と万物の種を吟味する。……かの精神は人間の及ばない知恵を持っている。それは神の知恵の薬味で風味づけられ、あなたの心に洞察力を与えるためにその深い源から一つの川が流れ出ている。ゆえに自然の精神は、偉大なる模範に従って作られ、怠惰に横たわることはない。[21]

このような文章は、数年後のフランチェスコの素朴な表現のための知的な土台ないし背景として見ることもできる。

異教的民族の伝統

中世に表された自然界にたいする態度には、また別のレベルがあった。それはあらゆるタイプの地方語の文学、叙情詩から叙事詩に、後の吟遊詩人《トルバドール》の歌にまで保存されているのを、われわれは見出す。[22]

キリスト教思想へのこの文学のいくつかの影響については、後の章で分析することになるだろう。そこで今は、あるアングロ・サクソンの不毛の土地をうたった歌に、母国語の伝統の内に生起したであろう創造にたいする態度の一例を提供してもらおう。

大空よ、天空よ、蒼穹《そうきゅう》よ、大地の母よ、
すべての支配者にして、永遠の主が、
芽生える若枝の繁茂する地所を与えられますように、
豊かなる土壌が収穫を、
高き茎と輝く成長とをもたらしますように。……
癒されよ、おお大地よ、おお人々の母よ、
健やかなれ、神の恩恵に育くまれ、
人々のための糧で満たされよ。(23)

同様の単純かつ一般的な情感が、フランチェスコにも影響を与えたであろう。例えば、彼の『兄弟なる太陽の讃歌』の次の節を考察してほしい。「讃えられよ、わが主よ、姉妹なる、われらの母なる大地のゆえに。彼女はわれらを支え、養い育て、様々な果実を、色とりどりの草花とともに生み出します」。(24)フランチェスコの時代にも疑いなく、羊飼いや農夫たちのイタリア語民謡が確かに存在していた。

なかんずくフランチェスコは宗教人、すなわち隠者にして遍歴する福音宣教者であった。そこでわれわれは、彼の理念や表現に背景を提供した、宗教的な伝統を吟味しなければならない。

禁欲的・修道院的な創造の見方

一八六〇年代にモンタランベール伯は、ギボンその他による非難に反論を試みた西方修道院についての大部な歴史書を出版した。(25) その第一巻は、「修道士たちがキリスト教界に果たした貢献」と題された一章を含んでいる。そこではとりわけ、西方の修道士たちについて次のように宣言している。

(彼らは) 自然と外的世界の美しさによって深く印象づけられた。彼らはそれを神の善性と輝きの神殿として、またその美しさの反映として称賛した。そのことの証拠を彼らは、まずはその場所の無二の適性と魅力のゆえに注目すべき数多くの修道院の立地選択において、また更にこれら彼らの好んだ場所について書き残した記述の中において、われわれに残してくれている。(26)

ビーゼのような(27)他の少数の研究は、「最も暗黒の」時期のいくらかを除けば、散発的にいくつかの環境にたいする正しい認識が中世においても存在したことを、ためらいがちながら主張している。(28) そこでは、建前上は未開とされるこれらの時期の歴史家たちは、その時代や文化的領域は、洗練された人間的情緒と価値観についての論争を欠いてはいないことを示す新しい証拠によって対抗している。(29)

二〇世紀初頭の修道院歴史家ワークマンは同様に、禁欲者たちが「獣たちや鳥たちにより大きな共感」を表し、創造における他の事物を称賛したという多くの事例に言及している[30]。しかしながらその後、あるフランシスコ会歴史家でさえ、「誘惑と道徳の倒錯を生じさせる自然の驚異を識別する、すなわち女性の微笑みと目くばせの中に、花の香りの中に、果物のにおいの中に、めんどりのコッコッという鳴き声に、かすかな葉擦れの音に、悪魔が隠れていることを識別する」という多くの（だが奇妙なことに無名の）中世の禁欲者たちについて語っているのである[31]。女性への禁欲者の疑念と忌避は理解できるが、この一般概念を他の領域まで押し広げることは、創造の主題において決定的に重要な禁欲者の態度というものを、簡略化しすぎ根本的に誤り伝えることになる。

古代から初期近代ヨーロッパにおける環境への態度に関するグラッケンの記念碑的研究の出版により[32]、かの暗黒時代の隠遁者の伝統についての注意深い冷静な分析が、確実な根拠にもとづいた事実となった。グラッケンが見出し始めたように、禁欲者の伝統から生じた表現が一貫した統一性あるそれ自身の用語において吟味されるなら、また文脈から取り出されず、「否定的な」要素こそ論争中の重要な概念のすべてを代表するという仮定において一般化されないなら、研究者は固定観念が示すよりもっと意味深く興味ある態度に直面する。そこでは自然環境の尊重への大きな可能性を事実備えている一つの伝統が見出される。この伝統は、ウィリアムスが論証したように[33]、しばしば万物の関わりという感覚を表明し、時にはある現代アメリカの自然環境団体に似てさえいるのである。その上、最も重要なことは、今やとても容易に明示できることだが、古い固定観念とは反対に、観念論的で熱心な禁欲者の運動は、自然界の被造物との再生された相互関係と、環境への尊重との最も信頼できる源泉だったということである。最初期のエジプトの隠遁者からフランシスコ会士まで、禁欲主義と創造にたいする特別で複合的な尊重の類型との間には、明確で分かりやすいつながりがあったのである。実際、この見方が受け継がれ発展したので、中世における主な禁欲運動や復興運動のほとんどは、自然界への新たな関心の原因となり、またその情緒と評価に同様の表現をもたらした。これらすべての禁欲者の表現は、創造の見方において基本的見解を共有していたが、他の点ではなお互いに大きく異なっていた。従ってこの全体像から見た時、フランチェスコの表現は、時に革新的であっても、かなりの程度まで共通の傾向のまた別の表れとなっており、共通の前提からなる最も壮大で率直な表現と労作の一部なのである。

いくつかの初期の禁欲運動についての手短な調査が、それらの類似性と相違性を共に明らかにするであろう。初期のエジプトの禁欲者たちは[34]、乱れた争いの絶えない社会と過酷な租税から[35]、洞穴や放棄された墓や砂漠の中の粗末なあばら屋へと退いた。これらのことを彼らは、極めて典型的な緊張関係と弁証法とを生み出した連想を互いに結び付けるというとても複雑な仕方で、正しく評価するのを学んだのである。

最初の偉大な隠者アントニオス（西暦三五〇年頃没）の伝記者であるアタナシオスは、アントニオスが隠れた山の隠遁所へ神により導かれた時、「神によって心動かされ、その場を愛した」と述べている[36]。ある哲学者が彼に書物もなしにどうやって生活したのかと問うと、彼は「私の書物は造られたものである自然である。もし望むならその内に私は神の言葉を読むことができるのだ」と答えたという[37]。チッティはこの初期の聖者が、どのように「それら野生の地の峻厳なる美しさに積極的な愛を持ったか」に注目している。[38] 彼らのこの積極的な反応は、はっとさせるほど独創的で非古典的である。さらにより興味深いのは、この反応の表面の下の価値観である。初期の隠者たちは、彼らの厳しい英雄的行為において、共同体的な安全だけでなく緊張の根源でもある町や農地や血縁への（後には封建的関係への）彼らのかつての忠誠を拒否した。彼らはいかなる社会的保護もなしに、最も偉大な開拓者の忍耐力を要求する敵対的で不慣れな環境へと、自らの身を投げ込んだのだ。彼ら自身との、またその環境にひそむ勢力との闘争を十分に予期しつつ、それでもなお彼らは、新しいより純粋な仕方で、彼らの神の恵み深い約束に信頼していた。すなわち、神は彼らの必要の時に聞き、彼らの邪悪な衝動にたいする、また獰猛な野獣や悪魔が住む未回復の自然環境にいる邪悪な存在にたいする彼らの戦いの時に助けてくれる、という約束である。[39]

全ての隠者の原型であるアントニオスは、洞窟や砂漠の悪魔ども、竜やリリスと戦うために砂漠へと出ていった。地形の霊的解釈とキリスト教人間学的類型の展開においては、禁欲者と野獣のいる砂漠は、コンスタンティヌス以前の殉教者の円形競技場の昇華であると同時に、堕罪以前のアダムの楽園の暗示でもあった。[40]

禁欲者たちが住んだ自然環境はこのように「誘惑の野生であり、また聖人と野獣が仲良くキリストに従順な一時的楽園である野生」であった。[41]「砂漠は禁欲者たちにとって、聖書のイスラエルの民にとってと同じく、事実上悪魔の巣窟であるとともに、至福の王国、被造物世界との調和の王国でもあった」[42]。新約聖書のローマの信徒への手紙一章二〇節（「世界が造られたときから、目に見えない神の性質、つまり神の永遠の力と神性は被造物に現れており……」）や、テモテへの手紙Ｉ四章四―五節（「というのは、神がお造りになったものはすべて良いものであり、感謝して受けるならば、何一つ捨てるものはないからです。神の言葉と祈りとによって聖なるものとされるのです」）のような章句が、創造の善性と調和とは真のキリスト者のために回復されるはずだとする信仰に、明らかな存在論的正当性を与えたのである。ウィリアム・ショートによる卓越した最近の研究は、これらの信仰についてさらに詳しく論じ、後期ローマ時代と中世キリスト教社会におけるそれらの幅広い流布を実証している[43]。

この複雑な弁証法から生じた様々な被造物との遭遇は、悪魔に憑かれた動物や環境との戦いの実例、被造物や自然力の魔術的な支配、動物にたいして表された愛と哀れみの感情、そして禁欲者の自然環境の評価を含んでいた。環境の評価のこの特異な形は、非常に密接に関連した禁欲的理想に由来する。戦いと奇跡行為の要素を原始的迷信として退け、他の要素を啓蒙されたものとして称賛しようとする現代的観点は、歴史的状況とは全く無関係であり、禁欲的生活の真の精神とそれから生じる環境の評価の真の可能性への共感的な理解を、促すよりむしろ妨げる。

初期の禁欲者たちに関する（そしてフランチェスコ自身に関する）多くの逸話における奇跡的要素については解説を要する。現代の合理性は奇跡の主張について公正に疑いの目を向けるにしても、中世の読者たちは少なくともその物語の多くを信じていたであろう。チェラノや他の初期の聖人伝記者は時に、彼らが直接に訪問取材した資料を引用し、あるいはその記述を確証する意図からより間接的な情報を提供している[44]。彼らは少なくとも初歩的な方法では信憑性の問題を理解していたが、読者には彼らの情報を文字通りに受け入れることを確かに期待していた。聖人伝記者は（特にその対象がずっと以前の時代に生きていた場合）しばしば誇張したり創作したりするとはいえ、現代の批評家はその懐疑主義を過度に一般化することは差し控えるべきであり、個別的《ケースバイケース》の原則において記述を理解すべきであろう。その上、単に初期の観察者がある出来事を何か奇跡的なものを含むと見るからと言って、その出来事が超自然的原因によらない説明可能な仕方では起こり得なかったとは言い切れない。その時代の人々は、たぶん珍しいがたいてい説明不可能ではない出来事について、一つの強力な観念を（われわれが後に見るように）与えたのである。

多くの初期聖人伝資料に一般的な神秘的性格によって現代の読者は、初期の禁欲的英雄たちの苦境におけるこの上なく人間的な要素について盲目にされるべきではない。彼らはその社会的な関係、つまり街と農地とを、乱され試みられた心で放棄した。彼らは未経験の人里離れた環境に、信仰と決断と、同時に恐れと愚かさをもって対峙した。あるエジプトの隠者は、どの植物が安全に食べられるかを動物たちから学ぶまで、毒のある植物を食べてほとんど死ぬところだった[45]。自然環境における荒れ狂う物音は初期の隠者たちを恐れさせた[46]。それで彼らはそれらを、荒野の孤独生活への適応の最初の試練の時期に直面する悪魔的な誘惑と関連させた。聖人にたいする環境の反応は、初期の聖人伝記者により神話化された感覚で理解されただけではなく、しばしば彼の内的状態を映し出していた。隠者の最初の疑い・恐れ・誘惑は、保護された社会的環境から離れた生活への困難な適応のまさにその時にやって来たであろう。そして彼はそれらを野獣への恐れに、また今や彼が無力感をもって直面している予想外で過酷な状況に結びつけたであろう。隠者の労働と自助への速やかな決断は、聖書の命令の遂行であるだけでなく、不慣れな環境を管理して安心感を得るための心理的要求の反映でもあったのだ。この決断が後に、幅広い含意を伴って、修道院規則へと伝達されたのである。

素朴で臆病かつ孤独なかつての都市居住者や離反農民にとって、安定した食糧源の発見と育成によって自身を養う能力は、次第に高まる霊的成長や安定性と同時に徐々に発展していったであろう。従って、この両面が結びつけられ、未経験の荒涼たる環境への適応という闘争が、禁欲者の生活全体が軸としていた霊的な闘争の一部となったことは不思議ではない。観念の段階においては、禁欲者が自然環境の中に悪魔的存在を見出すことは、初期の禁欲者がこれらの守護霊を未だ回復されざる創造物における有害な霊と解釈した限りにおいて、土地の霊（genius loci）への異教信仰にたいするキリスト教の認識を象徴している。それらは対抗され、追い払われるべきものであった。だから、脅かされ孤独だった禁欲者が、（以前に人間に対面したことがないので）好奇心に満ちおそらく親しげでさえある野生動物の接近において感じた、喜ばしく新しい安心感を今日誰が想像できるだろうか？　かれらを飼い慣らす彼の能力、また時に環境に隠れてかれらを利用する悪魔の力にうち勝つ彼の能力が、その霊的な成長と再び豊かで平和にされた環境にたいするその支配力との証拠と見なされたのは不思議ではない。彼の「楽園」の回復は、自然環境においても認められるほどだった。隠遁所を管理し回復するというこの経過をたどったよく知られた禁欲者たちには、アントニオスやクスベルト、そしてある程度はフランチェスコもまた含まれる[47]。

東方と初期西方における表現の範囲

禁欲的理想と精神が、伝統の中の様々な個人にとって多様な仕方でなされる環境の評価への非常に強い刺激であったことは、バシレイオス（三七九年没）のような初期の教養あるキリスト教禁欲者の手紙から知ることができるであろう。彼はその禁欲的な隠遁所の周囲の環境を、彼自身のキリスト教的静穏さを喚起させる古典的な田園詩として描いている。

それは深い森に覆われ、冷たく透明な小川によって北面を潤された、そびえ立つ山である。そのふもとには低い平地が広がり、山々からの流れによって絶え間なく肥やされる。森林、すなわち様々な種類の木々とその周りで育つ枝葉からなる処女林は、城壁と言ってよいほどで、ホメロスが美の化身として確かに称賛したカリプソの島でさえ、これと比較すれば無に等しい。……私の小屋は別のところに、頂の上に小高い尖峰《ピナクル》がそびえているところに建てられているので、平野は眼前に広がり、高みからあたりを流れる河を一瞥のうちに見ることができる。それは私の想像力に、君がアンフィポリスから見るストリモンの光景に劣らぬ歓喜をもたらす。……一方、イリスは私が知るどの川より早い流路で流れ、しばらくの間近くの岩の周りで波打って、そしてそこから落ち込むと、深みの渦の中で回転する。最も喜ばしい光景を私とあらゆる観客に与えながら。またその住人たち、すなわち信じられない数の魚をその渦の中に養うために、必要なものをふんだんに与えながら。なぜ私は大地の甘美な吐息や河の涼風を君に語る必要があるのか？他の人々は群れ咲く花々や歌う鳥たちを称賛するだろうが、私にはそれらに心を向ける暇はない。しかしこの場所への私の最高の称賛は、この幸福な場所ではあらゆる種類の果実が実り多いように、私にとって全ての内で最も甘い果実、静寂をこそ生み出す、ということである。(48)

バシレイオスの熱狂主義を考慮に入れてもなお、「ポントスの荒野の孤独」というこの聖人の隠棲所についてのギボンの記述に同意することは困難である。(49)

バシレイオスの思想は、彼の環境の評価において多くの異なる段階を示しており、その場所が気を散らされない黙想を促すという要求を満たす点で禁欲的必要性の観点から、またそれが付近の移住者たちに十分に必要を供給する点でその実用的な側面にまで、また彼から生み出された（古典に影響された）楽園的な共同体に至るまで、といった範囲に及んでいる。それはより複雑で知性化された叙述だが、同様の精神と伝統的隠遁の理念から起こっていて、おそらく他の多くの禁欲者たちが十分明確に表現できなかった同様の感覚を表現している。(50) バシレイオスが「自然についての黙想は魂の熱を和らげ、すべての不誠実と無礼を払いのける」と言う時、彼は自然の独居に隠遁した無数の人々のために語っている。ヒエロニュムスが「私にとって街は牢獄であり、孤独は楽園である」(51)と西方へ書き送った時、彼は他の多くの人々が暗黙のうちに信じていたことを表現した。バシレイオスとヒエロニュムスは彼らの感覚を言葉に表現し、他の人々が彼らの足下に投票したわけである。

スルピキウス・セウェールスは三〇〇年代後期に著述したが、東方的理想がどのように西欧禁欲運動に移されたかを論証している。(52) 彼の対話集『ポストゥミアヌス（*Postumianus*）』は、オリエントからの一種の時事通信の機能を果たしたようで、名高いエジプトの隠者について報告し、また今や西欧にも彼らに比するほどの人、すなわちセウェールスにとっての英雄であるトゥールのマルティヌスがいることを主張している。[53] このマルティヌスは、神の力を示すある出来事をもって、異教徒に崇拝されていた松の木を切り倒したことで有名である。[54]『ポストゥミアヌス』におけるセウェールスの意図は、エジプト人たちがなしえたことは何でも、マルティヌスはより良く何度でも行う事ができたと示すことだった。だがこれは、エジプトの禁欲者たちの環境や被造物との関係についての報告の場合には、問題であることが判明する。セウェールスは、エジプト禁欲主義には創造との調和という強い理想があったことをしめす五つの印象的な出来事を報告している。[55] たいていは、いつもは獰猛な動物たちが忠実な愛玩動物になる感動的な物語で、それらについてはグラッケンが後の比較されうる関係に帰しているのと同じような関係をもっている。それらは「これら懺悔と純粋の英雄たちが奪回した、また彼らを地上の楽園でのアダムとエバの位置にもう一度おいた、その原初的な無垢さによって説明された」。[56] ある出来事ではひとりの隠者が悔い改めたオオカミに話しかけるが、[57] 汎神論的意味における合理性をそれに帰するのではなく、別の初期資料が述べるように、オオカミの意識を、神の力を認めるための、また「アダムが神の戒めを破って歓喜の楽園から追放される以前はいかに動物たちが彼にたいして従順であったかを示す」ための人間へのしるしとして、神の特別な介入に帰している。[58]

セウェールスは、これらの美しい物語に対抗するのに苦労しているが、「マルティヌスにとっては野獣の猛威や大蛇の毒にうち勝つことはひどくありふれたことだった」と誇って応じている。[59] 彼はこの種の奇跡的出来事を前述のそれらと比較するにあたって何も見誤っていない。実際は両方の出来事とも、聖なる人の純粋さが原初の創造の調和と善良さを回復するという、同じコンセプトを明示するための例として挙げられている。それでセウェールスは赤面することもなく、この聖人の魔法が自らにも発生したことを物語っている。(60) しかし他の場面でマルティヌスは、優しく野ウサギを猟犬から救い、創造の事物から道徳寓喩的な真理を引き出している。(61) ここで重要な要素は、セウェールスが東方的理想と共同体を心から受け入れ、それを新たな西欧の運動にも不可欠なものとみなしている、ということである。

この理想の力強い複合体は次へ引き継がれ、多くの新たに始まった非常に活力ある西欧禁欲運動において現れた。そのゆえに『聖アントニオスの生涯』やセウェールスの著作は中世を通じて定番として読まれたのである。初期のイタリアの隠遁者やベネディクト会の伝統の中では、大グレゴリウスの『対話集』(五九四年頃)が、先に見たようなある意味で典型的な闘争や魔術的支配力や調和についての物語を述べている。ある出来事は、禁欲者がどのように自然環境と誘惑を関連づけることができたかの典型例である。大グレゴリウスによれば、ヌルシアのベネディクトゥスはその肉体的欲望を克服するため困難な闘いを行った。

ある日聖人が一人でいると、誘惑者は小さなクロウタドリの姿でやって来て、彼の顔の前で羽ばたきを始めた。あまり近くだったので、手で捕まえられるほどだった。その代わりに、彼が十字架のしるしをすると、鳥は飛び去った。それが去った瞬間、彼は急に異常に暴力的な誘惑に襲われた。邪悪な霊は彼の心にかつて見た女性を思い起こさせ、彼がそれを自覚するより前に、彼の情動は彼を運び去っていた……。その時、彼は自分のそばのイラクサやイバラが茂った草むらに気づいた。彼は外套をわきに脱ぎ捨てると、

[62]

マルティヌスの生涯と同様に、動物は悪魔的な存在の形態と見られている。[63] しかし別の逸話において大グレゴリウスは、いかに修道士フロレンティウスが、初期の修道生活を共にした兄弟が彼の元を去ったため孤独を感じ、神に伴侶を求めたかを語っている。いささか意外なことに、彼は一頭のクマを受けとった。彼は、その極端な純真さで、それを彼の新しい修道士仲間として受け入れたのである。[64] また別の際、ベネディクトゥスの妹スコラスティカが、彼がもっと彼女と共に時を過ごすよう説きつけようとして泣き出した。すると、環境と情緒との間の著しく詩的な一致のうちに、彼女が泣いている間夕立が降り、こうしてベネディクトゥスを引き留めたのであった。[65]

アイルランドとイングランドへのキリスト教の導入によって、この伝統的な理念はかの島国環境の特殊な事情に適応させられた。アームストロングは、初期ケルト文学は「自然への喜ばしい関心」からなる態度に富んでいると記し、またこれを反映した幾つかの初期キリスト教の物語について吟味している。[66] イングランドではベーダの『クスベルトの生涯』が、おそらくアイルランドと大陸の両方の伝統に影響されてはいるが、常により典型的な出会いの種類の実例を提供してくれている。[67] 七〇〇年代初めに書かれたフェーリクスの『グスラックの生涯』は新しい地平を開いた。この聖人伝作者の対象と後援者がどちらもアングロ・サクソン王家のメンバーだったという事実は、[68] その事情にふさわしい「叙事詩的な生涯」を創作するようにこの書き手を促したように思われる。彼は古典のウェルギリウスとアングロ・サクソンという文学における二つの高貴な叙事詩的伝統を利用した。大陸の禁欲主義の理想は、同時代のアングロ・サクソン叙事詩の伝統との繋がりによって、広げられ豊かにされたのである。

自然な言葉の美しさと力強さの生き生きとした喚起力は、グスラックの霊的な成長段階と現《うつ》し身《み》の旅とのために忘れがたい象徴的な背景を提供している。それらはアングロ・サクソン詩伝統の心理に共鳴する自然描写に忠実な、キリスト教化された表現である。それらは自分自身や慣れない過酷な環境との禁欲的な闘争という典型的な文脈の中に置かれているとはいえ、グスラックにとって象徴的にも具体的にも重要な、自然界の畏敬すべき存在についての従来は前例のなかった意識の一因となっている。例えば、霊的闘争という暗い夜の間に、グスラックは王権と富への空しい野心を放棄することを決意する。彼は輝く朝に目覚める。

> そうして、闇夜の霧が吹き散らされ、太陽が無力な死すべき者らの上に炎のごとく昇った時、翼をもつ鳥たちがそのくちばしから、彼らの朝の歌をさえずる間、その時彼らは装い、その粗末な寝床から翼をあげ、そしてその胸の救いのしるしで自分自身を示しながら、仲間たちに彼らの遠征のために別の導き手を選ぶよう命じた。(69)……

この描写は、ウエルギリウス的な厳粛さの模倣を用いて(「太陽が……昇った時 cum sol mortalibus egris ignem demoverat ortum」(70))、ある種の宿命的な荘厳さを表現するため苦闘している。その環境は、神の働きや聖なる力によってではなく、それ白身の堂々たる風格によって、驚くべき栄光を勝ち得ている。

その後、グスラック（アエネーイス）は修道院の安全を離れ、そして猟師タトワイン（カロン）に小舟（地獄の艀《はしけ》）に乗って導かれ、彼の新しい住処である湿地帯（ステュクス川）を探索するのである。

それは、時に湿地から、時に沼から、また時には霧に覆われた黒い水から成り、時には森に覆われた島々をちりばめられ、曲がりくねった流れの曲がり目に横切られた、とても長い間であった……。キリストの僕グスラック以前には、出没する悪魔の霊のせいで、開拓者は誰も一人でこの場所に住み着くことはできなかった。ここに神の人グスラックはこの敵を蔑みつつ、神の助けによってこの孤独の地の陰の多い森の中に一人で住み始めた。(71)

ウェルギリウス的響きを備え、アングロ・サクソン詩にしばしば見られる心理的投影(72)である冒険する英雄の恐れや疑いをその叙述的な言葉使いによって明白に表現しているこのわびしく忘れがたい周囲の環境は、ここでも環境に存在するものの堂々たる荘厳さの想起をその効果ゆえに当てにしている。グスラックは実際アントニオス叙事詩のように描かれている。このエジプトの聖人と同様に、彼も墓やあばら屋に住んだ。彼は「砂漠」を「深く愛し」、そしてとりわけ「敵を蔑みつつ(73)」、つまりまだその時はキリスト者の存在によって回復されていない土地を占有していた悪魔どもを蔑みつつ、そこへ向かった。しかし意味深いことに、禁欲の価値観が受け入れた世俗の伝統との統合を通して、グスラックの霊的闘争は叙事詩的な戦いという含みを獲得し、そして彼の環境への称賛は、その環境に新たな重要性と新たな力と栄光を与えるような仕方で述べられている。この異なる文化の文脈は、フランチェスコが受け継いだ伝統の独創的な修正を理解する上で不可欠な要因となるだろう。グスラックの環境への態度の新しい要素は、禁欲の生活を高貴なる冒険の生活とする彼の再定義に起因するが、中世にしばしば当てはまるある法則を例証している。すなわち一般に禁欲生活の根本的な再定義は、同時に禁欲者の創造物との関係にもまた再定義をもたらすということである。思想の統合された複合体においては、後者は前者から生じるからである。[74]

アイルランド人もまた、禁欲生活の理念を再定義した。エドワード・アームストロングは初期アイルランドの禁欲的伝統の特色を詳細に検討したが、そこでは特に禁欲生活を一つの遍歴する巡礼の旅(peregrinatio)とするケルト的概念が、冒険的な探検や自然環境についての認識の高まりを促したという。[75] 九世紀までには、このアイルランド的見解はその最も特色ある魅惑的な表現を生み出していた。自然界を探検したアイルランドの修道士の有名な伝説、『聖ブレンダヌスの航海記[76]』である。この編集物とフランチェスコの時代との間の数世紀に、それはヨーロッパ大陸において非常に普及した。ある人はそれを次のように書きかえている。

それは吟遊詩人《トルベール》らによる一二世紀の詩の形で、宮廷と城においてよく知られていた……。その大流行は途方もなかった。それはブルターニュ物語集成の時代であり、またヨーロッパ巡りの旅を生じさせ、散文あるいは詩として、ヨーロッパのすべての言語に翻訳された。[77]

アームストロングは、アイルランドの影響力はフランチェスコに直接影響を与えたと信じている。[78]

彼の推測は刺激的ではあるが、証拠は（いやむしろその欠如は）今のところ、アイルランドのフランチェスコへの直接の影響に反対を主張するトンマジーニの見解を指示している。[79] トンマジーニはアイルランドとフランシスコ会の表現における類似性を、それら類似した禁欲的経験とよく似た独自の聖書章句の解釈とに言及しながら十分に説明している。フランチェスコ自身どのようなアイルランドの聖人伝にも言及していないし、アイルランドの聖人への特別の傾倒を表明してもいない。フランチェスコに影響を与えた資料に気を配っていた初期の伝記者たちも、いかなるアイルランドの関連にも全く言及していない。それでもなお、ピエール・ワルドーが聖アレクシウスの伝説を聞いたように、[80] フランチェスコが吟遊詩人《トルバドール》や旅芸人《ジョングール》を通して旅行の伝説を聞いたかもしれないという可能性は残っている。もしフランチェスコがそうしたのなら、旅行の物語はそれへの喜びと自然界の称賛についての別の新しい吟遊詩人《トルバドール》表現の文脈において彼に語られたのである。その影響については後に論議する。一般的な意味では、フランチェスコが特定のアイルランドの伝説を知っていようといまいと、「大陸へのアイルランドの浸透は、フランシスカニズムの出現と成功のための好意的な雰囲気を導きまた用意した」[81] というアームストロングの主張に同意することはなお可能である。

『聖ブレンダヌスの航海記』で聖人と彼の仲間は、陸と海を越えて当時知られた世界のはずれを旅する。彼らは認識可能な日常の物質世界から未知と不思議へと、また世界の文字通りの意味の段階からその背後に隠された霊的あるいは神秘的「現実」へと、とどまることなく渡ってゆく。実際その航海のドラマは、自然と超自然の両者の区別がつかないほど融合したこの奇妙な海域での、様々な遭遇において経験された霊的な闘争や調和についての意識の高まりをふさわしく反映しているように見える。

ブレンダヌスと彼の仲間は「鳥たちの楽園」と呼ばれるある島へと航海しようと望む。(82) その途上彼らは、彼ら自身を清めようと望んで別の島に滞在する。ブレンダヌスはこの島に降り立つと、「三人の若者の賛歌」を歌う。(83)

主の造られたすべてのものよ、
　主を賛美し、代々にたたえ、あがめよ……
地に生える草木よ、
　主を賛美し、代々にたたえ、あがめよ……
空のすべての鳥よ、
　主を賛美し、代々にたたえ、あがめよ……(84)

この賛歌を終えるとすぐブレンダヌスは、修道士らに創造物を支配する神の力を思い出させながら、誘惑に陥らないようにと厳しく戒めている。修道士たちは創造物を支配する神ご自身の力を固く心に留めるべきであり、危機には神を呼び求めるべきである。ブレンダヌスにとって、創造物の偉大さとその誘惑とは明らかに対等であった。けれども「三人の若者の賛歌」の詠唱においてブレンダヌスは、あのように長く熱烈に創造を善き神の善き業とみなし、創造物にその創造者への賛美において人間と一致するように促すあの生き生きとした聖書の言葉を、記録された禁欲的伝統において初めて口にしたのである。ここでは人間性と創造物との調和という禁欲的理想が、新たな高みに達しているのである。

さて航海者たちが「鳥たちの楽園」に着いた時、鳥たちは神を讃えて歌い、また残りの巡礼の旅のために教訓をブレンダヌスに授けている(85)。この物語は実際アイルランドの伝統における、鳥への説教のような創造物にたいするフランチェスコの態度との最も近い類例である。しかしアイルランドの伝統についての論議においてアームストロングが注意を払っていない重要な違いがある(86)。第一に、ブレンダヌスはいかなる特定の創造物についても賛歌を歌わず、また実際にそれら鳥たちに語りかけもしない。さらに、ブレンダヌスの経験は、この物語の他の所や多くの他の中世物語において解釈されるのと同じ仕方で、鳥たちがたぶん天使的な魂や霊として理解されるべき半分超自然で半分自然のような世界において起こるのである(87)。しかしフランチェスコの場合には、話しかけられた被造物が実際の鳥や虫あるいは他の関連する生き物以外の何かであるような、いかなる暗示も全くない。

アイルランドの大陸的影響は、聖コルンバーヌスと聖ガルスの生涯にさかのぼるといってよい。これらの聖者はどちらも野生動物を飼い慣らすことで名高かった(88)。どのようにコルンバーヌスがボッビオをイタリアでの彼の新しい修道生活の場として選ぶに至ったかという物語は、熱心な禁欲的理想がいかに自然環境の多くの段階における一つの評価を導くことができるかをこの場合もやはり立証している。

そのころヨクンドゥスという名の人が王（アジロルフス、ロンバルディアの王）の前に現れ、アペニン山地の寂しいところで聖なる使徒ペトロの教会のことを知ったと告げた。その場所は多くの利点を持ち、非常に豊かで、水辺には魚が満ち、そばを流れる小川から長くボビウムと呼ばれてきた。近くには、ハンニバルがかつて冬をそばで過ごし、おびただしい数の人や馬や象の損失を被ったという別の河もあった。そこへ今やコルンバーヌスが行き、既に半ば荒廃していた教会をかつての美しさへと、全き勤勉さをもって回復させたのである。(89)

この場所はその豊かさと静寂さのゆえのみならず、その歴史的意義のゆえに評価されているようである。コルンバーヌスによる荒廃し忘れられた教会の修復は、フランチェスコの研究者にかの聖人自身の同様の取り組みを思い出させないではおかないだろう（例えば *VP* 18を見よ）。多くの著者が中世のそれも含めて、初期禁欲運動の盛んな興隆と緩慢な衰退とを描いてきた。(90) しかし改革は通常、自然環境にたいする評価の新しい表現に引き続き、また付随して試みられた。以下の詩は、その繊細さと叙情性においてほとんど中国の詩のようだが、九世紀アイルランドの禁欲的復興運動の産物である。(91)

わたしは森に一つのあずまやをもっている。
わが神、主の他に、それを知る者はない。
ある壁はトネリコ材、他はハシバミ、
そして大きな羊歯《シダ》が扉をなしている。……

このささやかな詫びしい隠れ場は
かの多産の森を領している。
もしか君、わたしに会いに来てくれるのか？
だが孤独の内にわたしは幸せに暮らしている。

一位《イチイ》の樹の緑の　豊かな髪のような滑らかさよ、
　栄光あるきざしよ。
大いなる緑の楢《オーク》の森を伴った　爽快なる場所
　祝福はいや増す。

林檎の樹は、巨大で不可思議、
　その恩恵は偉大だ。
緑色に枝を広げる　鈴なりのはしばみから、
　両の手一杯の収穫。……

そこに憩うのは　養われた豚、
　山羊らと子豚たち
また猪と、鹿と雌鹿と、
　斑《まだら》のついた穴熊ども。

大いなる森林の隊列が　わがあずまやに
　修道士らのごとく集まっている。
臆病な狐どもがその貌を見せるとき
　大いなる喜び。……

わたしは松の木々のそよぎを聞く
　勘定を支払うこともなく、
かつての君にまして、わたしははるかに富んでいる
　わが主キリストによって。(92)

ここでもまた、われわれは共通のテーマの例示を見る。復興され再解釈された禁欲的理想は、信条と先入観という受け継がれた伝統から起こって、革新的な様相を呈している。この場合、禁欲者の創造物への反応は一つの陶酔と歓喜であり、フランチェスコの幾つかの表現といくらか似ている。またこの韻文は、野生の動物たちの奇妙な好奇心や友情も証言している。カロリング朝時代の自然環境への評価の表現は長く研究されてきた。(93) アルクイヌスの詩は、前述のアイルランドの詩と同じ情緒を表しているように見える。

最愛なる庵よ、隠遁の心地よい住まいよ！

さらば、遂にさらば、君の詩人が君に別れを告げる！
最愛なる庵よ、ほほえむ樹々に抱かれ、
枝は優しいそよ風に揺すられて、
わが心はしばしば瞑想へといざなわれた。
君の周りにはまた、彼らの健康を回復させる薬草
陽気な新緑のうちに、肥沃なる牧草地が広がっている。
そしてせせらぎの音も近く、花で満ちた堤に囲まれ、
芳しい牧草地をぬって、透明な清流が音もなく流れ、
喜びにあふれた漁師は、そこに網を投げいれて、
そして大枝をたわませる林檎の実の芳香に、
薔薇と百合が加わって、庭は微笑んでいる。
歓喜とともに、君の青々とした湿地に沿って
早暁、鳴き鳥はその歌をのべつに歌い、
やがてその賛美の調子を、彼の神へと合わせゆく。(94)

カロリング期の改革もまた修道士たちを、その環境のより近くに連れもどし始めた。ベネディクト会の改革者であるアニアヌのベネディクトゥスは、(95)「農夫に耕し方を教え、木こりと共に斧をふるい、収穫者と共に刈り入れをした(96)」と報告されている。
シュトックマイヤーは、後期カロリング朝期と初期オットー朝期の間に東部ドイツに広まったキリ

スト教、より詳しくは、修道院制度の拡大から生じた自然環境にたいする好意的評価について、たくさんの例を記録している。修道士たちの集団は、「美しい森が隠れた孤独を与えてくれる」黙想の楽園を探していた。(97) グラッケンが主張するように、新しい修道院の創設によって生じた耕作地の拡大は、環境に根本的な変化をもたらし、今日まで継続する開墾増大の傾向の端緒となったのである。(98)

その他の例では、アルトマンという司教は、彼の新しい司教区で耳にした地方の民話にとても引きつけられたので、ペトラルカの有名な山登りに数世紀先んじて、近隣の山々を登り探検した。アルトマンはその山の中に小さな礼拝堂を創設し、そこで彼の最も好んだ場所に葬られた。(99) オットー一世の若い従者アンスフリートは、彼の愛する鳥を養うために真冬に山に登ったが、(100) これには冬の季節を愛するヒバリへのフランチェスコの同様の気遣いを思い出す（*LP* 110）。最後に、ポメラニアの使徒たるオットー司教は、松の木に関するマルティヌスと異教徒の対決とまさに同様の対決で、その地方の百姓たちによって拝されていた荘厳な楢《オーク》の木を切り倒すと脅した。しかし彼は、今後この木は崇拝されないという約束を受け入れ、また「その実の有益さとその木陰の心地よさのゆえに」この木は残されるべきだという近隣の住民に同意したのだった。(101)

シトー会士たち

一二世紀の霊的指導者たちは、三、四世紀のそれらと同様、真の原始キリスト教的生活の仕方と彼らが考えた文字通りの実践にキリスト教が戻るという、復興された真摯な関心を表明した。グルントマンの基礎的研究が例証したように、[102] 一二世紀は過渡期の時代で、「使徒的生活」（中世初期に禁欲者や司教座付聖堂参事会員の生活に当てはめられた用語[103]）の理想は大きな再定義を経験した。すなわち、様々なキリスト教改革者たちが、修道院改革の熱意と教皇改革の取り組みの広がる訴えとによって鼓舞され[104]、使徒的生活の「真の源泉」に戻り、彼らの信仰と実践と、そして彼らがより文字通りの仕方で理解した生活様式とを形成しようと試みたのだった。[105] シトー会とフランシスコ会の改革運動はどちらも（カタリ派のような多くの異端的運動と同様に[106]）、この文脈において起こったのである。シトー会士たちは、ベネディクト会則に文字通り従うことについての熱烈な主張において、そしてまた不必要な付随物と判断された習慣や慣例を熱心に削り取ることによって、この原点からはなはだしく逸脱している。[107] フランシスコ会士たちは非常に明らかに、その時代に広まっていた新しい圧迫と改革の理想とを様々な仕方で反映している。すなわち、使徒的清貧を再定義した彼らの修道会則、敬虔な信徒にある原点とその敬虔な信徒性への訴え[108]、そして福音伝道のための使徒的な宣教旅行への情熱（とさらに殉教）という理想のゆえに通例の修道規定を彼らが拒否したこと、がそれである。

　明らかな違いにもかかわらず、この二つの修道会は色々な点で互いに似ていた。[109] どちらも pauperes Christi つまりキリストの貧者たるべきと考え、そしてこの理想は禁欲生活と手仕事と厳しい生活状況の必然的な選択への献身に拍車をかけた。[110] どちらの修道会も、その意味する概念が大きく異なるにも関わらず、その修道士を神の旅芸人《ジョングルール》あるいは吟遊詩人《ミンストレル》だと考えた。[111] どちらの修道会でも、創造の事物にたいする態度は、修道士らに受け入れられ義務づけられていた使徒的生活様式という基本的な教導概念から直接由来した。実際それぞれの修道会はその見解において革新を示したとはいえ、どちらもまたそれ以前の禁欲的態度をかなりの程度表現していたのである。

シトー会改革と創造物へのシトー会の態度

環境にたいするシトー会の態度は、シトー会改革理念全体の不可欠の部分であり、そこからの自ずからなる発展であった。初期のシトー会士たちにベネディクト会則の礼拝規定を改定させるよう導いたその同じ衝動が、真の修道者は霊的労働と同様に手仕事を行うべきとするベネディクトゥスの命令を熱心に受け入れるように（少なくとも最初は）[112]彼らを導いたのである。この主題に関するベネディクトゥスのあるコメントは、後期のシトー会の信念を考慮すると特に目を引く。

しかし、もしその場所の周囲の状況や彼らの貧しさが彼ら自身に収穫を集めるよう要求するなら、彼らに不満を抱かせてはならない。彼らがわれらの師父や使徒たちのように手ずから働いて生活するなら、その時こそ彼らは真の修道士だからである。[113]

ベネディクトゥスの貧しい修道院にたいするこの名誉ある譲歩は、野で働き収穫することは砂漠の師父や使徒たちの実際の生活通りに生きることを意味すると疑いなく解釈された。聖ベルナルドゥスは自身クレルヴォーで収穫を指導したが、それは「最も称賛に値する働きの一つ」と理解された。[114]ベルナルドゥスの書簡は、初期シトー会士らの手作業を通じた自然界との接触から大きな霊的利益が得られると彼が理解していたことを示している。彼はヘンリ・マーダクにこう書いている。「経験をもつわたしを信じなさい。あなたは森の中で、いつも本の中でそうするより多くの働きを見出すだろう。木々や石は、どんな教師からも聞けないことをあなたに教えてくれるだろう(115)」。また別のとき、彼はリーヴォーのアイルレッドに書き送って、文学的未熟さというアイルレッドの抵抗にもかかわらず、慈愛に関する論文を書くよう励ましている。彼はアイルレッドに、文法学者から学んだことではなく聖霊から教えられたことを示すよう強く促し、それからこう言っている。

しかし私は山々の険しさや石地の荒々しさ、深い谷の空疎さにもひるまない。（来るべき）その時には山々は甘美さに丘は乳と蜜にあふれ、谷は穀物に富み、蜂蜜が岩場からオリーブ油が最も堅い石地から湧き出るからだ。キリストの羊たちは岩と山のただ中に自らの力で生きるだろう。それで私はこう主張する。あなたはその大いなる賢明さによってかの石地から何かを、あなたが学問的な事柄から得たのではない何かを、自らのハンマーで取り出したのだ、と。なぜならあなたは真昼の暑さの中で、木陰の下で、学業では決して学ばなかった何かに気づいたからである(116)。

これは必然的に、いかに創造物についての観想が謙遜に霊感を与え、高慢を払いのけるかについてのバシレイオスの所見を思い出させる。この高慢とはもちろん、ベルナルドゥスが学業にて学んだ文体の装飾と関連づけようとしたものである。しかし、ルクレールはこれらの章句について以下のように語っている。

聖ベルナルドゥスが「自然の書物」や「木陰の下で」学ぶことができる全てについて語る時、彼は環境の美しさについて考えているのではなく、畑作の準備に必然的に伴う労働、祈りや自省、また野の仕事によって増し加わる苦行のことを考えているのである。(117)

彼の解釈は狭すぎる。あの文章は、ベルナルドゥスが野における働きを、霊的な成長と来るべき終末において回復される創造の楽園的ヴィジョンとの両方に関連づけたことを明らかに示している。これと同様の楽園の連想は、(アイルレッドが大修道院長だった)リーヴォーの初期シトー会士の記述の中にも現れている。

彼らの小さな開拓地とそれがある場所の名前は、その小川と谷の名前リーヴォーに由来する。高い丘が王冠のように周りをめぐって谷を囲んでいる。それらは多様な種類の木々に覆われ、また心地よい隠れ家のうちに谷間の隠遁所を保ち、そして修道士たちに森の楽しみという言わば第二の楽園を提供している。最も高い岩から水流はうねり下の谷へと転がり落ちる……。そして美しい木々の枝がさらさらと鳴って互いに歌い、木の葉が優しくはらはらと地の上に落ちる時、その幸福なる聞き手は調和した響きによって喜ばしい歓喜にいよいよ満たされるのだ。(118)……

これらのシトー会士たちの評言は互いを明確にしていて、以下のようなジルソンの意見を十分に正当化している。すなわち、初期シトー会士たちは彼らの生活が「自然と不断に接しているのを前提としており、また聖ベルナルドゥス特愛のこれら寂しい谷間の一つにおいてシトー修道院のためにいつも選ばれていた場所は、彼により神秘的生活それ自身と融合させられていた」[119]。ベルナルドゥスのアイルレッドへの意見は実際、他のシトー会士らとも関連されうる創造物の霊的意味という解釈を示している。また重要なる価値は木陰の下にいる時に「感じ取られる」[120]べきであるという彼の信念は、以下に論じる後代のシトー会の『クレルヴォーの記述』に見られる、いっそう詳しく述べられた言葉と非常によく似ている。

リーヴォー周辺地域についてのダニエルの記述は、初期シトー会士たちは彼らの修道院を枯れたヒースの荒野と詫びしい谷間に定めるのを好んだ、という旧来の見解を温存した[121]。しかし証拠はむしろ、概して彼らは管理しやすく潜在的にとても生産的な場所を選択していた、ということを示唆している[122]。その楽園的なイメージは、禁欲の伝統における理想が、どのようにシトー会士により新たな熱意をもって取り上げられたかを示している。彼らは、新しく改革された使徒的生活が、彼らの新しい修道院を取り囲む「回復された楽園」にふさわしく設立されたと信じた。その場所の完全なる自然美と、その内にもうけられた修道院生活という回復された完全さとの間には、深い調和があるのだ[123]。

初期シトー会士たちは労働しながら大いに共感を込めて詩編を歌ったが[124]、フランチェスコが後になそうとしたように、創造物をして神を讃えるよう勧めている詩編と三人の若者の賛歌のメッセージについて、文字通りの重要な意味を発見していたのである。プリュフェニングのイドゥンクスは、習慣の信憑性に反対する、ある(仮想の)クリュニー修道士との自由な討論の中で[125]、こう宣言している。

もしあなたが、感覚や命の欠けた無生物の被造物も神に語り神を讃えているということを知らないなら、あなたは愚かな神学者に過ぎない。すべての被造物が神を讃えるよう招かれているという三人の若者の賛歌と詩編のまさしく最後の賛美は、われわれにとって他に何の意味があるのだろうか？[126]

伝統的禁欲的見方を超えるシトー会の進歩

二つの後のシトー会資料、ハイスタババのカエサリウスの『奇跡物語』[127]と匿名シトー会士による『クレルヴォーの記述』[128]は、どのようにシトー会士たちが創造物にたいする古来の禁欲的解釈の可能性を引き出したか、また新しく意味深い仕方でそれを改めたかを論証している。これら二つの資料はフランチェスコと同時代か、ほぼそれに近いので、創造物にたいする初期フランシスコ会士の態度とのすぐれた比較を提供するであろう。

カエサリウスは一二二〇年から一二三五年の間に書いているが[129]、修道士たちが野で働いていた時に起こったある日の出来事を物語っている。楽しみのために鳥たちを留めておくのは神の意志に反するが、コウノトリたちは「それらによって修道院だけでなく周囲の全ての場所で不潔な虫が取り除かれるので」、シトーや他の場所に巣をかけるのを許されていると彼は述べている[130]。ある秋の日、それらは渡りの準備をしていた。

外国へ旅するためにそれらが隊列を整えていた時、与えられた厚遇にたいして恩知らずだと思われないために、それらはそのとき野で働いていた兄弟たちを探し出し、しきりにしゃがれ声で鳴いてその周りを飛び回り、何を欲しているのか分からない兄弟たち皆を不思議がらせた。すると修道院長が彼らに「あれは旅立ちの許しを求めているのだろう」と言って、手を上げてそれらを祝福した。すると不思議なことに、それらはすぐに大いに喜んで一緒に飛び去っていった。そして旅に出発する時に、祝福を受けたり待ったりすることをほとんど考えない修道士たちを恥じ入らせたのだった。(131)

この出来事についての全体的な精神は、おそらく同時代のフランシスコ会の実例におけるそれとほとんど区別がつかない。修道院長は、フランチェスコがしたように鳥に説教したり、神への賛美を彼らの歌に調和させたりはしないが(132)、多くの初期フランシスコ会の物語においてと同じく、他の創造物にたいする親近感という全体的に同様の感覚がこの出来事には満ちている。たぶんこの類似した理念がシトー会士たちを、一三世紀のフランシスコ会の伝説に彼らがもったような関心をもつように導いた。この関心が、一二六六年のフランシスコ会総会によって破棄が命じられた、初期フランシスコ会史料の非常に貴重な写本の保存をもたらしたのである(133)。

カエサリウスは、シトー会士らが受け継いだ倫理的な禁欲の伝統の恩恵を示しつつ、鳥たちの敬虔な行動と人間のだらしなさとをあからさまに対比している。鳥たちは去る前にふさわしい祝福を求めたが、一方修道士たちはこれを怠っている。フランシスコ会士たちにとっても同じであったように(*ML* 8:7, *LP* 110, *VS* 47)、動物たちの行動は人間の行動の模範として見られている。これらの『奇跡物語』においては他の場合には、悪魔に憑かれた創造物と人間との戦い[134]や自然の事物の魔術的な変容のような、その他の伝統的な出来事も起こっている。[135]後にわれわれが見るように、これらはフランシスコ会的表現の範囲の内にぴったりと適合することができたのである。

シトー会理念の最高表現――『クレルヴォーの記述』

『クレルヴォーの記述』[136]は初期のある匿名シトー会士によって書かれたが、中世における最も美しい文書の一つで、創造物との調和というシトー会的理念を最高度に表現している。ほとんど知られていないことに、グラッケンはそれについて解説しているが、それを誤ってベルナルドゥスに帰している。[137]この『クレルヴォーの記述』は、美しい創造物のただ中での労働という格別新たなシトー会的理念によって強化された、禁欲の伝統の理念のもつ途方もない力を論証している。この労働は、創造物を導き完成するため人類に神が与えた気高い責務という指導的な理念でみなぎっていて、人間の優しく理性的な統治のゆえに創造物の相互の愛を回復させたのである。ルクレールはこう言っている。

修道院は「真の楽園」であり、周囲の田舎はその尊厳を共有している。「ありのままの」自然は、労働や芸術によって装飾されておらず、教養ある人には一種の恐怖の念を起こさせる。われわれが見つめるのを好む深い淵や山頂は、彼にとっては恐れの誘因である。祈りや禁欲生活によって清められておらず、またいかなる霊的生活の舞台でもない野生の地は、いわば原罪の状態にある。しかしいったんそれが豊作をもたらし目的あるものになると、最高度の重要性を帯びる。(138)『クレルヴォーの記述』の中でも、修道士たちはクレルヴォーの周りの荒れ地を開墾するために、大いなる献身と喜びをもって働いている。

山の頂は修道士たちの多くの働きの舞台である。労働は心穏やかであるのと同時に楽しみでもある。枯れた枝を集めること、それを燃やすために束にすること、そして敷地の美観をそこなう柴を掘り返して、焚き火のため、つまり唯一それに適しているその焚き火のために備えをすること、また茨を根こぎして取り除いたりすること。(139)……

人間固有の主権にたいするこの環境の復権は、最良で最も美しい木々が繁茂するのを許すことになろう。「そのため、その高い梢で天に挨拶するたくましい楢《オーク》の木への、その枝を伸ばす優美な科木《シナノキ》への、またその材がとてもしなやかでかつ割りやすいトネリコの木への、あるいは葉の茂ったブナの木への妨げは存在しないであろう……(140)」。『クレルヴォーの記述』における他の多くの表現が、このシトー会の「英国式田園」的な理想を示している（最近フランシスコ会の見方と比較されている）(141)。この理想は、人類が開墾された創造物にたいする適切な支配権を行使する時、二つの目標が以下のように調和させられると主張する。すなわち、創造の美は完成され、そして人間はいつも喜んで仕える僕たちによって適切に助けられる。次の文章における、手入れされた自然美と、創造物から供給される人間の必要との間の調和を考察してほしい。

果樹園の終わるところで庭が始まり、そこを通って小さな水路が走り、あるいはさらに分かれた小さなせせらぎがそれを広場に区切っている。……ここにはまた、病気の兄弟たちが綺麗な流水で満ちた小池のほとりの青々とした土手に座る時、彼らの目に与えられる喜ばしい光景がある。そこでは彼らは水晶のように澄んだ水の中で、行進する兵隊のように群れをなしてあちこち泳ぎ回る小さな魚たちと戯れることができる。これらの小池の水は、魚を養うと同時に庭の野菜を潤すのにも役立っている。……この水の流れは修道院の多くの作業場を流れ越え、そしてその誠実なる奉仕によって至る所で後に祝福を残してゆく。(142)

この水路は魚のために楽しみと食物を、人々のために気晴らしを、庭の野菜のために栄養を、そして修道院の作業場のためには浄化を提供する。功利主義が、禁欲生活の喜びと調和させられている。すなわち創造物は人間に進んで仕え、そして人間の面前で喜んで戯れさえする。この『クレルヴォーの記述』の著者は、フランチェスコがそうであったように、創造の事物を讃えることと快い奉仕に恩を感じることとは、人間の責務であると信じていた。

私がその水をしばしば飲み、私にとても役立ってくれたのに、不十分にしか報いなかった、かの甘美な泉にたいする忘恩のゆえに私は責められる。それがしばしば私の乾きを癒してくれたこと、それが私の手や足さえ洗うために水を与えてくれたこと、それがこんな多くの親切と慈愛の任務で私に尽くしてくれたこと、を私に非難の調子で思い出させるのだ。[143]……

また神の善は人々を物理的に霊的に手助けするため、他の方法でも創造物を通して働いている。

病人は緑の芝生の上に座るのを常とするが、暑中のころの極端な熱気が地を焦がし川を干上がらせる時、彼らは樹木に覆われ、その木陰によって暑さから守られて座る。その葉の幕の下では日の光は和らげられ、干し草の香気とともに芳しい空気を吸い込む時、彼らの苦しみは和らげられる。木々や芝生の気持ちの良い緑は彼らの目を休ませ、彼らの前にぶら下がる果実は、熟したときの喜びを彼らに約束する……。彼らの耳は、様々な羽色の鳥たちの心地よく調和した合奏によって快く満たされる。ひとりの病人を癒すために、どれほど神の善が（創造物において）治療法を増し加えてくれるかを考えてみよ。[144]……

これは、ベルナルドゥスによる修道生活とその自然環境への調和との結びつけを暗示している。もう一つのより熱烈な文章は、ベルナルドゥスの思想を美しく仕上げて宣言しているように見える。

かの場所は大きな魅力をもち、疲れた心を大いに癒し、不安と心配を和らげ、献身のため主を熱心に捜し求める魂をたすけ、そして彼らが熱望するものにたいする天来の甘美さについての思索をよび起こす。大地の晴れやかな表情は多様な色彩で彩られ、春の盛りの新緑は目を楽しませ、そしてその甘い香りは鼻腔をくすぐる。しかし私が花々を眺め、その甘い香りを嗅ぐとき、その草地は私にいにしえの歴史を思い出させる。なぜなら、私が花々の芳香を吸い込むとき、思索は私の心に、聖書が肥えた野から上ってくる香りにたとえている族長ヤコブの衣の香気を思い起こさせるからである。花々の鮮やかな色彩が私の目を楽しませるとき、この美しさは、その盛りでも野の百合の美しさには及ばないソロモンの紫の衣の美しさに、遥かに優っていることを私に思い起こさせる。このように、うわべは田園の美の甘美な感化によって魅了されるとしても、その下に隠された神秘の省察の内にこそ大きな喜びを見出す。(145)

人類と創造物はお互いを必要とする。人間は創造物を治め、そうして完成させる。創造物は人々に、物質的に霊的に仕える。その美しさは神の知恵の手によって描かれている。(146) それらは観察者に、かのより高度な霊的な美しさと、日に見える特別な事物を高めて称賛する聖書の言葉とを、(フランチェスコにそうしたように) 思い出させる。

この文章は、ベルナルドゥスが木陰の下で「感じた」知識と学業で学んだそれとを識別する時、彼が何を言おうとしたのかを明らかにするであろう。創造物が提供すべき大いなる感覚的な歓喜、すなわち大地の喜ばしい表情や春の花々の色彩と香気を通して、人間の心は世俗的労苦の思い煩いから連れ去られる。彼らは静められ、神の善性の神秘をより容易に黙想できるよう助けられる。創造物それ自身の美しさは、人々を感覚的なものから霊的なものへと上昇するようにうながす。こうして霊的訓練と疲労回復とを促進するのである。

シトー会とフランシスコ会の思想の特別な関係

これまでの多くの文章は、シトー会と初期フランシスコ会の創造物にたいする態度には広い範囲にわたる類似性があることを論証している。その類似性の幾つかは、共通の基本的シトー会理念、例えば創造の事物は人間に仕える義務を持つという信仰に由来している。フランチェスコ自身もこう言っている、「すべての被造物は語り宣言している、『おお人よ、神は私をあなたの為にお造りになったのだ！』」（*LP* 51）。それで、創造物の奉仕に謝意を表すこと、物質世界が彼らに与えたその美しさと恩恵の真価を認めることは、人類の相互の義務なのである。フランチェスコによれば、

> これらの被造物は毎日われわれの必要に仕えていて、彼らなしにわれらは生きられないが、彼らを通して人類ははなはだ創造者に背いている。毎日われわれは、これら全ての賜物の創造者にして分配者をしかるべく讃えず、こんなに沢山の祝福に感謝することを怠っている。（*LP* 43）

シトー会士とフランチェスコ（*VP* 58; *F* II:1–2）はどちらも、自然環境のただ中にあることとの大きな喜びを、とくに彼らが創造物の要素を霊的な事柄に関連させた時に表明している。彼らは、創造物において認められた何かと、それに関するふさわしく好ましい聖書の言葉を関連づけることを好んだ。これらの関連づけはしばしば非常に字義通りで、聖書の言葉の動物説話的な寓喩とは対照的であ

る。例えば『クレルヴォーの記述』は雅歌を引用し、それを字義通りに適用している。「私は私の求める木の陰の下に座った、その実は私に甘美であった」[147]。フランチェスコと『クレルヴォーの記述』の著者は、よく知られた自然を人間の美点に例えるイエスの話から引用している[148]。今日のわれわれなら、環境の美しさに印象を受けた時、シェリーあるいはワーズワースを引用したかも知れない。

しかし、創造物の美についての『クレルヴォーの記述』の叙情性と瞑想的な認識は、フランチェスコの自然神秘主義を非常に明白に性格づける有頂天な歓喜と神秘的な没我までには至っていない。「彼と共に生活していた私たちは、彼が全ての被造物において、内なる喜びと外なる喜びの根拠を発見していたのを見た。彼は喜んでそれらを愛撫し黙想したが、それは彼の霊がほとんど地上ではなく、天国に生きているかと思われるほどだった」(*LP* 51)。自然環境の中に外出することへの彼の愛は、しばしばシトー会士らがそうであったように修道院や田園の環境を楽しむことには限定されなかった[149]。ただどちらも、創造物は托鉢修道士でも修道士でない人々よりも彼らをより好んでいる、とそれぞれ考えていた[150]。時にこの了解された贔屓《ひいき》や友情は、『クレルヴォーの記述』の著者がある愛用の泉にたいし最後に言及するのを詫びた時のように[151]、さわやかでユーモラスな出会いや表現をもたらした。ある時フランチェスコは一羽の水鳥をもっていて、その後それを放してやったが、そこでそれは「ある身振りでその喜びを表しながら」飛び去ったのだった(*VS* 167; *ML* 8:7)。

シトー会と初期フランシスコ会の理念の間の違いは見落とされてはならない。『クレルヴォーの記述』における概念は、創造物との人間のかかわりについて著しく動的な見方を示している。組織的な方法での人間による利用のため、創造物への実用的かつ技術的な支配にたいする紛れもない強調がそこにはある。

その川は苦心して建設された仕掛けによってこの高みへと登り、何らかの奉仕をすることなしに、またその水のいくらかを後に残すことなしに、どこへも流れて行かない。自然ではなく兄弟たちの労働がつくった曲がりくねった川床によって、それは谷を二つに分けている。[152]……

最初はこの要素が、トインビーが断言した「自然の一神教的蔑視[153]」の恐るべき確証であるかのように、また人間自身の目的のため正当な誇りをもって環境を開発する許可を意味するかのように見えるかも知れない。しかしそれは不当な推論また曲解であろう。シトー会の見方は、人間と他の創造物との間の親密なきずなと調和を一貫して強調した。つまり、環境を手入れし整備する人間の努力と、人間の合理的な手引きへの創造物の自発的応答のゆえに、人間と他の創造物とは共に完全へと到達するのである。創造物は物質的・霊的に人々を助けることによって、人間の配慮に報いる。彼らは共同作業におけるパートナーなのである。

しかし、川はその助けを求める者をはばかりも拒みもしない。あなたはそれが、(毛織物縮充工の)波打つ杵を、交互に上らせ落としているのを見るであろう。……こうして彼らをその労働の最も辛い部分から解放しているのである。……この労働がどれだけ多くの馬たちをうんざりさせてきたことだろう！　どれだけ多くの人の腕を疲れさせてきただろう！　この労働なしにわれわれは食べるための食物も着るため支度された衣服も持たないはずだが、この親切な小川はそれから私たちを全く救ってくれるのだ。それはわれわれと労苦を分かちあっており、それが一日中従事している全ての労働にたいして、その全職務を勤勉に全うした時に自由に立ち去るのを許される以外には、なおその他の報酬を期待しないのである（傍点部強調は引用者による）[154]。

この洗練されたシトー会的な統合、すなわち創造物にたいする深い尊重と保護・安全・支援のため環境を技術的に支配する必要性とを調和させる試みは、定住して常駐する修道院共同体の所産であった。それなりに徹底的、組織的であったが、なお概観に限られていた。それは初期中世の伝統の内に存在していた前提の一つの適応と苦心の作であり、そこではシトー会を予示するような奉献され組織化された修道院の努力の実例には不足していなかった[155]。しかしこれらの展開は、技術的な工夫と物質的環境の組織的改良を強調する修道院生活と修道院的禁欲の伝統に由来しており、より初期のより単純な隠者の生活と理念を思い起こさせるフランチェスコの思想の要素とは対照的である。フランシスコ会の姿勢は、遍歴と個人の瞑想的静修の生活に非常に強く結びついていた、より素朴に組織された社会的な集団から生じた。それは、堅苦しい組織化と継続的な居住と環境の大規模な改変にたいする彼らの抵抗のゆえに、大きく複雑な社会集団には実際的ではなかったのである。

フランチェスコも実際、その宗教的経歴の初期に手がけた小さな教会の修復においては簡単な道具を使ったであろう。さらに修道会が成長した時には、兄弟たちに修道院に住み、彼ら自身の会堂を建てることを認めたであろう。しかしこれは、大規模な技術的偉業や修道会のための壮大な建築計画の促進とは違っていた。フランチェスコの意見が示すようにこの種の計画は、彼の弟子は遍歴する福音宣教の生活の中で絶対的な貧しさと場所や財産への無執着に生きなければならない、という彼の理念と激しく衝突したのである（特に *LP* 8–16 を見よ）。フランチェスコは隠者の生活での経験を通して、異なる種類の創造物への尊重を学んでいた。また同じくその隠者的理念のゆえに彼は、完全な厳格さをもって過酷な環境に耐えることを（その虚弱な体質にもかかわらず[156]）全く固く決意していた。そしてその生活の仕方を和らげるために修道会組織に、あるいは環境への幅広い人間的な賦課物に、依存することを拒否した。フランチェスコがつくったいくつかの規定は、彼の隠遁生活の理念が、住居の容認できる許容範囲を形成し限定したことを明らかに示している。自身のために彼は、「内側と外を砂利と枝で仕切られた」木造りの庵を認めた（*LP* 13）。「兄弟たちの庵や家は、貧しさと謙遜をよりよく守るために、単に土と木とから作られるべきであった」（*LP* 13）。この指示は、修道士たちは彼らを囲む壁よりむしろ溝か生垣を持つべきだという要件と同様に（*LP* 16）、フランチェスコの隠遁体験の明瞭な影響を示している。さらにまたそれは、これらの経験が、自然環境を組織的に支配し威圧するのではなくそれとの謙虚な親密さに留まりたいという願いに、いかに密接に結びつけられていたかを示している。従ってこれらの概念は、いくつかのシトー会の理念と対照的であるのみならず、初期フランシスコ会の経験と成長してゆく修道会の要求との間の緊張をも引き起こしたのであった。

第1章　注

（1）　H. Waddell, *Medieval Latin Lyrics*（New York, 1929）, p. 69.

（2）　Ibid., p. 71.

（3）　F. J. E. Raby, *A History of Secular Latin Poetry in the Middle Ages*（Oxford, 1934）.

（4）　Waddell, p. 27.〔訳注　パエストゥム Paestum はイタリア南部 Lucania 西岸の古代都市。古くは Posidonia と言われた。三つの古代ギリシャの神殿と古代ローマの円形闘技場の遺跡が現存する。〕

（5）　Ibid., p. 31.

（6）　Ausonius, *Poems,* trans. H. White（London, 1963）, p. 279.

（7）　Waddell, p. 39.

（8）　Ibid., p. 63.

（9）　Raby, *Secular Latin Poetry*, pp. 154–96 における分析を見よ。〔訳注　（9）～（11）は原著とは順番を入れ替えてある。〕

（10）　例えば、Waddell, p. 115. を見よ。

（11）　以下を見よ。Waddell, pp. 79–100; F. J. E. Raby, *A History of Christian Latin Poetry*, 2nd ed.（Oxford, 1953）, pp. 154–96; C. W. Previtè-Orton, *The Shorter Cambridge Medieval History*（Cambridge, 1971）, p. 339.

（12）　T. H. White, *The Bestiary: A Book of Beasts*（New York, 1960）, pp. 14ff.

（13）　以下を見よ。Isidore of Seville, *Traité de la Nature*, ed. J. Fontaine（Bordeaux, 1960）, pp. 272–77, 304–6; Bede, *De natura rerum*, in *Patrologia Latina, cursus completes*, vol. 90, ed. J.-P, Migne（Paris, 1904）; Rauban Maur, *De universo*, in *Patrologia Latina, cursus completes*, vol. 111（5）, ed. J.-P, Migne（Paris, 1864）.

（14）　Macrobius, *Commentary on the Dream of Scipio*, trans. W. H. Stahl（New York, 1952）, pp. 189–91.

（15）　Augustine, *Concerning on City of God against the Pagans*, trans. H. Bettenson（Harmondsworth, 1972）, book 22, chapter 24（p. 1075）.〔訳注　邦訳は以下を見よ。泉治典訳『アウグスティヌス著作集　第一五巻』「神の国（5）」教文館、一九八三年、三五四―三五五頁。〕

（16）　この分析については、A. Armstrong, *The Cambridge History of Later Greek and Early Medieval Philosophy*（Cambridge, 1970）, pp. 518–31 ; J. O'Meara, *Eriugena*（Cork, 1969）; J. O'Meara, ed., *The Mind of Eriugena*（Dublin, 1970）を見よ。

(17) *Periphyseon: On the Division of Nature, by John the Scot*, trans. M. Uhlfelder (Indianapolis, 1976), p. 203.

(18) Ibid., p. 295.

(19) Ibid., p. 307.

(20) これらの作品の良い紹介が以下にある。D. Knowles, *The Evolution of Medieval Thought* (New York, 1962); M. D. Chenu, *Nature, Man, and Society in the Twelfth Century*, trans. J. Taylor and L. Little (Chicago, 1968).

(21) Alan of Lille, *Anticlaudianus, or, The Good and Perfect Man*, trans. J. Sheridan (Toronto, 1973), book 1, 181ff, 277ff.

(22) 地方語の叙情詩については、例えば、C. Kennedy, *An Anthology of Old English Poetry* (New York, 1960) を見よ。

(23) Ibid., p. 71.

(24) イタリアの収集としては、R. Busk, *Folk-Song of Italy* (London, 1887); C. Muscetta and P. Rivalta, *Poesia del duecento e del trecento* (Turin, 1956) を見よ。これらの歌はまさに無名で年代特定もできないため、それらとフランチェスコの著作との間にいかなる実質的な関係も仮定することは困難である。

(25) Count de Montalembert, *The Monks of the West, from St. Benedict to St. Bernard* (London, 1861).

(26) Ibid., vol. 1, p. 71.

(27) A. Biese, *The Development of the Feeling for Nature in the Middle Ages and Modern Times* (London, 1905).

(28) ビーゼ Biese は、西欧における初期暗黒時代とカロリング朝後の時代を省いている。

(29) 例えば、G. Stockmayer, *Über Naturgefühl in Deutschland im 10 und 11 jahrhundert* (Leipzig, 1910).

(30) H. B. Workman, *The Evolution of the Monastic Ideal* (London, 1913), pp. 23, 221, 287ff.

(31) A. Zimei, *La concezione della natura in San Francesco d'Assisi: Studio psicologico e letterario* (Roma, 1929), pp. 83–84. これは現代の研究者によって看過されているが、ある点では優れた著作である。

(32) C. Glacken, *Traces on the Rhodian Shore: Nature and Culture in Western Thought from Ancient Times to the End of the Eighteenth Century* (Berkeley, 1967).

(33) G. Williams, *Wilderness and Paradise in Christian Thought* (New York, 1962).

(34) D. J. Chitty, *The Desert a City* (Oxford, 1966); P. Brown, *The Making of Late Antiquity* (Cambridge, Mass.,

1978）によって専門的に研究されている。

（35） P. Brown, pp. 82ff; Sulpicius Severus, *Postumianus*, chapter 3, in *The Western Fathers*, ed. and trans. F. R. Hoare（New York, 1965）, p. 72.

（36） Athanasius, *Life of Antony*, chapter 50, in *Select Writings and Letters of Athanasius, Bishop of Alexandria*, ed. A. Robertson, in Nicene and Post-Nicene Fathers of the Christian Church, second series, vol. 4（New York, 1892）, p. 209.

（37） Socrates, *Ecclesiastical History*, book 4, chapter 23, in *The Ecclesiastical History of Socrates Scholasticus*, trans. A. C. Zenos, in *The Nicene and Post-Nicene Fathers of the Christian Church*, second series, vol. 2（Oxford, 1890）, p. 107.

（38） Chitty, p. 6.

（39） Chitty の各箇所および P. Brown, pp. 82ff; Williams, pp. 30ff を見よ。

（40） Williams, p. 38.

（41） Ibid.

（42） Ibid., p. 41.

（43） W. Short, *Saints in the World of Nature: The Animal Story as Spiritual Parable in Medieval Hagiography 900–1200*（Rome, 1983）.

（44） 例えば、*VP* 58. 本研究ではフランチェスコのこの主要な物語を容認する。そして様々な程度の信頼性をもつ真正な初期フランシスコ会資料に由来するものとして分析し、また初期フランシスコ会の態度を示すのに非常に有用であるものとして容認したい。話の誇張の可能性はあるが、該当する出来事への資料と著者の近さゆえに、他の聖人伝以上にはその可能性は考えにくい。

（45） Severus, *Postumianus*, chapter 16, in Hoare, p. 87.

（46） Athanasius, *The Life of Antony*, chapter 9（Robertson, pp. 198–99）; chapters 22–23（Robertson, p. 202）.

（47） 後に見るように、ラ・ヴェルナについて。

（48） Biese, pp. 32–33. 私は Leob, *St. Basil, The Letters*, trans. R. Deferrari（Cambridge, Mass., 1926）と比較した。この文が現れるところは、pp. 107–11, in *Letter* 14 to Gregory Nazianzus.

（49） Gibbon, chapter 37（pp. 985–97 in edition above）. バシレイオスの見解の独自性については、D. S. Wallece-Hadrill, *The Greek Patristic View of Nature*（Manchester, 1968）, pp. 89–91 を見よ。

（50） Wallece-Hadrill, p. 33. 同じく以下を見よ。Basil's

letter 8 (end), in Deferrari.

(51) Workman, p. 31 (Jerome's Letter 58).

(52) この議論については、フォンテーン Fontaine 版の『マルティヌスの生涯 (*Life of Martin*)』(Sulpice Sévère, *Vie de Saint Martin* [Paris, 1967], Introduction) を見よ。

(53) エジプトからの報告が創作されたものだとしても、それらは非常に典型的である。オリゲネス主義者の議論を含んでいることは (chapter 6–8, Hoare, pp. 74–77)、その真正性に重みを加えている。

(54) *Life of Martin*, chapter 13 (Hoare, pp. 26–28). とはいえ、異教徒はこの木にたいして何ら審美的な関心もまた示していない、ということはまったく正当である。

(55) Severus, *Postumianus*, chapter 10, 13, 14, 15 (Hoare, pp. 80; 84; 84–85; 86–87; 87).

(56) Glacken, p. 310, Montalembert を引用している。

(57) Severus, *Postumianus*, chapter 14 (Hoare, pp. 84–85).

(58) John Moschus, *Pratum Spiritale* (early sixth century), chapter 107, in *Pré Spirituel*, trans. M. R. de Journel (Paris, 1946).

(59) Severus, *Postumianus*, chapter 25 (Hoare, p. 97).

(60) Ibid., section 2, 2–3 (Hoare, pp. 103–6); Severus, *Gallus*, chapter 3 and 9 (Hoare, pp. 125–26, 131–32).

(61) Severus, *Postumianus*, section 2, 9–10 (Hoare, pp. 114–16). これらのいくつかは、空の鳥と野の花についてのイエスの見解とローマの信徒への手紙一章二〇節を典拠としている。

(62) Gregory the Great, *The Dialogues*, book 2, chapter 2, trans. O. Zimmerman, in *Father of the Church*, vol. 39 (New York, 1959).

(63) Severus, *Letter* 3 (Hoare, p. 57—water fowl as demons) を見よ。

(64) Gregory the Great, *The Dialogues*, book 3, chapter 15; M. Bihl, "De praedicatione a S. Francesco avibus facta", *Archivum Francescanum Historicum* 20 (1927): 202–6 を見よ。

(65) *Dialogues*, book 2, chapter 33.

(66) E. A. Armstrong, pp. 31, 34–37.

(67) *Bede's Life of Cuthbert*, chapter 10, 12, 17, and 19–21; found in *Two Lives of St. Cuthbert*, ed. and trans. B. Colgrave (Cambridge, 1940), pp. 189–91, 195–97, 215–17, 221–27.

(68) *Felix's Life of Guthlac*, ed. And trans. B. Colgrave (Cambridge, 1956) の序論を見よ。

(69) Ibid., chapter 19 (p. 83).

(70) *Aeneid*, book 2, line 268, in *Virgil with an English translation* by H. R. Fairclough (Cambridge, Mass., 1960).

(71) Colgrave, *Life of Guthlac*, chapter 24–25 (pp. 87–89).

(72) E. M. Palumbo, *The Literary Use of Formulas in Guthlac II and their Relation to Felix's Vita Sancti Guthlaci* (The Hague, 1977), p. 17 における議論を見よ。フェーリクスのウェルギリウスの利用に関しては、Palumbo, p. 30 を見よ。

(73) Colgrave, *Life of Guthlac*, chapter 25 (p. 89).「深く愛し」は adamato である。

(74) ここで聖人伝記者はその聖人の禁欲理念を伝えつつ、さらにフェーリクスとグスラックを「知性人化」しているのがわかる。もちろんグスラックは決してウェルギリウスを読んだことはなく、彼の禁欲理念をウェルギリウス的なものとして理解することはいかなる意識的な方法においても合理的ではないだろう。ただこの聖人伝記者が、グスラックが彼の新たな聖戦と見解へと移し替えようとしていたところの蛮族の戦士の理念に忠実であったのは当然である。われわれはフランチェスコと彼の聖人伝記者との間にも、同様の注意深い区別をもうけなければならないだろう。

(75) E. A. Armstrong, pp. 31, 34–37 を見よ。

(76) 年代決定については L. Kervran, *Brandan, le grand navigateur celte de VIe Siècle* (Paris, 1977), pp. 121–122 を見よ。同じく、C. Selmer, Introduction to "Navicatio Sancti Brendani Abbatis" from *Early Latin Manuscripts* (Notre Dame, 1959) を見よ。

(77) Kervran, p. 121, my translation.〔訳注　本文は著者の英訳文より邦訳した。〕

(78) E. A. Armstrong, pp. 34–41, 182–83.

(79) A. Tommasini, *Irish Saints in Italy*, trans. J. Scanlan (London, 1937), pp. 445ff.

(80) この物語については、例えば、M. Lambert, *Medieval Heresy: Popular Movements from Bogomil to Hus* (New York, 1976), pp. 67ff を見よ。

(81) E. A. Armstrong, p. 183.

(82) *Voyage of Brendan*, chapter 15.

(83) Ibid.

(84) この賛歌の全テキストは、ウルガタのダニエル書三章五一―九〇節に見出される。ここに引用された節は、五七、七六、八〇節である。*New Oxford annotated Bible with the Apocrypha* においては、この賛歌は外典の中にあり、ダニエル書三章二八―六八節として入れられている。私が引用した節は、三五、五四、五八節になる。〔訳注　新共同訳・旧約続編において は、『ダニエル書補遺　アザルヤの祈りと三人の若者 の賛歌』三四、五三、五七節に相当する。〕

(85) *Voyage of Brendan*, chapter 17.

(86) E. A. Armstrong, pp. 66–67.

(87) 例えば、*Voyage*, chapter 11 および Short, pp. 127–47.

(88) Zimei, p. 83 を見よ。

(89) Jonas, *Life of Columban*, chapter 60, in *Jonas, Life of Columban*, ed. D. C. Munro, Translation and Reprints from the Original Sources of European History, vol. 2, no.7, rev. ed. (New York, 1908), p. 35.

(90) Workman, pp. 236ff; Gerald of Wales, *Journey Through Wales*, book 1, section 3, in Giraldus Cambrensis, *The Journey Though Wales, and The Description of Wales*, trans. L. Thorpe (Harmondsworth, 1978) を見よ。

(91) L. Bieler, *Ireland, Harbinger of the Middle Ages* (London, 1963), pp. 59–61 より。

(92) Ibid. この「君 (you)」(最終行) は、この詩が想像上呼びかけている架空のアイルランド王に該当する。次のホワイトの意見と比べてみよ。「聖人たちの伝説、特にアイルランドの聖人たちの動物たちとの関係について長く語ってきたが、常に被造物にたいする彼らの優越性を表すためであると私は考える」。

(93) 例えば、以下を見よ。Biese, pp. 59ff; Glacken, pp. 307ff.

(94) Biese, p. 59.

(95) Glacken, p. 308.

(96) Stockmayer, pp. 9, 11, 38 および各所。

(97) Ibid., pp. 9, 42.

(98) Glacken, pp. 330ff; Coulton, vol. 2, pp. 16ff.

(99) Stockmayer, pp. 38–39.

(100) Ibid., p. 41.

(101) Ibid., p. 11.

(102) 特に次を見よ。H. Grundmann, "Neue Beiträge zur Geschite der religiösen Bewegungen im Mittelalter," in *Ausgewählte Aufsätze*, Teil 1, *Schriften der Monumenta Germaniae Historica*, Band 25, 1 (Stuttgart, 1976), pp. 38–91.

(103) Ibid., pp. 46ff.

(104) Ibid. なお以下も参照せよ。J. R. Russel, *Dissent and Reform in the Early Middle Ages* (Berkeley, 1965); Lambert, pp. 29ff.

(105) 上記の Lambert と Grundmann を見よ。

(106)　以下を見よ。Ressell; Grundmann; Lambert, pp. 29ff.

(107)　これに関する多くの詳細な研究については、例えば、M. Pennington, ed., *The Cistercian Spirit* (Speneer, Mass., 1970)、また特に、J. Leclercq, "The Intentions of the Fouders of the Cistercian order," pp. 95ff を見よ。

(108)　Grundmann, pp. 61ff を見よ。

(109)　環境への態度の比較に関しては（われわれより狭い範囲でより一般的であるが）、以下を参照せよ。R. Dubos, "Franciscan Conservation versus Benedictine Stewardshjp," in Spring, pp. 113–36. しかし彼は『クレルヴォーの記述』を、やや後のシトー会士よりむしろ、ベルナルドゥスに帰している。

(110)　J. Leclercq, in Pennington, p. 120.

(111)　J. Leclercq, "Le thème de la jonglerie chez S. Bernard et ses contemperains," *Rev. d'Hist. de la Spiritualité* 48 (1972): 385–400. フランチェスコは、彼の仲間をキリストの道化師や歌い手と考え、文字通りにそう望んでいた。ベルナルドゥスはそれを比喩的に理解している。修道士は世の価値観を根本から覆し、従って世俗の世界にとっては何でもする道化師のように見えるからである。

(112)　この慣例の衰退については、例えば以下を見よ。Workman, pp. 236ff; Gerald of Wales, book 1, 3.

(113)　Benedict, *Rule*, chapter 48, in *The Rule of St. Benedict in Latin and English with Notes*, ed. and trans. T. Fry (Collegeville, Minn., 1981), pp. 249–53.

(114)　Glacken, p. 308.

(115)　Bernard, *Letter* 107, in *The Letters of St. Bernard of Clairvaux*, trans. B. S. James (Chicago, 1953), pp. 155–56.

(116)　É. Gilson, "Sub umbris arborum," *Medieval Studies* 14 (1952): 149.

(117)　J. Leclercq, *The Love of Learning and the Desire for God*, trans, C. Misrahi (New York, 1961), p. 164.

(118)　Walter Daniel, *Life of Aelred*, chapter 5, M. Powicke, ed. and trans., *The Life of Aelred of Rievaulx* by Walter Daniel (Oxford, 1978), pp. 12–13.

(119)　É. Gilson, "Sub umbris," p. 154.

(120)　手紙は以下のように書いている。"aliquid . . . sub umbris arborum senseris" versus "didicisses in scholis." また Gilson, "Sub umbris." を見よ。

(121)　同じく Glacken, p. 308 を見よ。

(122)　J. Leclercq, *The Love of Learning*, pp. 164–65; Glacken, pp. 308ff; Gerald of Wales, book 1, 3 を見よ。

(123) *Bernard of Clairvaux and the Cistercian Spirit* (trans. C. Lavoie [kalamazoo, Mich. 1976], p. 18) における、ベルナルドゥスの自然環境への評価に関するルクレール Leclercq の意見を同様に考察するなら、レマン湖の美しさへのベルナルドゥスの無頓着の記事は（A. Luddy, *A Life of St. Bernard* [Dublin, 1927], p. 36 を見よ）、それに関連する脚注に相当するかも知れない。フランチェスコ自身は、神秘的恍惚にある時は都会をまるごと無視していた。さらにシトー会の生活様式の古代の根源に関する天国的イメージと概念については、サン・ティエリのギョームの手紙（J. Morison, *The Life and Times of St. Bernard* [London, 1884], p. 33）を見よ。すなわち、「私はふさわしくなかったが、彼（ベルナルドゥス）と共に数日間滞在し、そして目を向けたどのことにも驚嘆した。そして私は、新しい天と地を、またわれらの師父たるエジプトの修道士たちのいにしえの小道を、そこに残されたわれわれの時代の人々の近頃の足跡と共に、目撃したと思った。黄金時代はこの時クレルヴォーにおいて世に再び訪れたように思われた。そこでは、キリストの貧しさを喜びつつこの世で豊かになった人々に出会うことができた」。

(124) 以下を見よ。Idung of Prüfening, *A Dialogue between Two Monks*, in *Cistercians and Cluniacs: the Case for Cîteaux*, Cistercian Fathers Series 33 (Kalamazoo, Mich., 1977), book 2, 54, p. 94.

(125) Ibid. 彼は習慣を弁護するため、初期東方の教父にさかのぼりさえしている。Book 2, 21ff を見よ。

(126) Ibid., 2, 54.

(127) Translated by H. Scott and C. Bland (London, 1929).

(128) 英語版は、*Life and Works of St. Bernard, Abbot of Clairvaux*, trans. S. Eales, 2nd ed. (London, 1912), vol. 2, pp. 460–66. ラテン語版は、*Selectae Sancti Bernardi Epistolae*, ed. J. Gaume (Paris, 1855), pp. 1–8.

(129) Caesarius (Scott), Introduction を見よ。

(130) Ibid., book 10, 48 (Scott, pp. 218–19).

(131) Ibid.

(132) 例えば、フランチェスコの鳥への説教は、*VP* 58（一二一三年頃）。水鳥との神への賛美は、*ML* 8, 9（一二一九年頃）。

(133) Habig, p. 211.

(134) Caesarius, book 1, 15 (Scott, p. 22).

(135) Ibid., book 5, 2 (Scott, pp. 315–18); book 9, 8ff.

(136) 英語版は、Eales, vol. 2, pp. 460–66. ラテン語版は、Gaume, pp. 1–8.

(137) Glacken, pp. 213–14 を見よ。正確な年代については以下を見よ。Montalembert, vol. 1, p. 72; A. de Joubainville, *Études sur l'état interieur des abbayes Cisterciènnes, et principalement de Clairvaux, au XII*^{e} *et au XIII*^{e} *siècle* (Paris, 1858), pp. 329ff. Louis Lekai, O. S. C. はこれを一三世紀半ばに位置づけた（私信による）。

(138) J. Leclercq, *Love of Learning*, p. 165.

(139) Eales, p. 460 での引用。

(140) Ibid.

(141) R. Dubos, "Franciscan Conservation and Benedictine Stewardship," in Spring, pp. 114–37. しかしこの論文はフランシスコ会の見解を過度に単純化したかたちで扱っており、中世的見地におけるそれら諸要素を現代との関連で見ているに過ぎない。

(142) Eales, p. 466.

(143) Ibid.

(144) Ibid., p. 461.

(145) Ibid., p. 464.

(146) Ibid., p. 466.

(147) Ibid., p. 461.

(148) Ibid., p. 464; *VP* 58.

(149) 例えば、*F* II: 1–2 を見よ。このところでフランチェスコは荒野を喜んでいる。

(150) Eales, p. 467 では、川は修道士たちだけを魅了し彼らだけのために働いている。フランチェスコと特愛のコマドリについては、*VS* 47; *LP* 108; *MP* 107 を見よ。

(151) Eales, p. 466.

(152) Ibid., p. 462.

(153) 彼の "The Religious Background of the Present Environmental Crisis," in Spring, pp. 137–51 を見よ。

(154) Eales, p. 463.

(155) Glacken, pp. 302ff.

(156) K. Haines, "The Death of St. Francis of Assisi," *Franziskaniche Studien* (1976): 27–46. 聖人たちに共通する特徴として、厳しい状況下での並はずれた耐久力を詳述している。（フランチェスコの場合、これは健康障害の時を経て生涯の終わりに至るまで持続した。）

第二章　フランチェスコの創造の解釈における伝統的要素

隠者の生活様式

フランチェスコと彼の理念に関して、明るい新しい暁光は何もなかった、文字通り何もなかったと認識することは重要である。彼は教会が切に呼び求めてきた救いの告知者ではなかった。ローマへの道は長い間、あらゆる種類と状況の改革者たちによって埋め尽くされていた。アッシジのフランチェスコは、比喩的にも文字通りにも、彼以前に同じ道を歩んでいた多くの人々の足跡に従っていたのである。……福音的貧しさ、福音によって生きる生活、聖職売買と悪弊の終わりを、彼ら（教皇たち）は既に以前からすべて聞いていたのである(1)。

モックラーはここでフランシスコ会の理念一般について語っており、特に自然環境にたいするフランチェスコの態度についてではない。しかし後者は前者から発展したのだから、それが多くの非独創的で伝統的な要素を含んでいることを見出しても驚くべきではないだろう。なぜならこのフランシスコ会の見解は、ちょうどシトー会と同様に、統合されたある統一体の一部であって、フランチェスコの態度は彼の経験や禁欲生活の理念と不可分なものだったからである。

フランチェスコはオメール・エングルベールが言うように、「教会の歴史における最も偉大なる隠者の一人」であった。[2] 隠遁生活についての彼の経験は、もし適切に定義された霊的使命という点で語るなら、彼の経歴の極早い時期、実際には彼の公的な経歴以前に始まった。フランチェスコはミサで聞く数え切れないほどの説教から、また彼自身の時代の悔悛者や禁欲者たちを観察することにより、隠遁者生活の理念を吸収しアントニオスや他の隠遁者についての知識を得ていた。彼の行動と表現は、彼が禁欲生活の多様な様式について広範な知識をもっていたことを証明している（例えば *LP* 40; *LP* 114; *VP* 33 を見よ）。彼は一二〇六年の公的な「回心」の前ですら、アッシジ郊外の洞穴に断続的に隠遁所を作っていた（*VP* 6; *VS* 9; *ML* 2:5）。洞穴や時には小さな穴の中における（*VP* 10）彼の生活は、彼に深い精神的・心理的影響を与えたに違いない。[3] この時彼は、深甚な結果をもたらす全き自己犠牲と耐乏という理想のために、以前の気ままな都市生活を完全に拒絶した。[4] フランチェスコと彼の最初の弟子たちはしばしば、放棄されたかまど、洞窟や洞穴に住んだ（*VP* 39）。リヴォ・トルトの彼らの住処は、「大きく立派な住まいへのこれら最も熱心な軽蔑者たちが住んでいた隠れ家たる、ある見捨てられたあばら屋で、そこで彼らは雨露をしのいでいた。なぜならある聖人がかつて言ったように、人は宮殿からよりももっと早くあばら屋から天国へ昇るからである（*VP* 42）」。このあばら屋はせますぎたので、フランチェスコと彼の弟子たちは大変な思いで過ごさざるをえなかった。[5] 後には彼らは、見捨てられた墓穴にさえとどまっている。[6]

チェラノがほのめかすように、住処の選択は慎重であり初期フランシスコ会の理念に適ったものであった。フランチェスコは隠遁生活を、真のフランシスコ会的謙遜の教師とみなしていた。ある時、彼は修道会にこう教示した。

謙虚で誠実でありなさい。夜明けから第三時課の後まで、心の内で神に祈りつつ沈黙を守りなさい。そして無駄で無益なおしゃべりにふけってはいけない。旅をしていても庵か小部屋にいるのと同じように、あなたの言葉が謙虚で誠実であるようにしなさい。

(*MP* 65)

修道士たちは旅をしている時でも、彼らの庵室とそこで従うべき謙遜と耐乏の理念を覚えることになっていた。

純潔と瞑想の内に謙遜で厳格な生活をし、自身を支えるため単純な労働をする、といったこれらの理念の多くは、初期禁欲者たちのそれであり、使徒の時代への回帰であった(7)。

チェラノはフランシスコ会の隠者たちについてこう言っている。

今日のこうした隠者のための規範はそれぞれが望むように生きることである。しかしこれは全ての人には当てはまらない。いく人かは隠遁所において、まさに最高の規定に従い肉体をもつ聖人のように生活していることを、われわれは知っているからである。われわれはまた、彼らの先人である師父たちが一輪咲きの花のように咲いていたことも知っている。願わくは、われらの時代の隠者たちが、かの原初の美しさから（ab illa pulchritudine primitiva）、永遠に残る義の賛美から、落ちてしまうことのないように。（*VS* 179）

フランチェスコは、隠者的な耐乏は彼の修道会にとって中心的に重要であり、また本質的に使徒的だとみなしていた。それのための彼の弁明は直接に聖書的であり、いくらかのシトー会士たちのそれとは対照的な彼の態度の源泉をより明快に示している。

> 彼は兄弟たちに石ではなく木で貧しい住処を作るように、また控えめなやり方に従って小さな「場所」を建てるように教えた。実際彼は貧しさについて語る時しばしば、兄弟たちにこの福音書を言い習わすことを提案していた。すなわち、狐には穴があり空の鳥には巣があるが、人の子には枕するところもない。（*VS* 56）
>
> 主は……四〇日間の祈りと断食をした砂漠にいた時、ご自身のために一つの庵もいかなる家もそこに建てられず、山の岩の陰に生活されたのである。（*VS* 59）

フランチェスコが好んだ隠遁の住処の形態は、彼が実際に住んだ所や彼自身が作った所についての記述から最もよく知ることができるであろう。一二一一年頃、フランチェスコは四旬節《レント》の時期を、アッシジにも近いトラジメーノ湖の無人島で過ごすことを決意した。

> 宿りができるような建物も無かったので、彼は多くの茨の茂みや喬木が小さな小屋あるいは隠れ場のよ

うなものを作っている、とても密生した藪の中に入りこんだ。そしてそこで彼は祈り、その場所で天のことについて黙想し始めた。（F 7）

フランチェスコの動機は便宜主義と厳格さとを含んでいたように見える。すなわち（リヴォ・トルトの小屋におけると同じく）当座の宿りを彼に供する住処さえもなかったので、彼は自然の隠れ家を巧みに利用し、かつその場をほとんど乱さなかった。ただ後には、この場所の評判のゆえこの地域には人々が群れをなして集まって小さな村が起こり、そして修道会はそこに黙想と祈りのための「場所（locus）」を設立した（F 7）。

フランチェスコが一二二四年にラ・ヴェルナを訪れた時、以前の兄弟たちの訪問以来そこには、「本の枝で作られたとても貧しく小さな小屋」を除いて何もなかった（F II:1）。フランチェスコは、

オルランド伯爵に、兄弟たちの「場所」から石を投げて届くほどの所のとても美しいブナの木のたもとに、彼のために貧しい小さな庵をもつことを願いでた。なぜなら、その場所は彼には敬虔な祈りのためとてもふさわしく思われたからである。そこでオルランド伯爵はさっそくそれを作った。（F II:2）

数人の現代の著者たちが、初期フランシスコ会の loci（場所）の背景と雰囲気を描写している。[8] 私はこれらフランシスコ会ゆかりの地への自らの訪問から、以下のような意見を加えたい。「場所」という用語はいくつかの理由にふさわしく思われる。第一にそれが全く適合しているのは、質素な岩

の隠遁所（アッシジ郊外のカルチェリのような）から一人の人を泊めるのにかろうじて足る大きさの小さな洞穴まで、関係する住処の範囲を含むに十分なほど曖昧だからである。またこの用語は、それが意味する理念に合致した謙遜さと住処に関する共通の厳格さとを反映している。初期フランシスコ会士たちにとってこれらの住処は、隠遁地や開拓地における住まいのような、自然環境から隔絶された、また人間存在に不可欠に付随するもの、すなわち所有権を意味する用語で理解されたものではない。単に修道士たちが独りで瞑想しようと望んだ時に泊めることのできる創造された世界の中における特別な場所として理解されたのである。

（その質素さにしばしばアパラチアや合衆国西部の初期の開拓地を思い起こす）これらの場所は瞑想に理想的だが、それらは皆、荘厳な自然美の中の環境を共有していた。一例をあげるなら、カルチェリの隠遁所は孤独を約束するだけ十分アッシジから遠くまた十分険しい山の中にあるが、一方巨大な山峡の端にあるその位置からは霞がかった緑と黄金色からなるスポレート谷の素晴らしい光景を遥か眼下に認めることができる。鳩やその他の被造物で満ちた森は、フランチェスコと弟子たちに使われた小さな洞穴を視界から隠している。前述の引用におけるフランチェスコの発言で示されているように、初期フランシスコ会士たちは隔絶された孤独と大いなる自然美の両方をもった「場所」をしばしば意図的に選んだのである。

被造物にたいするフランチェスコの態度の一源泉としての隠遁生活

フランチェスコの動物たちへの愛着を示す最初の出来事は、彼の初期の隠遁生活体験と最初の禁欲者たちについて語られたものと非常によく似た報告とに起因している。確かにフランチェスコがトラジメーノ湖のマッジョーレ島を訪れた一二一一年頃、彼は罠にかかったウサギを見つけそれを逃がしている。[9] 隠棲所での生活はしばしばフランチェスコに、創造物との直接の触れ合いをもたらした。彼はヴェネツィアの湿地の「場所」にいる時、鳥たちの神への賛美に加わった（*ML* 8:9）。ラ・ヴェルナでは、鳥たちの群れが彼を取り囲んで肩にとまったのを幸先の良い挨拶と理解して住むところを決めている（*F* II:1）。明らかにこれら孤立した隠れ家の周りに住んでいる動物たちは、人間をほとんど恐れないことをその時学んだのかも知れない。隠遁によるこれらの親密な被造物との触れ合いは、フランチェスコに彼以前の隠者にも典型的なそれらへの愛と共感を生じさせた。『ペルージア伝記』が述べるように、「彼はそれらに非常な愛と共感をもっていたので、彼らが尊重なしに扱われると心乱された。彼は、まるで彼らが神から感情と知性と話す能力を与えられているかのように、内的にも外面的にも大きな喜びをもって彼らに語りかけた」。[10] これらの逸話の多くは、ショートの『自然界における聖人たち（*Saints in the World of Nature*）』という研究で見出された、初期中世の隠者物語とよく似た情趣と言葉をもって語られている。[11]

表 1　初期資料に報告されているフランチェスコの
創造の解釈における伝統的要素

魔術：被造物への支配と命令	創造物における寓喩	創造物が教育する
鳥への勧告；許可を与える：*VP* 58; *TM* 20; *ML* 12:3; *F* 16; *MNL* 5:6	〈倫理的寓喩〉	ツバメが服従を示す：*VP* 59; *TM* 21; *ML* 12:4; *F* 16
ツバメが囀るのをやめるよう命じられる：*VP* 59; *TM* 21; *ML* 12:4; *F* 16	ハト：*F* 22	有益な子羊が殺され，雌ブタが死ぬ：*VS* 111; *ML* 8:6
魚への命令：*VP* 61; *TM* 24; *ML* 8:8	水：*MP* 118	貪欲な鳥が死ぬ：*VS* 47; *LP* 108; *MP* 107
水をブドウ酒に変える：*VP* 61; *TM* 17; *ML* 5:10; *MNL* 5:3	火と炎：*VS* 165	ミツバチと神秘主義：*VS* 169
岩から水を出す：*VS* 46; *ML* 7:2; *F* II:1; *MNL* 5:3	ヒバリ：*LP* 110; *MP* 113	敬虔なヒバリ：*LP* 110; *MP* 113
お金がヘビに変わる：*VS* 68; *MP* 15; *ML* 7:5		雄バチと働きバチのたとえ：*VS* 75; *LP* 62; *MP* 24
貪欲による鳥の死：*VS* 47; *LP* 108; *MP* 107	〈神秘的寓喩〉	カッコウ：*MP* 122
アレッツォの悪魔を追放する：*VS* 108; *LP* 81; *ML* 6:9	子羊：*VP* 77; *ML* 8:6; *LaudHor*	未来のため蓄えるアリ：E. A. Armstrong, p. 154（兄弟エジディオの言葉）
雌ブタが罰せられる：*VS* 111; *ML* 8:6	太陽：*MP* 119	子羊が聖体拝領を尊重することを教える：*ML* 8:7
火が命じられる：*VS* 166; *LP* 48; *MP* 115; *ML* 5:9; *MNL* 5:1	虫けら：*VP* 80; *Office of the Passion*	鳥がなすべき使命を示す：*F* 16
鳥が命じられる：*VS* 167; *ML* 8:10	石：*VS* 165; *LP* 51	全ての被造物は人よりもよく神に仕えている：*Admonition* 5
キジが命じられる：*VS* 170; *ML* 8:10	花：*MP* 118	悪魔たるネズミ：*LP* 43; *MP* 100
コオロギが命じられる：*VS* 171; *LP* 84; *ML* 8:9	木：*MP* 118	
ブドウ酒が増える：*LP* 25; *MP* 104; *F* 19		
その他：*F* 21:1,29; *F* II:2; *NewF* 55, 58, 61; *MNL* 5:9; 5:7; 5:4		

表2　フランチェスコの動物への愛と
その繁栄のために示された配慮

親しんだ動物	フランチェスコの動物たちへの保護と配慮，安全の回復
羊：*VP* 78, 79; *ML* 8:6	ウサギと罠：*VP* 60; *ML* 8:8; *TM* 29–30
ハヤブサ：*VS* 168; *ML* 8:10; *F* II:2	魚を湖へ帰す：*VP* 61; *ML* 8:8; *TM* 24
キジ：*VS* 170; *ML* 8:10	羊と羊への日常的な同情：*VP* 77–80; *ML* 8:6
セミ：*VS* 171; *LP* 84; *ML* 8:9	イモムシを助ける：*VP* 80
ジャコバ夫人の子羊：*ML* 8:7	保存された干し草が動物を癒す：*VP* 87; *TM* 18
	コマドリを飼う：*VS* 47; *LP* 108; *MP* 107
	木，庭の野草，虫を保護する，ミツバチが蜂蜜とブドウ酒を得る：*LP* 51; *MP* 118; *VS* 165; *ML* 9:1
	水鳥を自由にする：*VS* 167; *ML* 8:10
	鳥や動物がクリスマスに食べ物を与えられる：*VS* 200; *LP* 110; *MP* 114
	火を保護する：*LP* 49–50

また彼の『兄弟なる太陽の讃歌』における「姉妹なる、われらの母なる大地」への深い崇敬と、その他の様々な被造物に与えられた非常に謙虚な賛辞は、諸文書で語られているような自然界の中での無邪気な経験を深く尊重する大地に密接した生活を反映していることに気づかされるであろう。例えば『小さき花』は、ある時フランチェスコと仲間たちが彼らの質素な夕食を小川の近くの平たい岩の上に並べたという家庭的な出来事を愛情こめて語っている（*F* 13）。また別の出来事が、兄弟たちがしばしばそうしたに違いないように、互いにたき火のまわりに座っている時に起こる（*LP* 49–50）。「彼によって、あなたは夜を明るく照らされます」（とフランチェスコが『兄弟なる太陽の讃歌』で言っている）「兄弟なる火」への賛美は、こうした素朴な経験を記憶し尊重するこれらの人々にとって特別な意味をもったであろう。この自

然環境の諸要素の素朴で真摯な認識は、シトー会の『クレルヴォーの記述』よりも前述した九世紀ケルトの隠者と自然詩の見解に似ている。この経験と見解とはその特徴と伝承において、修道院とは対照的に際立って隠者的である。

悪魔憑きとしての被造物の解釈

フランチェスコの禁欲的経験におけるもう一つの明白な伝統的要素は、環境の中の悪魔的存在にたいする彼の認知力とこの存在との闘争である。なぜなら、たとえ創造物へのフランチェスコの見方が極めて肯定的で受容的だとしても、彼はいまだ非常に伝統的な仕方で、神の許しを条件としつつも悪魔はその邪悪な目的のために時には被造物を用いることも可能だと信じていたからである。ある時、フランチェスコはサンダミアーノ近くの庵に住んでいたが、そこで彼は安息と睡眠を妨げるネズミどもに悩まされた。『ペルージア伝記』によれば、

> 夜だけでなく昼間にもそれらは、食事時にテーブルに上って来るほど彼を悩ませた。それで彼の仲間たちと彼自身は、これは悪魔の誘惑に違いないと判断したが、事実そうであった（ut socii eius et1psemet considerarent quod esset temptatio diabolica, sicut et fuit）。
> （*LP* 43）

フランチェスコがラ・ヴェルナにいた時の彼の環境への理解、魔術、動物たちとの親しい関係は、

自然界との彼の出会いを特徴づけている。しかしまた、誰も求めないような恐ろしい山の砦のなかに自らを隠していた悪魔との戦いも行った。ある時、悪魔はフランチェスコを崖っぷちで待ち伏せていたので、聖人が逃れられる唯一の方法はまさしく岩のなかに奇跡的に受け入れられることだけであった。また別の時には、彼は兄弟レオネと他の仲間を悪魔の攻撃から救わなければならなかった（*F* II:1）。ここにわれわれは、野生の楽園への隠者の征服の再現を見る。そこでは創造物は聖人を助けもし、また彼に逆らって用いられもするのである。

ネズミによる試練は『ペルージア伝記』のなかに出てくるが（従ってそこでの見解はおそらく同時代の反応を正しく反映している）、それ以外のこれらの物語は、『事跡』および『小さき花』（*Actus-Fioretti*）のなかに出てくるだけで、その信憑性はあまり高くない。とはいうものの、たぶん真正であるマッセオの『手紙』は、フランチェスコのラ・ヴェルナへの別れの挨拶、すなわち「さらば、さらば、悪魔を蔑むと同時にわれわれをその体内に受け入れてくれし岩よ！　われらはもう二度と会えぬだろう！[12]」という彼の発言をも含んでいる。ここにある情感は初期フランシスコ会の概念に少しも反していない。『小さき花』はここでもたぶんいつものように、フランシスコ会の気風に忠実であり続けたのである。[13]チェラノも同様にこれらの出来事をほのめかしているのかも知れない（*VP* 71–72）。

いずれにせよこれらの出来事は、われわれに残されたそれらのとても小さな断片を取りまとめている。ネズミによる試練は、初期「暗黒時代」に見られる仕方での誘惑をともなう具体的な被造物に関する唯一の出来事にすぎない。その特別な背景に注意する必要がある。それは一二二四年から一二二五年にかけての冬の間、フランチェスコ自身が重病で弟子たちはひどく取り乱し、一つの異常事態と見なすべき時に起こったのである。くわえて、フランチェスコの一時の回復は、彼の最も熱烈な被造物賛美の一つである『兄弟なる太陽の讃歌』を生み出している。『事跡』―『小さき花』の出来事も同様に、彼らが非常に遅くなってからしか休息できなかったという点で異常であり、そして修道士たちには不慣れで時には恐ろしい山岳環境にあるときに起こった。このことが誇張表現に十分な余地を与えたのである。しかし『事跡』の出来事にさえ、被造物との熱烈で好意的な出会いや、「暗黒時代」の資料では対決するよう強いられていた自然環境への正当な評価の証拠が散在している（*F* II:2を見よ）。総じて、被造物との肯定的な出会いに関する逸話の数の多さは、フランチェスコ以前の時代の聖人伝の名作に記録されたその数を少なく思わせるほどであるに疑いなく、これらの物語の数と一貫性は、フランチェスコが非常に積極的で自発的創意にみちた前理解と連想をもって被造物と向かい合っていたことを立証するものである。

教師としての被造物

フランチェスコはしばしば創造物から、道徳寓喩的な類例を引き出している。中世の人々にとって創造物は「自然の本」[14]であった。それは、アントニオスのような禁欲者らが用い[15]、ローマの信徒への手紙一章二〇節やイエスの「野の花のことを考えてみよ」[16]という勧めのような聖書の言葉によって霊感を与えられていた。マルティヌスは貪欲な鳥たちに悪魔の姿を見た。[17]彼にとって毛を刈られた羊は、何も持たない誰かの為に外套をあきらめるという新約聖書の戒めの例証であった（このイメージはユーモラスな哀感を持っている）。一部分草を食われた牧草地は、純潔と結婚そして姦淫の状態の象徴であった。[18] ショートは、[19] たとえ話として用いられた創造物と聖人の交流について多くの実例を集めている。

フランチェスコは、謙遜な修道士の象徴としてヒバリから（*LP* 110）、貪欲な人々への警告として貪欲なコマドリの雛から（*LP* 108; *VS* 47）、将来を心配しすぎる人々の象徴としてアリから、道徳的教訓を引き出している。[20]

むしろ動物たちはより直接的に人々に教えることができた。先にみた例のように、聖人への被造物の応答は、人々に畏れと信心とを当然引き起こすはずである。[21] 創造物は人間性についての一つの模範の役割をはたすのである。トゥールのマルティヌスはある時、ヘビは彼に従ったのに人々はそうではなかったことへの不満を訴えた。[22] フランシスコ会の記述では、フランチェスコからの贈り物であるジャコバ夫人の子羊は、敬虔なその模範によって聖体拝領を崇敬することを教えた（*ML* 8:7）。フランチェスコの命令へのツバメたちの服従は、聖人の教えを受け入れるよう人々の心を動かした（*VP* 59）。チェラノが動物たちの服従と人間のそれとの間にもうけたこの結びつけをアームストロングは否定しているが、フランチェスコは『訓戒』において、彼自身この種のつながりをもうけている。

神があなたに授与された尊厳を悟るようにつとめなさい。神はあなたの体を愛する御子のかたちに、あなたの魂をご自身の似姿に、創造しかたちづくられた。それなのに、天の下のあらゆる被造物は、それ自身の仕方で、あなたより以上にその創造者に仕え、感謝し、従っているのである。[23]

この『訓戒』は、フランチェスコの情緒がマルティヌスのそれとかけ離れてはいないことを示している。鳥への説教の後フランチェスコと彼の仲間たちは、動物たちの応答が人間たちのそれを予示するように思われたからこそ、感激の新たな頂点へと引き揚げられたのだった（*VP* 58; *F* 16）。このように初期フランシスコ会士はある意味中世の時代に典型的で、寓喩や人間への教育的模範のために、動物たちの生活や自然界での出来事から類例を引き出していたのである。

奇跡行者としての聖人——フランチェスコのよく知られた行跡

フランシスコ会の挿話における奇跡の一貫した表出は、フランチェスコが「人を創造物にたいする専制君主から退け、すべての神の被造物の民主主義を据えようとした」というある研究者の主張を損なってしまう[24]。事実はもっと複雑であって、理想化された現代の文脈の代わりに中世の文脈のなかで、フランチェスコの見方を再考することを要求している。フランチェスコの奇跡行為は、彼が自身を神の代理人とみなしており、創造物の階層制における人間の高い地位という伝統的概念を決して失わなかったことを、最も明確に立証しているのである。例えば鳥への説教のあとで彼は、共同性と同時に階層性を強調した行為として、鳥たちに飛び去る許可を与えている（*VP* 58）。これは、民主主義における上院議員に似たものというより、修道院長か司祭の身ぶりである。鳥への説教は小さな挿話でなく、新たなフランシスコ会の精神を反映する最も有名な出来事の一つである。その結末は、以前の多くの聖人たちと動物との出会いを特徴づけていた一つの帰結を描いている[25]。他の奇跡的行為はなおさら、聖人たちの奇跡による物質的環境との相互作用という初期の傾向の典型となった。ある時フランチェスコは水をブドウ酒に変える（*VS* 61; *TM* 17; *ML* 5:10; *MNL* 5:2）。また他の時には、岩から水を引き出し（*VS* 46; *MP* 15; *F* II:1; *MNL* 5:3）、ボートを動かさせ（*MNL* 5:4）、「奇跡的に」ブドウ酒の収量を増やし（*LP* 25; *MP* 104; *F* 19）、ある雌ブタを呪うとそれは不名誉のうちに死んでしまう（*VS* 111; *ML* 8:6）。セミは彼の頼みにこたえて歌い（*VS* 171; *LP* 84; *ML* 8:9）、ツバメは彼が命じるとさえずりをやめる（*VP* 59）。このように、出来事はフランシスコ会改革の真の特質を反映しているとしても、それはいまだに一般的中世思想の核を保持しており、多くの中世的挿話に典型的にみられる他の多様な類似した例のなかに見出せる。先に述べたように、記事の「奇跡的」要素を機械的に無効にする必要はない。むしろ逆が正しいかもしれない。すなわち「奇跡的」要素と解釈は非奇跡的な出来事（と、もちろん今日いくらかのキリスト教徒には信じることができかつ奇跡的である出来事）にも適用される、なおさら明白で力強い思想を表すのに役立つかもしれない。

フランチェスコの動物との親密な交流

動物たちに親しみ可愛がるフランチェスコを描く[26]多くの有名な逸話の伝統的性格についても、同様の結論が引き出されるかもしれない。あるものは研究者に新しいフランチェスコ的理念が深く染みこんでいるように感じさせるが、一方その他のものは、その非常な数の多さゆえに魅力的でなお重要とはいえ、より初期の中世禁欲者たちに非常によく似た見方を反映しているようにみえる。それらのいくらかは途方もなく信じがたい話で、そのほとんどにおいて「奇跡的」要素は、より深い信仰の存在を表しているのである。

少数の例でフランチェスコは、とくに神の創造の家族の一員として新たに感じた特別な愛情ゆえに、あきらかに動物たちとの出会いを喜んでいる。例えばフランチェスコはある時、贈りものとしてある生きた魚を喜んで受けとった。彼はその魚に「兄弟」と呼びかけてそれを逃がしてやった。それでも魚はフランチェスコの小舟の側の水の中で遊びながら留まっていたが、それはフランチェスコが去ってよいと許可を与えるまでであった。ここでも物語は予期せず奇跡的に終結するのである（*VP* 61）。いくつかの逸話は、フランチェスコが神秘的象徴性をもつ聖書の言葉と彼らを結びつけた場合、彼らを特別に尊重して扱っていたことを示している。チェラノが述べるように、「それで全てのもの、とくに神の子への寓意的な類似がみられるものを、彼はより愛情をこめて抱擁し、またより喜んでながめていた」（*VP* 77）。それでフランチェスコは「私は虫けら、とても人とはいえない」という一節をおぼえ、虫に気をとめ、踏みつぶされないよう彼らを助けるのである（*VP* 80—詩編二二・七〔訳注 新共同訳では詩編二二・七〕）。子羊もまた同様の理由で特別の気遣いを与えられる（*VP* 77）。これが全く風変わりな美学であることを誰も否定しないであろう。だがこれは、何らかの仕方でキリストに倣っているものへのフランチェスコ的な新たな献身の成りゆきの一つであり、またそれゆえ自然環境にたいする特別な革新的反応をもたらした修道会の一般的な理念の優れた実例なのである。しかもこの行為の古典的中世的な背景は、フランチェスコの見方を現代化する試みによって偽装されるべきではない。ここに含まれているこの種の神秘的象徴的な連想は、中世の動物説話集でなされているものに類似している。[27] 上に見てきたように、平素からフランチェスコは典型的に中世的なしかたで創造物を寓喩化していたのである。

フランチェスコが動物への気遣いや愛情をつくすという他の多くの物語は、暗黒時代の聖人伝集にまったく容易にあてはまる。ここに含まれている動機は、伝統的禁欲者たちの模範に忠実なままである。[28] フランチェスコはしばしばフィンチェイルのゴッドリクのようなより以前の聖人たちがしたように、動物の安寧、避難、保護あるいは危険への注意に気遣いをしめしている。これは、修道院的な見解にのみ慣れている人々には目新しくみえるかもしれないが、実際には隠遁生活を特徴づける創造物との親密な関係の典型的な所産なのである。もしこの点におけるフランチェスコの思慮深さに敬意を表したいなら、多くの暗黒時代の先人たちもまた同様の献身と関心をもっていたことを忘れるべきではないだろう。彼らの行動がおそらくそれほどの長さやそれほどの一貫性をもって物語られてはいないとしてもである。

その他の特別に魅力的に思われる被造物との交流も、かならずしも独創性を反映してはいない。ある時フランチェスコは、何羽かのコマドリの雛を仲間の修道士として受け入れる用意ができているようにみえる（*VS* 47; *LP* 108; *MP* 107）。また別の時には、いっしょに神を賛美するために、セミや鳥たちの歌に加わっている（*VS* 171; *LP* 84; *ML* 8:9）。これらの挿話は魅力的なユーモアと無邪気さをもってはいるが、目立って独創的ではなく、より以前の類例が存在している。[29]

同様にその他の逸話は、人々を助けたりその尽力にたいして敬意や感謝をうけたりする動物や自然の諸要素を示している。火にたいするフランチェスコの際立った尊重とその奉仕への感謝が思い起こされる（例えば *LP* 49–50）。フランチェスコがラ・ヴェルナに住んでいた間、ついには目覚ましを気遣う役目を果たしたタカについても同様である（*F* II:2）、フランチェスコが疲れたり病気したりするとこの鳥は、朝課の祈りに普段より遅く起こそうとした。この行為と聖なる人の感謝とはどちらも、シトー会の『クレルヴォーの記述』に表現された情緒の一つを思い出させる。人間と動物とのあいだの相互依存についてのフランチェスコの洞察力は比類なく彼自身のものであるが（後に彼の『兄弟なる太陽の讃歌』についてのわれわれの論議で見る通りである）、人間への創造物の手助けにたいする尊重と感謝という彼の基本的価値観は革新的なものではなかった。

被造物への愛着についてのフランチェスコの気の咎めでさえ、禁欲者的な懸念にもとづくように思われる。彼は身勝手とうぬぼれへの恐れのため、人なつこいセミとの愉快な交友を断念した。ある日彼は宣言する。「われらの姉妹セミをここで放してやろう。それはわれわれを十分に喜ばせてくれたし、われわれはこの種のことについて肉をいたずらに誇りとしたくないから」（*VS* 171）。フランチェスコが愛玩動物《ペット》をもたなかったその他の動機は、禁欲的価値観と修道会の理念との結合を意味していたであろう。もちろんフランチェスコは、とにかくどんなものでも所有することの恐れのゆえに、[30]愛玩動物の長期にわたる所持を避けていた。加えて動物への愛着は、不断の旅の生活と日々の糧や住居のようなことがらにおいて相当の不安定を要求される修道士たちにとって面倒なことだったであろう。これがおそらく、フランチェスコが期待される愛玩動物を断念した背後にある理由である。[31]しかしフランチェスコがこの事柄において示していた許容の限度でさえ、修道会が何千人にも成長したときには弊害につながったのかもしれない。一二二一年の会則では（一二二三年のそれにはないが）、兄弟たちはいかなる動物を所有することも禁じられているからである。[32] この禁止がフランチェスコの考えか、あるいは他の人々が彼に強いたのかどうか分からないが、彼はそれを一二二三年会則から排除するために戦って成功している。兄弟たちはフランチェスコの死後のある時にも再度、愛玩動物をもつことを禁じられている。[33]

フランチェスコの伝統性にたいする初期の反応——チェラノとボナヴェントゥラ

フランシスコ会聖人伝の非公式資料は、その詳細な物語風の表現から、語られる出来事の抽象面での意味の解釈へと後退することはめったにない。例えば『ペルージア伝記』は、そうした解説とは分離すべき最もありのままの経過推移だけを常に用いている。時おり、それらの存在が証言された出来事の背後にあるより深い主題に気づいていたことを示すという仕方で注釈しようとするのみである。兄弟「火」による焼灼治療についての長く詳しい記述の後では、重要な注釈の一文を自らに許している。

> 火や他の被造物が時に彼への敬意を示したことは驚きではない。彼と共にいたわれわれが見たように、彼がこれほど思いやりと愛着をもって彼らを愛し尊重し、彼らにおいてたいそう喜び、そして彼らにたいしてそれほど気遣いと哀れみに心動かされていたので、もし誰かが彼らをきちんと扱わないと彼は取り乱したほどだったからである。
>
> （*LP* 49, ブルック訳）

このような啓蒙的な所見は、フランチェスコの表現と経験が真空の中に湧き出たのではないことを証明している。彼と同志たちは、彼らの周りで新たに生起するより深い意味と関係に気をくばっていた。彼らの精神は、フランチェスコの被造物との関係を特徴づけたとみられる相互性と関心を指摘するのに一瞬ためらっていた。しかし一二四四年、修道会は兄弟たちに解釈ではなくて物語を(34)、それも修道会が疑いなく容認した物語を求めていた。信じ難いことに（しかし事実だが）、一二四四年の兄弟たちの働きに厳密に基づいている『ペルージア伝記』は、例えば一行の理論的解釈もなしに『兄弟なる太陽の讃歌』について著しく詳しい物語を進めている。そしてそれらが、その記述を大きな自由をもって編成・分類・解釈した当局筋であるチェラノとボナヴェントゥラのために残されたのだった。

公式の記述に現れているものは、少なくともフランチェスコの思想で独創とみられる点のみに集中する現代の観察者にとっては奇妙である。なぜなら初期の公式伝記者はまさに正反対の傾向をもっているからである。現代人がフランチェスコの表現に革新をみようとするその所で、初期の当局筋は、古代キリスト教伝統における全ての良きものの復興者としてフランチェスコを理解している。どちらの見方も真理の一部に光を当てるが、もう一方を覆い隠してしまう。フランチェスコはいくらかの思想や行為において独創的ではあるが、同時に伝統からもまた多くを引き出していた。彼はいろんな方法で古来の聖書的・禁欲的態度と実践とを彼が理解した限りにおいて復興させようと励んだが、彼自身の限られた理解と様々な文化的文脈と種々の個人的見解とは、初期の伝記者たちが十分に認識も評価もできなかったほど、まぎれもなく彼を革新的にした。しかしフランチェスコの表現の多くを支えている真の伝統的基礎を理解することは、現代の批評家たちに、チェラノやボナヴェントゥラのような間違いなく用心深い知識人たちもフランチェスコをより初期の伝統からみることを強調する際には素人であった、などと分類するのを容易に避けさせるであろう。フランチェスコが語っていたことの多くには、確実に伝統的側面があったからである。

公式の伝記者たちは、フランチェスコはキリスト教の神聖なる古代の信仰と実践を復興する新しい精神であると主張している。『聖なる交わり（*Sacrum Commercium*）』は、チェラノが一二二七年に書いたと思われるフランチェスコと貴女清貧との霊的な恋愛の物語だが[35]、フランチェスコはエデンや使徒らにおいて守られていた貧しさという禁欲生活を回復させたのだと断言している[36]。一二二八年に書かれたチェラノの『第一伝記』はこう宣言している。

> 福音の教えが、なるほどすべての点ではないが、一般的にみればいたるところで実行にうつされるのに失敗していた時、この人は使徒たちの手本にしたがって全世界のいたるところに真理を証言するために神から遣わされた。……この終わりの時にあたって（novissimo tempore）この新しい福音宣教者は、楽園から流れでるかの川の一つのように、彼の憐れみ深い灌漑水によって福音の水を全世界に充満させた。……それゆえに、彼においてまた彼を通して、世界のいたるところに思いがけない幸福と聖なる新しさと、冷淡になり非常に老いてしまった人々に突如として大いなる刷新をもたらす、いにしえの信仰の流れが起こったのだった。新しい精神が選ばれた人々のこころに生まれた。……彼によって、いにしえの時代の奇跡（antiqua miracula）は新しくされ、さらに新しい秩序により、しかし昔ながらの方法を用いて、それらはこの世という砂漠（deserto）に植えられ、実り多いブドウの樹が甘美なる花々を咲かせたのである。
>
> ……
>
> （*VP* 89）

われわれが見てきたように、「いにしえの時代の奇跡」は実際に刷新された。チェラノとボナヴェントゥラが意識的にフランチェスコを古代キリスト教伝統の受肉者として理解したので、彼らの記述の多くはかつてみられなかった仕方で、聖人の被造物との並はずれた交流の背後にある伝統的前提を浮き彫りにしている。新たなフランシスコ会運動の熱情と力とは、フランチェスコは禁欲者たちが過去に探し求めていたものを成就したという明瞭な宣言により拍車をかける。古い禁欲の概念は、新しい文脈のうちに再びよみがえる。創造物への魔術的支配力は、原初の楽園的な無垢さへの回帰に強く結びつけられている。フランチェスコが兄弟なる火に服従し、またそれによって害されなかった時、チェラノはこう主張した。「彼のため、彼が望むならば、残酷なものも優しくさせられたのであれば、彼は原初の無垢へと（ad innocentiam primam）回帰していたのだと私は信じる」（*VS* 166）。アームストロングはここに表現された調和の理念を認めるが[37]、実のところフランチェスコの奇跡行為がこれと不可分であることを受け入れることができない。しかしセウェールスとマルティヌスの例で見たように、中世の観察者にとって創造物への魔術的支配力は、愛玩動物《ペット》をもつような「より優しい」表現に相応の原初的な調和へのまさしく確かな回帰のしるしであった。

ボナヴェントゥラも同様な思いを表明している。彼は言う。「全くのところ、神の神聖なる力によって凶暴な野獣は彼に引きつけられ、また魂のない創造物も彼の意志に従った。それはまるで彼が原初の無垢さに回帰していたかのようで、それほど彼は善であり聖であった」（*MNL* 3:6）。ボナヴェントゥラの著作の数節は、フランチェスコの動物との並はずれた親密な交流は、人類がエデンの園で到達していた被造物との完全なる関係への回帰を象徴すると彼が信じたことを示している。ボナヴェントゥラは、フランチェスコの同情や憐れみという徳の所有と動物たちの心からの崇敬の回復との間に、ある結びつきを想定している。

それゆえ、私たちは聖フランチェスコの愛情に満ちた憐れみに最大の敬意をはらうべきである。それは、どうもうな動物にも服従をもたらし、また森の野獣をも飼い慣らすことのできたほど素晴らしい魅力をもっており、すでに飼い慣らされたものを訓練し、堕落した人類に反抗していたものたちに従順を求めるのである。

(*ML* 8:11)

あるところでボナヴェントゥラは、人間はもともと楽園において動物たちとどのようにかかわっていたか、また徳におけるその成長によってどのようにこの能力に再び達するかについてのかなり詳細な描写を説明するため、フランチェスコを用いている。

もしあなたが人に被造物を愛させる徳とは何かとたずねるなら、それらが神から来ておりそのために存在しているがゆえに、それは憐れみと自然な愛情のようなものであると私は答えよう。例えばわれわれは今でも、人が忠実に従う犬をたいへん好むのを知っている。同じように原初の状態にある人間は、動物や理性をもたない被造物さえ愛する自然な性向をもっていたのである。それゆえ、人が成長すればするほど、彼は無垢の状態へとより近づき、これらの被造物が彼に従順になればなるほど、彼がそれらに感じる愛着は大きくなる。われわれはこれを聖フランチェスコの場合に見る。すなわち、彼はある程度まで無垢の状態に回帰していたので、動物たちにさえ優しい憐れみにあふれていた。このことは、理性をもたない被造物が彼に従うことから明らかなのである。[38]

誰もがいずれ気づくだろうが、これはたぶん動物に関する奇跡に密接にからんでいる禁欲の理念と聖人の愛玩動物《ペット》の意味とについて、最もよく推敲された陳述であろう。それは、この問題に接近する際に、そのスコラ的な訓練に適い、また豊かにするフランシスコ会的・禁欲的理念によってそれらを「知性化」することのできた、ひとりの哲学者によって統合された。フランチェスコの動物たちへの親切は、無垢という人間の楽園的状態の残存する痕跡として、典型的な中世のしかたで理解されている。人間の動物との根源的な関係は、この聖人が神の前により大いなる純粋と無垢に向かって進歩した時、部分的に回復された。そして神は、人間と他の被造物との原初の関係の模範として理性のない被造物にたいする奇跡的支配力を聖人に与えることにより、聖人の功績を明らかにする。[39]単なる支配力だけがこの関係を特徴づけたのではなく、相互の愛と尊重もまた含まれていた。フランチェスコの功績は「すべての被造物との人間の調和を回復したこと」において頂点に達したのである（*ML* 8:1）。

チェラノは、この一時的に回復された調和における信仰についてもっとも心打つ表現を与えた。フランチェスコの慈愛は人間とこの現実世界をしばらくの間は魅了するが、その後、不調和の闇が再びおりてくるのである。

しかし彼が取りさられてからは、物事の秩序はまったく逆もどりし、すべては変わってしまった。戦争と暴動があらゆるところに広まったので、多くの死者をもたらす大虐殺が突然あちこちの王国を通り過ぎていった。飢饉の恐怖が遠くまで広まって、どんな他の苦痛もしのぐその残酷さは、非常に多くの人々を消滅させた。それで窮乏はすべてを食べ物にあてさせたが、通常は動物にさえあまり食べられないようなものをも噛むことを人間の歯に強要した。パンは木の実の殻や樹皮からつくられた。そして控え目に言っても、飢饉の切迫のもとでは、父親の慈愛がわが子の死をいたむことさえなくなったのである。(*VS* 53)

チェラノのありありとした描写は一二二七―一二二八年の戦争と飢饉に言及したもので、その保護聖人と回復された調和が取りさられたときに、中部イタリアに降りかかった悲劇を知らせている。歴史の進展は、再び混沌へと向かう動きによってさえぎられ逆行させられた。人類はその邪悪な道へと逆戻りし、物質世界さえもが人類にたいする反乱を再びはじめたのである。

古典の教育をうけたチェラノは、彼の記述がオウィディウスやルクレティウスのようなローマの著者が人間の原初の状態に与えた記述と似ていることに無意識だったはずはない[40]。彼以前の聖人伝の著者たちもまた、これほど洗練された文章ではないにしても、こうした心打つ仕方で彼らの守護聖人の喪失を悼んでいる[41]。ここには暗示された循環という奇妙な概念がある。すなわちこの進展と後退において、創世記における人類の悲劇がくりかえし実演され、敬虔な死と終末の黙示とにおけるそのこの世の劇的情景からの脱出のみが聖人と結びついていた。人類はしばらく楽園の黄金時代を垣間みるにいたったが、しかしやがてこの洞察力を失い、再び暗闇へと陥ることになるのである。

これらのより熱烈な陳述の推進力のいくらかは、フィオーレのヨアキムの著作の影響に由来し、彼の黙示的思弁は終末的回復への典型的な中世の熱望を高めていた。[42] ヨアキムは来るべき第三の時代に、偉大な新しい修道会の聖なる指導者が現れると預言していた。ヨアキム（一二〇二年没）は、フランシスコ修道会の初期のメンバーに大きな影響力をもっていた。ボナヴェントゥラ自身もフランチェスコを、黙示録における第六の封印の天使と理解していたが、まさしくヨアキム的な観念である。[43] フランチェスコは預言された霊的指導者かもしれないという期待は多くのフランシスコ会士の心の奥にあって、彼の死により深い悲しみの表明を抑えられなかったのと同様、世界の秩序におけるフランチェスコの役割についてよりあからさまな記述をうながしたに違いない。

公式の伝記者たちによるこれらの「知性化」はかならずしもフランチェスコの見方ではないが、やはりここで過小評価されてはならない。チェラノは、フランチェスコが自分自身を彼の存在がなければ起こったかもしれない飢饉をくい止めるものとして自ら理解していたと、全く断固として証言しているように見える。[44] またある時には、フランチェスコは自ら正しい町に繁栄をもたらすために、また愚かで思知らずの町に将来の内乱を（正確に）予言するためにとりなしている。[45] フランチェスコ自身は彼の存在や同意を、繁栄（環境との調和）または市民の平和（人の間の調和）と結びつけることができた。[46] このようにフランチェスコがすくなくとも一般的には彼の聖人伝記者の理念を共有していたこと、また彼の創造物についての理解は伝記者と同じくキリスト教的禁欲者の基礎に基づいていることに疑いはない。フランチェスコはまったく実際、彼の命令や指示への被造物の反応は、彼にたいする好意の身ぶりによって見る者の教育のために授けられた神の力のしるしと解釈した。被造物の彼への応答は、神の僕への彼らの尊敬を、また神と人と残りの創造物との間の調和の回復の始まりを実証した。(47) フランチェスコはこのように、どういうわけか一般の魂を夢中にさせた異端的なしかたで理解したようにではなく、神の恵みによりたえず高められ昇華される自然の王国に自分は住んでいると理解していた。しかしたとえ、フランチェスコの創造物への非独創的な応答における伝統的禁欲思想の多くの要素から、彼の信仰がキリスト教的禁欲理念という共通の基礎より起こったことを知ることができるとしても、彼の理念はそれ自身の疑いのない独立と独創性と深遠さとを獲得するまで長い年月をかけて成熟していったのである。

第二章 注

（1） A. Mockler, *Francis of Assisi: The Wandering Years* (Oxford, 1978), p. 131.

（2） Englebert (1972), p. 12.

（3） フランチェスコの生涯のこの時期に関する興味深い心理学的分析については、以下を見よ。É. Leclerc, *The Canticle of Creatures, Symbols of Union*, trans. M. O'Connell (Chicago, 1977), pp. 137ff.

（4） モックラーが言うようにたとえいくらかの中心理念が新しいものでなくても、以下にわれわれが見るように、フランチェスコの場合にはそれらの文化的脈絡と彼自身の解釈とがいちじるしく独創的な波及効果を生み出したのである。

（5） *3 Comp.* 55.

（6） *VP* 34. フランチェスコは、ミサの聖体を納める場所だけは耐乏の規則から除外した。これについては彼の『遺言』*Testament*, in Habig, pp. 67–70 を見よ。

（7） チッティ D. J. Citty の初期禁欲者の生活についての記述と、初期フランシスコ会の生活様式を比較してみよ。

（8） 例えば、P. F. Anson, *The Pilgrim's Guide to Franciscan Italy* (London, 1926); H. E. Goad, *Franciscan Italy* (London, 1926).

（9） これは *VP* 60 の最後の文章から推測される。

（10） *LP* 49. フランチェスコの優しい威嚇的なところのない人柄は、確かに好奇心の強い動物たちを拒絶したりはしなかったであろう。

（11） Short, pp. 39–101.

（12） 完全なテキストについては以下を参照。Goad, p. 113.

（13） Englebert (1972), p. 358.

（14） J. Leclercq, *Love of Learning*, pp. 164–65.

（15） Socrates, *Ecclesiastical History*, book 4, chapter 23 (Zenos, p. 107).

（16） ルカによる福音書一二・二七。

（17） Severus, *Letter 3* (in Hoare, p. 57).

（18） Severus, *Postumianus*, section 2, 10 (Hoare, pp. 115–16).

（19） Short, pp. 39ff.

（20） E. A. Armstrong, p. 154.

（21） Short, p. 101–2.

（22） Severus, *Gallus*, chapter 9 (Hoare, pp. 131–32).

（23） 『訓戒の言葉』五（*Admonition 5*）。

（24） White, in Spring, p. 29.

（25） 例えば、Caesarius, *Dialogue*, book 10, 48 を見よ。

（26） 例えば、*VP* 60; *VP* 77–79; *VS* 168; *VS* 170; *VS* 47.

（27） 例えば、T. H. White. を見よ。

（28） ゴッドリク (Godric) については、E. A. Armstrong, p. 196 を見よ。フランチェスコの気遣いの実例は、*VP* 60; *VP* 61; *VP* 77–80; *VP* 87; *VS* 165; *VS* 167; *VS* 200; *LP* 51; *LP* 110; *LP* 49–50; *MP* 118; *MP* 114 を見よ。また同じく、Short, pp. 79ff を見よ。

（29） E. A. Armstrong, pp. 65–70. しかし（アームストロングには失礼ながら）、フランシスコ会聖人伝におけるこれらの出来事はいずれも模倣的なものとは思われない。それらは説得力のある新鮮味をもち、詳細な記述で満ちている。より初期の類例のいくつかは、鳥と天使との混同を伴っている。このような例はフランシスコ会の逸話には存在しない。

（30） 例えば、『勅書によって裁可された会則』一章（*RB*, chapter 1）を見よ。「小さき兄弟会の会則と生活とは、すなわち、従順のうちに所有することなく生きることにより、われらの主イエス・キリストの聖福音を守ることである……」。

（31） 例えば、*VP* 77–80 における子羊。

（32） 一五章。この禁止は漠然としているが、おそらく愛玩《ペット》動物と同じく、食用や移動のために飼われる動物も含まれている。

（33） 一二六〇年。E. A. Armstrong, p. 7 を見よ。

（34） 以下を見よ。Habig, pp. 186ff; Brooke, Introduction to *Scripta Leonis*.

（35） Habig, pp. 1534ff における論考を見よ。

（36） Ibid., pp. 1566ff（chapters 25, 31, and 64）.

（37） E. A. Armstrong, pp. 160–62; 197–98.

（38） 彼の *Sentences* より。Trans. in Habig, p. 849.

（39） これらの概念のより初期の中世の類例については、Short, pp. 9–11, 195ff を見よ。

（40） その文章については以下を見よ。A. O. Lovejoy and G. Boas, *A Documentary History of Primitivism and Related Ideas: Primitivism and Related Ideas in Antiquity* (Baltimore, 1935), e.g., pp. 43–102, 230–39; Glacken, pp. 133–36. チェラノの文章は、基本的にまったくキリスト教的というわけではなく、むしろ宇宙的更新と衰退というその概念においておそらく異教的で典型的ですらある信念を示しているように思われる。M. Eliade, *The Myth of the Eternal Return*, trans. W. Trask (New York, 1954) を見よ。

(41) 例えば、Severus, *Letter* 2（Hoare, pp. 51–55）を見よ。トゥールのマルティヌスの死を悼んでいる。

(42) この大きな主題に関しては、とくに以下を見よ。M. Bloomfield, ed., "Joachim of Fiore: A Critical Survey," *Traditio* 13（1957）: 249–311; M. Reeves, *Joachim of Fiore and the Prophetic Future*（New York, 1976）, pp. 30–40; C. Lyttle, "The Stigmata of St. Francis, Considered in the Light of Possible Joachimite Influence upon Thomas of Celano," *American Society of Church History Papers*, 2nd series, 4（1914）: 77–88; Stanislao da Campagnola, *L'angelo del sesto sigillo e l'altar christus*（Rome, 1971）.

(43) *ML* の序文と Reeves.

(44) *VS* 52. 同じく Brooke's *LP*（in *Scripta Leonis*）34 を見よ。

(45) *VS* 35–36; 37. 同じく Brooke's *LP* 34 を見よ。

(46) ヘブライの預言者にまでさかのぼる類例をもつ理念である。Brooke's *LP* 34 を見よ。

(47) 『事跡』—『小さき花』二一章のみに記録されているグッビオのオオカミの出来事は同じようにこの複雑な仮定を解説しながら、オオカミを飼い慣らす聖人の行動を、神の力と、またかつての不和や罪からの人間の敬虔さの回復と、明確に結びつけている。Habig, pp. 1502–4 におけるこの出来事についての論考を見よ。この逸話はおそらく自然な出来事から起こったのであろうが、物語は『事跡』—『小さき花』によって推敲され誇張されているに違いない。その具体的な信憑性は不確かであるが、しかしその理念の大部分はわれわれがフランチェスコについて知っているものに合致している。

第三章

フランチェスコの創造物への態度における伝統からの超越性と　その最初の主要な影響――鳥への説教

背景――遍歴する福音宣教と隠遁の理念との融合

初期の記録が、フランチェスコのやり方への教会側の強い反対だけでなく、彼自身の嗜好をも示していて、自然の中の人里離れた場所での忘我のうちに観想生活を好む多数のイタリア隠者たちのひとりになっただけなのを十分裏付けているのに、われわれが今日知っている多面的なアッシジのフランチェスコ像を当然のこととしているのは全く注目すべきことである。初期の短い記録の注意深い研究は、フランチェスコが自然美の中の孤独の生活に強く引きつけられていたことを示唆している。しかしフランチェスコの創造物への積極的態度は彼の注目に値する前「回心」の特徴の一つであった。それは二つのこと、つまり彼の心理学的成長と成熟した宗教的見解のゆっくりとした形成とによって偶然に豊かにされ、また道を開かれた。そして次第に孤独な生活以上のものを包含するようになった。

フランチェスコの若き時代の物語を述べる逸話は、喜ばしく必要な頼みの綱として、彼が常に雄大なアッシジの自然環境へと退いていたことを強くほのめかしている。このことの最初の証言は、フランチェスコが病気から回復したおおよそ一二〇三―一二〇四年の時期に関するチェラノの文章に由来する。

ある日、彼がいくらか回復し、健康の回復を早めるため杖を頼りに家の周りを歩き始めた頃、彼は外に出てあたりの景色を大きな関心をもって見回し始めた。ところが野原の美しさや葡萄畑の気持ちの良さ、その他眺めて美しかったどんなものも、彼を歓喜させることはできなかった。それで彼は、彼に訪れたこの突然の変化を訝しく思い、またこのようなものを喜ぶ人々をとても愚かだと考えるようになった。

（*VP* 3）

この出来事を報告する唯一の情報源であるチェラノは、道徳説話化された決まり文句の中に心理学的な真理を包み隠してしまっている。続く頁の彼自身の解説による証言は、フランチェスコが自然美への以前の愛をこれ以降は退けたといういかなる意見もはっきり否定している。この聖人伝記者は、全ての世俗的理想や利害へのフランチェスコの拒否を証明しようとする彼の衝動から、不適切にも一般論を論じている。実際に起こったと思われることは、以前はしばしば慰めと憩いのために創造物の美しさへと心を向けていたフランチェスコも、このような憂鬱と内的混乱の深みの中に自らがいることに気付いたので、彼の頼みとした昔の習慣でさえ彼の乱れた心を和らげることはできなかったということである。チェラノはこの一時的で非常に理解しやすい心理学的状態と、同時に起こったフランチェスコの世俗的目的の放棄や漠然とした形での禁欲的生活のゆっくりとした受容とを混同したのである。[1]

戦争における騎士的な栄達というフランチェスコの次の、そして最後の企ての失敗は、もう一つの深い内的危機をもたらした（*VP* 5–6）。それ以後フランチェスコは再び自然環境の中へ退避したが、今度は仲間を伴い、一見典型的な禁欲者の仕方で「人里離れた場所、意図に十分適した場所」にしばしば行き、「町の近くのある小さな洞穴」で瞑想していた（*VP* 6）。

父親との危機が噴出した時、フランチェスコは一ヶ月間ある穴に隠れていた（*VP* 10）。しかしこれが解決された後、再び彼が田舎に解放されて歌い、かつ喜んでいるのをわれわれは見出す。というのは、ある時フランチェスコは盗賊たちに声をかけられるが、それは「彼がフランスの言葉で主の賛美を歌いながら、とある森を通り抜けていた時」であった（*VP* 16; *ML* 2:5）。

フランチェスコの騒がしい若者時代を顧みると、自然の中の生活とは対照的な町の生活にこの若者がもっていた情緒的なつながりを容易に認めることができる。この町とは、彼が緊張と内乱と戦争（一二〇一―一二〇二年のペルージアとアッシジの戦争[2]）、危機と屈辱と友人や家族による拒絶とを経験した場所であった。対照的に自然の創造物の中の生活は、霊的な慰めと養生と美しさと孤独、そして隠遁といったその内包するものでフランチェスコを引きつけていた。これらのつながりは、中世の時代のみに限定されず、ある程度は今日なお多くの西欧の人々にも共有されている。レオ・マルクスはある巧みな論説『田園の理想と都市の問題（*Pastoral Ideals and City Troubles*）』[3]において、アメリカの小説の中に美しい自然環境の中の牧歌的・瞑想的でさわやかな隠れ家での生活をしばしばもたらしたこのつながりを探求している。それは厄介で険悪な社会的環境で果たされるべき、登場人物の活動的使

表3　フランチェスコと被造物および自然環境との初期の重要な接触についての年表

時期	出来事	資料
1203–1204	病気後に風景を見る	*VP* 3; Englebert, p. 62
1205 頃	アッシジ郊外の洞窟での隠遁	*VP* 6; *VS* 9; *ML* 2:5; *3 Comp*. 12, 16–17
1206–1207 春	「彼がフランスの言葉で主の賛美を歌いながら，ある森を通り抜けていた時，盗賊が……」	*VP* 16; *ML* 2:5; Sabatier, pp. 62–63
1209	リヴォ・トルトの庵の生活	*VP* 42; *3 Comp*. 55; *ML* 4:3; Englebert, pp. 117ff.
1211 または 1212 のレント	ウサギを助ける	*VP* 60; *TM* 30; *F* 7; Englebert, p. 473.
1213. 5. 8	ラ・ヴェルナ隠遁所をオルランド伯爵から贈られる	*F*, *Stigmata*, 1; Englebert, pp. 185ff.
1213 夏	鳥への説教，ベヴァーニャ近くのピアン・デル・アルカにて	*VP* 58; *ML* 12:3; *TM* 20; *F* 16; Englebert, pp. 185ff.
1213 晩夏	ツバメを静かにさせる，アルヴィアーノにて	*VP* 59; *TM* 21; *ML* 12:4; *F* 16
1213	サン・ジェミニ聖堂の祭壇のアンテペンディウムがフランチェスコの『神への賛美の励まし』を所有	Wadding, anno 1213; Esser, *Die Opuscula*, pp. 208ff.
1217 夏	「平らな岩の上での夕食」	*F* 13; *NewF* 8（文脈から時期がわかる）
1220 年末	ヴェネツィア近くでフランチェスコと共に歌う水鳥	*ML* 8:9; Englebert, p. 247

命とは対照的である。これら現代的な想定は、フランチェスコの時代以後の価値観の再定義と変化により深く影響されているとはいえ、[4] その基盤には、フランシスコ会の理想が、一つの包括的な生活理念を形作ることを試み明らかにしたところの、内向的で平和な観想生活と外向的で活動的な使命との二つの生活様式の統一という、高い張力をもった理念をなお保持している。

フランチェスコの初期の弟子たちは、庵・洞窟・洞穴での隠遁の時期と（*VP* 34, 39 他）、悔悛を宣教する使命（*VP* 29, 36）との間で繰り返された生活規則の中で彼に加わった。禁欲生活において増してゆくフランチェスコの経験は、創造物の美と価値への彼の評価を深め、また初期の出来事はフランシスコ会に特徴的な価値観となったものを提示している。一二一一年フランチェスコは、トラジメーノ湖のマッジョーレ島でレントを過ごすことに決めた。彼は藪で作られた自然のねぐらのようなものに隠れ、四〇日間にわたってほとんど何も食べず、粘り強く勇敢な耐乏生活をもって無人島の状況に対峙した。注目すべきことにチェラノは、疑いなくこの同じ初期の時期にフランチェスコが、その島で罠にかかったウサギを見つけて放してやり、それと友になったと物語っている。[5] これはフランチェスコの後の表現にしばしば見られる具体的な被造物への関心と愛着という、特徴的な感覚の最初のしるしであり、その基盤が禁欲的経験にあることは明白である。

これと同じ時期、フランチェスコはまたより強く首尾一貫して、使徒的福音という新たな字義的《リテラリスティック》理念を主張している。彼の弟子たちはローマへ行き、彼らの生活の仕方への認可を受ける（*VP* 32–33）。フランチェスコが（彼の解釈において）隠遁と使徒的福音の理念の両方を結合させるその生活様式に必要と認めたものは、彼と弟子たちがまだリヴォ・トルトに拠点をおいていた時に起こったある出来

事から知ることができる。ロバを連れたある農夫がその場所に着き、そこに居座ろうとした時、フランチェスコは、

特にこの人とロバによって起こされた騒動が沈黙の祈りに余念のない兄弟たちを妨げていたので、少なからず苛立たせられた。そこで彼は彼らに向かって、「兄弟たちよ、神が私を召されたのはロバをもてなし人々と一緒に生活させるためではなく、説教と勧めによって人々に救いの道を示すためであると私は思っている。それゆえ、われわれはとりわけ、受けた恵みにたいして祈ること感謝を捧げることができるよう確保しておかねばならない(6)」。

静謐なる孤独はフランチェスコの祈りと瞑想と感謝にとって本質的なものであり、使徒的宣教と同じくらい重要な行為であった。フランシスコ会の兄弟たちは、孤独、内省、厳格、祈りへの専心、神秘主義、そして神の創造物についてのへりくだった黙想といった隠遁的禁欲主義の最も高い理想を全うしつつ生活を送らなければならない。所有、金銭、将来の予定におけるいかなる保証の感覚もなしに、最も変わりやすく貧窮した状況下で、疲労をもたらす放浪と絶え間のない、そしておそらく目当てのない旅を要求する、ある種の遍歴する福音宣教に専念することも同様である。それは瞑想生活と行動生活の極限の間を移動する循環であり、したがってそれらの間の張力を最も並はずれた程度まで、実際ほとんど誰もそれを享受できず、その要求に全く耐え得なかったほど、挑戦的な程度まで高める循環である(7)。カトリック職制階層制度の当局がフランチェスコに修道士か隠修士になるよう促し

たこと（*VP* 33）、また教皇インノケンティウス三世がフランチェスコの計画を検討した時、「わが子よ、お前の生活の計画はとても厳しく辛く思われる。われわれはお前の願いに感服させられたが、将来お前に従うであろう者たち、そしてこの道はあまりに過酷だと感じるかも知れない者たちのこともわれわれは考えねばならないのだ」(8)と注意したことは不思議ではない。

フランチェスコの弟子たちのいく人かは、彼が生きている間でさえ、彼がしたようにこの理想の両方の局面に身を捧げることはできなかった。クィンタヴァッレのベルナルドとエジディオは瞑想生活を尊重し、尊敬される隠道者となった。エリアとカッペッラのジョバンニは世俗的な事柄の誘惑に過度にかかわるようになり、それぞれの良くない結末に至ってしまった(9)。フランチェスコにとっての完全な理想は、快活で、精力的で、そして挑戦的であったが、また時にはひるませ、彼の生涯の終わり頃には不可能であった(10)。

この二つの根本的に異なる生活様式の非凡なる結合は(11)、それらの対照的だが相互補助的な理念と共に、創造の世界にたいするフランチェスコの態度に甚大な影響力をもっていた。フランシスコ会の理念において融合したこの二つの生活様式の間の緊張は、人間はいかに被造物や物質世界と関わるべきかという、動的に発展する独創的な概念の内に反映されている。

鳥への説教と現れつつあるフランシスコ会の理想との関係

創造物にたいするフランチェスコの態度への、禁欲と福音的理想の相互作用の非常に生産的な効果を例証する、最初で最も劇的な出来事が、ある決定的な瞬間において起こった。一二一三年、フランチェスコは経験した諸問題によってひるまされ、また観想的生活の平安に誘われ、この二つの生活様式への献身にたじろいで、もっぱら隠遁生活のみに従事することを真剣に考えていた。[12] 疑念のあまり彼は、信頼する友である兄弟シルヴェストロと姉妹キアラに頼り、「時々説教すべきか、祈りだけに専念すべきか」と助言を頼んだ。[13] 彼らの励ましの答えに強く鼓舞されてフランチェスコは、「道筋や行き先に注意を払うこともなく、霊的な熱情のうちに稲妻のように出発し」[14]、その後はフランシスコ会生活の不可欠の部分として説教の理念に再び専心したのである。この極めて福音的な熱情の状態において、彼はベヴァーニャの近くの野原で鳥たちに出会い、彼らに有名な鳥への説教をした。[15]

こうして、創造物にたいする典型的なフランシスコ会[16]的態度となるものを典型的に示す、最初の印象的な出来事の一つは起こった。禁欲生活において（マッジョーレ島のウサギのような）動物たちへの愛と同情を見せる隠者フランチェスコは、今や彼が再確認した宣教生活の理念によって鼓舞され、新たな独自の段階に達していた。抗しがたい熱情の刹那において、彼は学んだ創造物への禁欲的な尊重を、初期の創造物への愛と、また後の深く思いを込めた身近にある使命と結びつけた。福音宣教へと呼び出す聖書の言葉に従うことを決意させたのと同じ情熱的な直解的気質《リテラリスティック》が、（単に文学的な文脈においてだが）[17] 詩編作者と他のヤハウエ信奉者たちが創造物にその創造者を讃えるよう勧めていた、かの聖書と礼典の言葉を想起したのである。たちまち全ては明らかになった。全世界に使徒的な調和を回復するという彼の使命においては、人間と同様にこれら鳥たちにも説教することはフランチェスコの任務であった。禁欲的、世俗的、礼典的な生活におけるフランチェスコの様々な経験の領域からの、以前は繋がっていなかった諸理念のこの統合と再適用は、鳥たちが彼の前から退かなかったのを見た時の彼の劇的で感情的な反応を引き起こし、また彼が自発的に彼らに説教した理由である。それは、フランチェスコの修道会のための一般的な理念と彼の創造物の理解とを恒久的に統合したところの、直観的独創性のほとばしりだったのである。(18)

ただこの主題を詳しく論議する前に、この領域でなされた先行研究を正しく評価し、記述から生じる問題や疑問を検討し、説教で表現されている固有の理念についての理解を得るために、説教それ自体の様々な記述に立ち返ることが最善である。

説教本文――フランチェスコの最初の新理念

彼の話した様々なことの中には、彼がつけ加えたこれらの言葉があった。「わが兄弟なる鳥たちよ、あなたがたはあなたがたの創造者をことさらに賛美し、いつも愛さなければならない。彼はあなたがたを装うため羽毛を、飛べるように翼を、そしてあなたがたに必要なものは何でも与えてくださった。神はあなたがたをその被造物の中でも気高く造られ、そして空の清浄さの中に住処を与えられた。あなたがたは蒔きも刈りもしないのに、それでも彼はあなたがたには何の心配もないように守り治めてくださるのだ」。

(*VP* 58, Omnibus の英訳を使用)

これらの鳥へのフランチェスコの説教の大意はこうであった。「わが姉妹なる小鳥たちよ、あなたがたは創造者なる神に多くを負っており、いつでもどこでも彼を賛美しなければならない。なぜなら、神はあなたがたにどこにでも飛んでゆける自由を与え、また同様に二重三重の覆い、しかも彩り美しい着物を与え、あなたがたの働きなしに備えられた食物を与え、創造者から教えられた歌声を与え、そして神の祝福によって増し加えられたその数の多さを与えられたのだから。そしてあなたがたの一族が地上から消えてなくならないように、あなたがたをノアの箱舟に保護されたのだから。またあなたがたは、彼があなたがたに割り当てた空の世界についても彼にご恩がある。その上、あなたがたは蒔きも刈りもしないが、神はあなたがたを養われ、またそこから飲むために川や泉の水を与えられる。彼はあなたがたに隠れ家として高い山や丘、岩場や岩山を、そして巣をつくるためにそびえる大木を与えられる。あなたがたは紡ぎ方も縫い方も知らないのに、神はあなたがたとその子供らに必要な着るものを下さる。とても沢山の良いものをあなたがたに下さるのだから、本当に創造者はあなたがたをとても愛しておられるのだ。それだから、わが姉妹なる小鳥たちよ、恩知らずにならないよう気をつけて、いつも神を賛美するよう努めなさい」。

（『事跡』―『小さき花』［*Actus-Fioretti*］16, Omnibus の英訳を使用）

上記の両方の記述はわれわれが保持する最良のものだが、議論の余地がある。例のとおり『小さき花』は、その疑わしい推敲のゆえに攻撃されてきた。ある著者はその改作を「華麗な演奏《ブラヴーラ》の一楽節」、チェラノの版から発展させた空想作と呼んだ(19)。しかし『小さき花』が成立する歴史的背景は学問的批判の吟味に耐え、われわれがたどろうとしている出来事のために年代記を提供してくれている。（附論Ⅲの詳細な分析を見よ。）

チェラノの記述もそれ自体問題をはらんでいる。それはラテン語で書き留められ、古いイタリア語で語られたであろうフランチェスコの実際の語りにはおそらく存在しなかったいくつかのラテン語修辞技巧を含んでいる[20]。それでもチェラノの版は、出来事の二〇年足らずの後、フランチェスコを除けば説教の時に居合わせた人々がまだその正確さを証言するために生存していたであろう一二二八年に世に出たのである。ただ、ある批評家はこう主張している。

チェラノは装飾を好む文章家として、フランチェスコのよく知られた創造物への態度に基づいて事を進めたのかも知れない。それは主を讃えることが全てのものの特権であり、任務であり、喜びだったたということである。そして、そのようにフランチェスコが述べたと穏当に想定される言葉を彼の口に帰したのである[21]。

ここでは文章を装飾するという聖人伝記者についての固定観念が、事実を征してしまっている。出来事を注意深く比較すれば、チェラノが受け取った報告をほとんど装飾していないこと、それどころかそれを切り詰めていることを示している[22]。研究はまた、『小さき花』の記述がチェラノとは独立していることを示し、二つの記述の間の明確な類似はチェラノの著述を支えている資料によるとしている。両方の記述が同じ資料に基づくと(『小さき花』の場合には、資料は直接それらに由来すると)述べているからである。チェラノの資料の指定は、彼には全く珍しい仕方だが、フランチェスコと出来事に居合わせた弟子たちによる記述という根拠に明白に基礎づけられている(「フランチェスコ自身、また彼と一緒だった兄弟たちも言うように」とは物語の中のチェラノの言葉である[23])。チェラノの主張は彼の記述により全く十分に保証されているように思われ、『ペルージア伝記』にこの出来事についての記述が無いという欠けを補ってくれている。鳥への説教は、フランチェスコとその最も親しい仲間たちの信頼できる代弁者の役割を果たすチェラノの本領を示しているように思われる。この聖人伝記者はこの出来事について、起こった事の詳細な理解とそれがもつ影響の歴史的意味の両方を示す、学識ある分析を行っているのである。

チェラノの解釈の構造は、純粋にフランシスコ会的な主題の上に築かれている。チェラノはこの説教が、使徒的生活様式についてのフランチェスコの宣言と回復における、さらにもう一つの段階を見出したと語っている。フランチェスコはイエスがしたように弟子たちを集め、まず始めに人々に、それから鳥たちに、真のキリスト者の生活の方法について説教し、神への歓喜と賛美をゆだねる。イエスのように、彼は創造物に向かい合い、それを彼の方法と見方とに含めたのである。それは外見上の直解性と新しい状況とに適用された回復された福音的理想であり、使徒的で禁欲的な精神に満ちている。その限界にもかかわらず、これがフランチェスコ自身がなされることを望んだ解釈であると信じる理由は十分にある。この出会いを何か根本的に新しく大胆なものとする現代的な見方が、短絡的で評価できないと彼は考えたことであろう。

チェラノは、その当時の出来事と初期キリスト教福音宣教の新約聖書の記録との間に動的な比較の相互作用を引き起こす一連の隠喩によって、彼の解釈の仕組みを示している。例えば、この出来事は「大勢の人が兄弟に加えられた（appositi sunt）頃に」起こるが[24]、この見慣れないウルガタの章句は、初期の教会で使徒たちに多くの信仰者たちが「加えられた」時代についての聖書の記述をほのめかすものである。[25] チェラノは、鳥へのキリストの使信についてのフランチェスコの説教を、ユダヤ人へのキリストの福音宣教に隠喩によってなぞらえながら、この説教の後フランチェスコが「彼らの（鳥たちの）真ん中を通って立ち去った」と述べている。[26] これに続いてフランチェスコは、フィリポから洗礼を受けた後エチオピアの宦官がしたように（使徒言行録八・三九）、「喜びにあふれて旅を続けた」のである。それからフランチェスコは、パウロがマルタへの途上でしたように「神に感謝を捧げた」（使徒言行録二七・三五）。この聖人は「救い主の名を唱えながら」（使徒言行録二二・一六）、パウロの宣教の呼びかけを動物たちに適用したのである。

使徒言行録からのチェラノの一貫した引用は偶然の事柄であるはずはない。この聖人伝記者がとても巧妙で凝った仕方で読者に示そうとしているのは、フランチェスコが使徒の時代を復興しそれに参与しながら、聖書が文字通り命じている「全ての造られたものに福音をのべ伝えよ」[27] というその必然的な最終目標へと、キリスト教宣教を拡大しているということである。

チェラノの結びの叙述は、フランチェスコを禁欲理念の模範に結びつけている。フランチェスコは神の恵みによって、創造物が人間に従う原初の単純さの状態に再び到達したのである。「しかし今や彼は本性によってではなく恵みによって（gratia non natura）単純になっていたので、鳥たちがこのようにうやうやしく神の言葉を聴いたのを見て、彼らに説教しなかった以前の怠慢について己を責め始めた」（*VP* 58）。この聖人伝記者は、フランチェスコが、多くの付け加えられたフランシスコ会的理念と共に、その核心において禁欲的・奇跡的伝統の点からこの出来事を考えていたことを示す、詳細な説明を与えている。チェラノの記述は、フランチェスコが近づいても鳥が飛び去らないのを見て驚いたと述べている。「ところが、鳥たちが普段やるように飛び立たないのに少なからず驚いて、彼は大きな喜びに満ち、そして神の言葉を聴くように謙遜に彼らに頼んだのだった」(*VP* 58)。フランチェスコは自然界の被造物がこのような敬意をもって人に応答するとは期待していなかったので、この状況において何か疑いなく異常で例外的な事が起こっているのを明らかに悟った。彼が説教を終えた時、彼は初期の聖人がしたように鳥たちに去る許可を与え、それから旅を続けたが、彼は「その日以来」被造物に「彼らの造り主を賛美し愛するように」勧め、「日毎に救い主のみ名が呼び求められたなら(invocato nomine Salvatoris)、彼らが従うのを直接の体験を通して知るようになった」。

この「日毎に救い主のみ名が呼び求められたなら」という上記の叙述は、先に見たように、神の恵みにより聖人と創造物の間に回復された関係という伝統的な理念をチェラノが受け入れたことを示している。しかしフランチェスコ自身が同様の仕方で起こっていたことを理解したという証拠はそれ以上ないのだろうか?

チェラノが主張していると思われるように、答えはフランチェスコ自身が鳥に語りかける前、実際に神の助けを呼び求めたかどうかの確定に存する。初めはこの行動の証拠はないように見える。しかし実は、チェラノが関係者から直接聞いたに違いないからこそ記録している別の微妙な暗示が、鳥たちに語る前にフランチェスコが神の助けを実際に呼び求めたことを立証している。チェラノの記述は以下のように述べる独特のものである。すなわちフランチェスコは鳥たちに駆け寄った時、「彼のいつもの仕方で(more solito)」フランチェスコの一種のトレードマークの役割をはたしていた「主があなたがたに平和を与えられますように」という意味の挨拶をした(例えば *VP* 23 を見よ)。チェラノが記録したフランチェスコの驚きは明らかに、彼の主への呼び求めが鳥を聖なる指導者へ応答させる神の介入を実際もたらしたというフランチェスコの認識から来ている。彼の挨拶はこの出会いを創造物への奇跡的作用の一つへと変容させ[28]、従ってそれをその核心において禁欲的伝統における典型的な出来事にしたのである。

詳細に描写された他の出来事においてもわれわれは、フランチェスコが明らかに独創的な要素を伴う出来事を、この同じ伝統的禁欲的な奇跡の範型に基づくものと理解していたと論証することができる。例えば、フランチェスコが兄弟なる火による焼灼《しょうしゃく》を受ける前、神の助けを請うている。『ペルージア伝記』四八によれば（ここはチェラノの *VS* 166 によく似ている）、彼は言った。「『おまえを造られたわれらの創造者が、わたしがそれに堪えられるほど、おまえの熱さを和らげてくださるように懇願する』。祈りが終わると、彼は火の上に十字架のしるしをした」。『ペルージア伝記』は正当にもこの挨拶の言葉を祈り（oratione）と呼んでいる。フランチェスコの言い様は、彼が神によって創造物に属するこの元素（火）とも尊敬と愛の相互関係をもったと理解したことだけでなく、さらに彼は試練の中でこの穏やかで騎士道的な関係[29]を支える神の介入を期待したことを示している。そこで創造物は十字のしるしによって「聖化され」、神の意志によって導かれ、そしてこの聖人に丁重にかかわった。居合わせたすべての者がそれは奇跡だと思ったのである。

チェラノはこの焼灼についての彼の記述を、以下のような以前の禁欲者の伝統の見方を適切に反映する評言で結んでいる。すなわち、「彼がそのように望むままに、残酷なものも彼には親切にさせられたならば、彼が最初の無垢な状態に（ad innocentiam primiam）戻っていたと私は思う」（*VS* 166）。

この説教におけるフランチェスコの特に新しい概念

この鳥との出会いの基礎にあった伝統的中世の理念は、その文脈の範囲内で新しい要素の表現を許容する。だがこの説教それ自体の事実はかならずしもそうではない。アームストロングは大胆に「フランチェスコは鳥への最初の説教者では決してない[30]」と主張するが、しかし実際は、彼はそうであったと思われる。多少ともこれと類似したより以前の全ての出来事は次の三つのグループに分けられる。すなわち、(a) 純粋に文学的な奨励。詩編一四八編やダニエル書三章の三人の子供の賛歌など。どちらもたぶんフランチェスコに霊感を与えた。(b) 鳥としてではなく霊的存在としての鳥への語りかけ。例としては『聖ブレンダヌスの航海記』で見たようなアイルランドの聖人伝に描かれているもの。(c) 聖人が鳥に命じたり、世話したり、寓話化したりする出来事[31]。フランチェスコ以前の聖人は誰も、彼が行った持続した説教の仕方で被造物としての鳥に語りかけたことはないように思われる。この考えはわれわれが見たように、禁欲的な経験と彼の新たな福音宣教の熱意との統合からフランチェスコの心に起こったものなのである。

この説教それ自体はもともと以前のキリスト教資料に由来する表現を含んではいるが、精神においてまさにフランシスコ会的な大きな改変を被っており、また革新的な仕方でそれらの資料を拡大し補足する新たな理念の文脈に適合している。彼の初期聖人伝記者と多くの現代の研究者とが述べているように[32]、フランチェスコは説教のための霊感のいくらかを彼が聖務日課の内でしばしば朗読していた

『詩編』と『雅歌』から得ていた。[33] それらにおける創造物への奨励が、彼が利用したその驚異的な記憶の手近な備えであった。[34] 同様の礼典資料が、一二一三年にさかのぼるフランチェスコの『神への賛美の励まし』の中でも使われている。[35]

フランチェスコは被造物を外観上尊重し信頼しているこの礼典的で純粋に文学的な奨励を、創造物へ実際に語りかけを与えるために採用している。彼の冒頭のくだりは、聖書に基づく二つの理念を中心とする言葉を含んでいる。主を賛美することは被造物の義務である。この方が彼らを造られたのであり、創造の秩序における彼らの欠くべからざる特徴とその不断の存続とはこの方によっている。フランチェスコの「あなたがたはあなたがたの創造者をことさらに賛美し、いつも愛さなければならない。彼はあなたがたを装うため羽毛を、飛べるように翼を、そしてあなたがたに必要なものは何でも与えてくださった」という言葉と、以下の聖書の数節を較べてみてほしい。

主の造られたすべてのものよ、主を賛美し
代々にたたえ、あがめよ。……
空のすべての鳥よ、主を賛美し、[36]
代々にたたえ、あがめよ。……

日よ、月よ　主を賛美せよ。
輝く星よ　主を賛美せよ。

天の天よ……、主を賛美せよ。……
主は命じられ、すべてのものは創造された。
主はそれらを世々限りなく立て、
越ええない掟を与えられた。(37)

『事跡』—『小さき花』の記述はチェラノと同じこの方針に沿って展開しており、創造者への鳥たちの恩義という理念を強めるため、関連する論拠や他の聖書の引用を用いている。主の賜物には鳥の自由(libertà)と、「創造者から教えられた歌声」も含まれる。さらにその上、「神の祝福によって増し加えられたその数の多さ……。……そしてあなたがたの一族が地上から消えてなくならないように、あなたがたをノアの箱舟に保護された……。……彼はあなたがたに隠れ家として高い山や丘、岩場や岩山を、そして巣をつくるためにそびえる大木を与えられる」(*F* 16)。この推敲された言葉はチェラノの記述よりも少ない典拠しかもたないが、チェラノによって記録された説教の精神になお適合しているように見える。どちらの説敏も同じ使信を宣言している。すなわち鳥たちは彼らのための神の備えと保護への返礼として、神に感謝を捧げ愛するべきだということである。

チェラノでは、フランチェスコの説教はマタイ六章二五節かルカ一二章二四節(「烏《カラス》のことを考えてみよ……」)の使用で終わっている。しかし被造物への神の丁寧な配慮についてのこの聖人の一貫した関心は、このさりげない言及に新しい文脈における全く異なる意味を与えている。神が保護し世話しておられる鳥よりも人間は遥かに優っているので、イエスは人間への神の配慮を強調しようとした。

しかしフランチェスコはその代わりにこの章句を、創造物における鳥の身分と彼らが享受する神の特別な恩恵とを強調するために使っている。働かなくても養ってもらっているのは、鳥たちの名誉と地位のしるしなのである。彼らは自身の適所を得ており（「空の清浄さの中に住処を」）、神の前に彼ら自身の特別な身分をもっているのである。

この微妙な解釈の変化は、この説教の他の新たな要素に光を当てる。フランチェスコは鳥を「気高い」と呼び、彼らを称賛している。これはこの説教の聖書並行箇所においては全く現れず、またフランシスコ会以前のキリスト教文学においても極めてまれであるが、この聖人のこれ以後の言葉には共通する要素である。これはフランチェスコの仲間の被造物へのさらに増し加わる尊重を強調している。それぞれの被造物は固有の価値と、誇るべき固有の性質をもっているのである(38)。これに最も近い類例はおそらく、イエスの「栄華を極めたソロモンでさえこの花の一つほどにも着飾ってはいなかった(39)」という野の花への賛辞である。

フランチェスコの出会いと説教が、彼の礼典資料では強調されていた創造物の中の階層的・垂直的関係を補完して、水平的関係や相互関係といういくつかの概念を示していることに目を向けてみよう。そこには神と被造物との相互の尊重と愛があり（「あなたがたはあなたがたの創造者を……いつも愛さなければならない」）、被造物と人間との相互の尊重と家族的情愛がある（「わが兄弟なる鳥たちよ」）。フランチェスコは、神の言葉を彼らに説教し、彼らを称賛して以来、彼ら被造物たちを尊重したが、一方で彼らも代わりに、熱烈な尊敬をもって聞き入るのである。『小さき花』は述べている。

聖フランチェスコのこれらの言葉に、すべての鳥たちはくちばしをあけ、首をのばし、羽をひろげ、うやうやしく地面に頭をさげて、聖フランチェスコが彼らに語った言葉が彼らに大きな喜びを与えたことを、彼らの動作と鳴き声で表した。（*F* 16）

フランチェスコが彼らを「兄弟」と考えるのは、彼らが修道会の中にいるからではなく、最初の人間としての家族を失った後、現在の彼の家族は「神に仕える者の家族」だからである。鳥たちは明らかに彼の情愛を認めてそれに応えており、これ以後の記述で他の被造物もそのようにしている（*VP* **60–61**; *VS* 167–71）。

フランチェスコのこれら動的な表現は、もう一つの彼の長い奨励である『兄弟なる太陽の讃歌』（後でより詳しく検討する）にも現れているが、奇妙な二重の意味をもっている。それらは著しく独創的でフランチェスコ独自の複合性をもつが、禁欲的伝統の点から見れば、楽園における人間の状態への神の恵みによる回復という聖人の概念の根底に横たわる、相互の情愛と調和という微妙でしばしばただ暗示的な教訓の典型である。フランチェスコの相互の愛、尊重、家族的感情に関する価値観は、より初期の未完成の中世的概念に、それ自身をふさわしく拡大適用して適切に重ね合わせている。それは個人的革新と共同体的伝統との融合なのである。

この出会いのフランチェスコへの影響

『事跡』―『小さき花』はこの説教にいたるまでの歴史的状況をよりよく知らせてくれるが、チェラノはこの出来事がフランチェスコに及ぼした正確な影響を他の伝記者以上に正しく評価することにより、彼の分析的能力と歴史的知識とをここに示している。彼はこの出来事が創造物へのフランチェスコの態度において、決定的で中心的な転換をもたらしたと見ている。これ以後フランチェスコはその福音的使命を人間だけでなく、全ての創造物へと広げようとした。すなわち、フランチェスコが人間の中に回復することを望んだ使徒的な調和の世界に他の被造物もまたあずかるように、彼は他の被造物にも神の言葉を語ったのである。チェラノはフランチェスコの見解の変化をこのように描写している。

しかし祝福された父は、仲間たちと旅を続けながら、あらゆる被造物が謙遜なる感謝をもって敬慕する神を喜び感謝を捧げていた。しかし今や彼は、本性ではなく恵みによって単純になっていたので、鳥たちがこのようにうやうやしく神の言葉を聞いたのを見て、彼らに説教しなかった以前の怠慢について己を責めはじめた。そして、その日以来、彼はすべての鳥、すべての動物や這うもの、感覚を持たない被造物にさえ、彼らの造り主を賛美し愛するように熱心に諭し、日毎に救い主のみ名が呼び求められたなら、彼らが従うのを直接の経験を通して知るようになった。（*VP* 58）

この説教の出会いは、創造物についてのフランチェスコの想定を、彼の総体的な使徒的理想に統合した要因であった。これらの間のダイナミックな相互作用が、新しい統合と創造物についての新しい見解とを生み出した。それは同時に、より総体的なフランシスコ会の志を強化した。この過程をさらに深く吟味してみると、この説教の出会いは一連の観念化の段階からなっていたことが分かる。まず、フランチェスコの禁欲的理想と使徒的理想とが、フランチェスコの純粋に独創的な反応を生み出すことで一致した。これは彼の説教において表現されている。その基本をはるかに越えているものの、フランチェスコの禁欲的目的と福音的目的の両方に忠実な、新しく複合的な態度を具体化している。この新しい思想の複合体の宣言への鳥たちの見たところうやうやしい応答は、二重の影響力をもっていた。それはフランチェスコの新たな考え方を維持するよう促したと同時に、また（もし『小さき花』の推敲された叙述の背後に事実の核心があると信じるなら）彼の福音宣教への情熱の、既に高まっていた調子をもさらに高めたのである[40]。それが鳥たちばかりでなく人々も、彼の語りかけに心を留めることを予言しているように思われるからである。こうしてフランチェスコの創造物への自発的で独創的な見方は、直ちに彼のフランシスコ会的な理想全体を強めることとなった。すなわち、この二つは統合され相互に支えあうものとなったのである。

チェラノがこの説教のすぐ後に物語っている（ボナヴェントゥラの報告ではこの同じ福音宣教旅行の後に出てくる[41]）アルヴィアーノでツバメを黙らせた話は、フランチェスコの新しい態度を反映しているように思われる。群衆に話しかけるのに備えてフランチェスコは、まずうるさくおしゃべりしている彼の「姉妹」なるツバメたちに語りかける。今は私が話す番なので静かにするようにという彼の優しい命令に彼らは従い、それで感じ入った観衆たちもまた彼に耳を傾け尊敬するのである。この出来事は以下のことを明らかにしている。すなわち聖人と被造物との間の相互の愛と尊重の新しい感覚、この感覚の奇跡的・階層的な核、そして類似する（今回はより具体的な）人間たちの反応であり、これらの全てはより以前の出来事の影響を反映している。この説教は聖人と被造物との関係に新しい観念の枠組みを提供した。それはフランチェスコの『兄弟なる太陽の讃歌』でその最も卓越した系統的な記述に至るまで、被造物たちとの多くの出会いを通じて一貫していた観念の枠組みである。チェラノは驚嘆して以下のように述べた時から、フランチェスコの被造物にたいする一貫した態度を証言するのである。

彼は群がった花々を見つけると、それらに理性が授けられているかのように、それらに説教し、主を賛美するよう招くのであった。同じように彼は、最も偽りない純心から、麦畑やぶどう畑、岩地や森林や野原の美しいもの全て、水の湧く泉や庭の緑、大地や火、空や風などに、神を愛し、心から仕えるように勧めていた。最後に、彼はあらゆる被造物を「兄弟」と呼び、最も並はずれた仕方、他の誰も決して経験しなかった仕方で、その敏感な心によって被造物の神秘を見抜いていたのである……。（*VP* 81）

この洞察の深い文章はわれわれが論議したすべての革新的理念、すなわち説教、奨励、愛、奉仕、家族的情愛、そして繊細な心遣いをまとめている。この一貫した表現のゆえにそれらは、鳥への説教の後、世界の人々が知り愛するに至ったフランチェスコに独自の特質、と見られるに値することが分かる。

第三章　注

（1）　Englebert（1979）, pp. 23ff で語られた通り。本章における鳥への説教についてのいくつかの素材は、著者の “Tradition and Innovation in Saint Francis of Assisi's Sermon to the Birds,” *Franciscan Studies* 43（1983）: 396–407 にも現れる。

（2）　Englebert（1979）, pp. 20–22.

（3）　I. G. Barbour, ed., *Western Man and environmental Ethics*（Reading, Mass., 1973）, pp. 93–113.

（4）　Williams を見よ。

（5）　*VP* 60 の最終行と、*F* 7.

（6）　*3 Comp.* 55.

（7）　この結合の困難さと主題の中世的背景に関しては以下を見よ。D. Nicholson, *The Mysticism of Saint Francis of Assisi*（London, 1923）, pp. 300–303; J. Leclercq, *Love of Learning*.

（8）　*3 Comp.* 49.

（9）　Englebert（1972）, pp. 432–35 を見よ。

（10）　Haines を見よ。

（11）　フランチェスコの試みはブルーノ（Bruno）、ミュレのステファン（Stephen of Muret）、ヴェルチェッリのウィリアム（William of Vercelli）のような一二世紀の先駆者たちのそれより、なお組織的で要求の厳しいものであった。彼らもまたある程度は、内省的隠遁の孤独と福音的放浪の期間とを結びつけることを試みた。Anton, pp. 87–104 を見よ。

（12）　*F* 16. *VP* 35 もこの出来事をほのめかしている。

（13）　Ibid.

（14）　Ibid.

（15）　最良のテキストは、*VP* 58 と *F* 16 を見よ。

（16）　すなわちフランチェスコに属するもので、必ずしも彼の修道会全体にではない。

（17）　例えば、詩編一四八編、三人の若者の賛歌（ウルガタのダニエル書三・二三以下）。

（18）　共通点のない経験の領域からのこの理念の統合は、直観的独創性の最も一般的な作用の一つである。以下を参照せよ。A. Keostler, *The Act of Creation*（New York, 1964）; I. G. Barbour, *Issues in Science and Religion*（New York, 1966）, pp. 142ff.

（19）　L. Cellucci, “Varie redazione della predica di San Francesco agli uccelli,” *Archivum Romanicum* 24（1940）: 301–8. また E. A. Armstrong, p. 58 も見よ。

（20）　チェラノの文体の分析については、Cellucci を見よ。

（21） E. A. Armstrong, p. 58.

（22） 附論Ⅲを見よ。

（23） *VP* 58: "ut ipse dicebat et qui cum eo fuerant fraters."

（24） *VP* 58 の冒頭。

（25） 使徒言行録二・四一。

（26） ルカによる福音書四・三〇。

（27） マルコによる福音書一六・一五。"omni creaturae."（ウルガタ）

（28） 現代の観察者にはこの出来事はほとんど奇跡とは思えない。折にふれて鳥の群れがえさをついばんでいる野原を通ってゆく人は、羽ばたきしたり観察者の方に向きなおったりというたいていの鳥たちの反応を脅威にたいする応答として理解するだろう。鳥たちが空に十字のしるしをつくるという『小さき花』の象徴的な結末でさえ、群れが旋回して飛び去るその特別な仕方に気づいた観察者に由来するのかもしれない。合理的な分析はただ、どれほどの神秘的観念がその出来事に居合わせた人々の心に実際のところ存在していたかを明らかにしている。彼らはほんのわずかな異常な状況に、影響力のある理想を投影していたのである。

（29） 『ペルージア伝記』は curialis〔訳注　貴族、宮廷などを指す〕を用いている。これについては後に考察する。

（30） E. A. Armstrong, p. 60.

（31） 同二二、四六頁を見よ。また以下を参照。C. G. Loomis, *White Magic: An Introduction to the Folklore of Christian Legend* (Cambridge, Mass., 1948), pp .66–69.

（32） *VP* 80; *ML* 9:1. Lawrence Cunningham, *Saint Francis of Assisi* (Boston, 1976), pp. 54–57; Lynn White, Jr., and Doyle.

（33） S. J. P. van Dijk, "The Breviary of St Francis," *Franciscan Studies* 9 (1949): 13–40. この主題は七章でより全体的に考察する。

（34） Ibid., p. 180; *VS* 102.

（35） Esser, *Die Opuscula*, pp. 282–83.

（36） ダニエル書三・三五、五八（ウルガタ）。〔訳注　新共同訳では旧約聖書続編のダニエル書補遺　アザルヤの祈りと三人の若者の賛歌三四、五七節に相当する。〕

（37） 詩編一四八・三―五。

（38） 同じくフランチェスコの『兄弟なる太陽の讃歌』における諸要素についての誉め言葉を見よ。

（39） マタイによる福音書六・二九。

(40)　*F* 16 は鳥たちが十字の形を作ったと語るが、それは修道会の将来の成功を予言するものであった。また *VP*（第一伝記）においてさえ報告されている高揚感は旅においてフランチェスコを鼓舞したであろう。

(41)　*ML* 12:4.

第四章

創造物へのフランチェスコの特別な関心

フランチェスコの注目すべき説教から、創造物にたいする愛と喜びの彼の最高の表現である『兄弟なる太陽の讃歌』ついての考察へと、すぐにでも移りたいところだが、それでは初期の逸話でフランチェスコの創造物への特徴的な特別の配慮を描写している他の仕方を無視することになるだろう。なぜならフランチェスコは、説教を通して創造物への高い関心と真実な情愛とを表しただけではないからである。食物としての創造物の恵み深さの適切な使用に関する彼の信念において、また創造物の美観の中における彼の観想的経験において、どれほど騎士的なふるまいの規範を適用した仕方で彼らを尊重したかを彼は示している。

騎士道——礼儀正しい関係と創造物

フランシスコ会の誕生を見た時代はまた、騎士道の時代の夜明けでもあった。若いフランチェスコは吟遊詩人《トルバドール》の詩を聞いて多くの時をすごし、騎士になることを熱望していた(1)。この聖人の初期伝記者および現代の伝記者たちは、騎士道の生活と理想への彼の称賛を認めている(2)。また回心を遂げた時もフランチェスコは騎士道的理想への彼の敬意を失わなかった。「その全ての天性の賜物と同様に、彼は後の人生において霊的熱望の力と強さによりこれに命を与えた」[3]のである。初期の資料は、彼を「キリストの勇敢な騎士」と称し（*VS* 21）、彼は「まるで生まれつきの騎士のようで」[4]あったと言っている。彼は兄弟たちを彼の「円卓の騎士たち」[5]と呼び、アーサー王伝説の秘伝的な箇所にさえ通じていたかのようである。[6]

フランチェスコの精神的な仲間たちは彼の価値観を共有したが、公式の伝記者たちは明らかにそうしなかった。彼らは騎士道の世俗的理想にたいする教会的な偏見を表明している。チェラノとボナヴェントゥラはどちらも明らかに、フランチェスコのこの側面と、『小さき花』のみによって知られるこれに関するいくつかの注目すべき出来事とを軽視している。[7]チェラノはこれらの同様の事柄において、「この彼の英雄の陽気さをその厳粛さと調和させることの困難を悟った」のである。[8]このチェラノの不快感の如才なさは、兄弟パチフィコの過去の生活にたいする彼の態度を、『ペルージア伝記』の反応と比較すると明らかとなる。パチフィコは修道会に加わりとても高徳となった有名な吟遊詩人《トルバドール》であった。[9]『ペルージア伝記』の著者はパチフィコの才能を率直に誉め、その世俗の評判を称えている。

フランチェスコはその時霊において、このような甘美さと慰めの中にあったので、世間では詩歌の王者として知られ（qui in seculo vocabatur rex versuum）、真に騎士的な歌手の博士であった（valde curialis doctor cantorum）兄弟パチフィコが派遣され、主の吟遊詩人《ミンストレル》（joculatores Domini）として神を宣教し賛美

しながら世界を行き巡るため、何人かの善良で聖い兄弟たちを与えられるよう求めた。（LP 43）

他の箇所でもフランチェスコは、「アンコーナのマルケ生まれで、以前世俗では『詩歌の王者』と称せられていた高貴で騎士的な歌の博士（nobilis et curialis doctor cantorum）」パチフィコと共に旅をしている（LP 23）。しかしチェラノによる兄弟パチフィコの紹介は、いささか異なったものとなる。

アンコーナのマルケに、自分自身のことを考えず、神を知ることもなしに、自らを全く空しいことに渡していた（sui oblitus et Dei nescius, qui se totum prostituerat vanitati）一人の世俗の人があった。彼はみだらな詩歌を歌う者たちの第一人者であり、世俗の詩歌の作者であったので（princeps foret lasciva cantantum et inventor saecularium cantionum）、「詩歌の王者」と称せられていた。一言で言えば、世俗の栄光が彼を非常に高くあげていたので、皇帝によって最高の荘厳さで栄冠を授けられたほどである。このように彼が闇の中を歩み、虚栄の紐で不道徳なことを引きよせていたとき（in tenebris ambulans iniquitatem traheret in finiculis vanitatis）、神の慈悲深き愛は彼を呼び戻そうと思われた……。（VS 106）

チェラノにとってパチフィコは下品な小歌の高慢で不道徳な指導者（princeps）であった[10]。しかしフランチェスコと彼の側近の仲間たちにとって、パチフィコは高貴で優雅な詩歌の師匠であり、その高い地位（doctor）はパリの教師たちに比するに足るほどだったのである。

フランチェスコは吟遊詩人の詩をそらんじており、折にふれて役立てようとそれを引用した。ある時、彼はある爵位授与式への参列に誘われ、そして「わたしは大いなる宝を慕い求めるゆえに、どんな苦しみもわたしには喜びである」という騎士道的な対句詩に基づいた説教をした。[11] これは彼の初期の宗教生活の雰囲気を簡潔に描写している見解であり（そこで彼は隠された宝を探し求めた[12]）、また彼が知り愛していた叙情詩にしばしば適用せねばならなかった再解釈の仕方を示している。この特別な夜に、フランチェスコとこの集まりの中にいたオルランド伯爵は互いにとても印象づけられたので、オルランドはラ・ヴェルナにもっていた隠遁所をフランチェスコに献上したのだった。時は一二一三年であった。[13]

おそらくその同じ夏、フランチェスコは鳥たちに「神はあなたがたをその被造物の中でも気高く造られ（nobiles . . . inter creaturas suas）、そして空の清浄さの中に住処（または邸宅—mansionem）を与えられた」という尋常でない賛辞をもって挨拶を送ったのである（*VP* 58）。この称賛は、フランチェスコが鳥の生活の仕方（彼の考えでは彼らは働くことなく養われていた[14]）や彼らの住処（高い木や断崖の巣）を、丘の城塞や街の塔の要塞を占有する優雅で気苦労のない貴族に関連づけたことに由来するに違いない。この関連づけは詩的才能を証明するだけではない。すなわちそれらは、被造物に話す時、上品でうやうやしい挨拶の仕方を用いるという特徴的な習わしの始まりを意味している。騎士的な挨拶というこの流儀の影響は、『兄弟なる太陽の讃歌』における栄えある「兄弟なる太陽様（messer lo frate Sole）」というフランチェスコの称賛においてその頂点に達した。したがって「鳥への説教」と『兄弟なる太陽の讃歌』において騎士道の理念は、フランチェスコの創造物解釈にあった旧いものと新しいものとの統合の中にもまた組み入れられていた。[15] むしろそれ騎士的な挨拶は気取りではなかった。

は人間の「円卓の騎士たち」に与えるのと同じ形式の騎士的敬意を表することによって、被造物への高い尊重を示すフランチェスコ独自の習わしの一部だったのである。[16]

騎士道は他にも多くの仕方で被造物にたいするフランチェスコの態度に影響した。フランチェスコが創造物についての見方に騎士道の理念を吹き込んだ多くの習わしは、われわれには永遠に失われたままとなるかも知れない。なぜなら、今日われわれがもつ資料は、そこから様々な成り行きをかろうじてたどることができるような、かすかな光を供給するのみだからである。しかし創造物のあらゆる階層間での霊的な礼節と尊重という彼独自の概念を表現するため、フランチェスコが騎士道価値観の潜在力を利用したことを示す十分な証拠が残存している。それはほとんど神と創造物によって守られた「社交界の作法」と呼んでも良いかも知れない。それを思い描くと、フランチェスコは神学的な改革者であるだけでなく、高貴な振る舞いの作法の日常的な仲間として被造物を見ることによってそれらを称揚したのである。この領域において、ある一つの出来事が（もし真実ならば[17]）われわれには特別に価値あるものとなる。それが、フランチェスコの一般的な陳述から、彼の被造物への特別な応答のいくらかに光をあてる見方を、われわれに導き出させるからである。フランチェスコと彼の仲間たちは一つの貴族的な家族に到達していた。ある貴族が彼らに心から挨拶し、彼らの全ての必要をまかない、また貧しい人に与えることを申し出る。

このため聖フランチェスコは、彼のこの上ない礼儀正しさ（cortesia–curialitate）と親愛の情とを見、また彼の惜しみない申し出を聞いた時、この人にとても深い愛を感じたので、後に仲間たちと立ち去る途中で彼は言った。「かの紳士ならきっとわれわれの修道会の良い会員になったことだろう。彼はあのように神にたいして感謝し、隣人に親切で、貧しい人に物惜しみせず、客人にたいしても陽気で礼儀正しい(courtèse–curialis)のだから。愛する兄弟たちよ、騎士道(cortesia–curialitas)は、神の特質(proprietà)の一つなのだ。神は正しい者にも正しくない者にも、その独り子と雨と全てのものを騎士的(curialiter)に与えてくださるからである。そして騎士道(curialitas)は慈愛の姉妹であり、憎しみを消し、愛を生かし続けるのだ」。(*F* 37)

この一節の中心部分であるフランチェスコの騎士道精神への称賛は、[18]『ペルージア伝記』でのフランチェスコの陳述と非常に似ていると思われるので、典拠の確実性については特別な資格を有している。

聖フランチェスコは、主なる神の愛のため施しを請うことは、神の目からも世のそれからさえも、最も貴く尊厳ある騎士的(curialitate)なものと考えた。天の父が人間の使用のために造られたものすべては、堕罪の後にも(concessa sunt post peccatum)いとし子への愛の施しとして、立派な人にもそうでない人にも無償でお与えくださったからである。(*LP* 60)

これら二つの文章は、cortesia についての独自のフランシスコ会的神学理念を提出している。ここに統合された中心的理念は、現代のわれわれの価値の減じた理解における「礼儀」を、はるかにこえたものを意味している。彼らは気前の良さと貴族的礼儀作法という騎士的な価値観を、つまり他者とくにより低い立場にある人々への情け深い雅量と特別な配慮あるいは敬意を、いわば「精神化」したのである。[19]

この理念は相互の尊重と敬意という水平的関係を奨励し強調するに際し、暗黙のうちに地位における相違を認めている。このことは鳥への説教におけるフランチェスコの価値観によく適合している。フランチェスコはそれが宇宙の秩序の三つの階層、すなわち神と人間、人間同士、そして人間と他の被造物との間で働いていると見ている。

神にたいする作法（cortesia）は、高潔で自己否定的な態度と寛大さを含んでいた。それは正しい者と正しくない者、選ばれた者と選ばれなかった者双方にたいするへりくだった愛の一つの形である。したがってそれは「慈愛の姉妹」たるに値するのである。神の作法（cortesia）、創造物へのその気前の良さと特別な配慮は、自由に、そして自尊心をもって神の賜物から糧を得ることを人間に許す。それは創造物から直接に食料を得ることにおいてであっても、神の豊穣さの中からその余剰分を分かちあうための他者への品位ある要求においてであっても、である。このことは、施しを与えることは与える者と受ける者双方に良いものをもたらすという中世的信念の騎士道的な正当化であり、また同様に創造物の人間の適切な使用についての是認でもある。[20]

『小さき花』の逸話の中でフランチェスコが出会った貴族は、彼の有り余る財産から神の貧者、つまり修道士たちと貧しい人々に寛大かつ親切に快く分け与えた時、最高の人間の作法である cortesia を示したのである。双方がその自尊心を保ちつつ、地位の高い者が低い者に与える。これが、フランチェスコに感銘を与え、「cortesia は慈愛の姉妹であり、憎しみを消し、愛を生かし続けるのだ」（*F* 37）と、その社会的有益性を評するように導いた態度である。彼の観察は富む者と貧しい者との間の相互関係のみならず、フランチェスコ自身の修道会内での相互関係についても十分に鋭いものに思える。いくつかの場面で、フランチェスコの寛大さと貴族的礼儀作法という価値観を認めることができるだろう。かつてリヴォ・トルトにいた時、フランチェスコは非常な空腹を訴えた兄弟とあえて食事を共にしたが、それは彼自身食べ物を自制することができるにもかかわらず、この兄弟がやましさや劣等感を感じないようにするためであった（*LP* 1）。他の場面では、フランチェスコは彼の霊的監督者にある願いの承諾を請わねばならないのでこう頼んでいる。「兄弟なる修道院長よ、あなたはいつも私にたいして騎士的（curialis）でした。そこで今また同様の騎士道（curialitatem）を私に示してくれるようお願いしたい」（*VS* 92）。ここでこの語句の意味は、親切さ、寛大さ、あるいはうやうやしさに重点をおいているようである。他の場合には、この徳性が宗教的階級と社会的階級の間の軋轢を解決した（*LP* 30）。この理念は、相手の面子を保つ敬意や従順さという途方もなく有益な秩序を、確固たる規範と移り気な性格とをもつ宗教的共同体に取り入れたのである。このように騎士道は慈愛の姉妹であった一方、謙遜の娘でもあったと思われる。

上記の例における「あなたはいつも私にたいして騎士的でした」という句は、この特性が、彼が一貫して望んでいた他者との関係の一部分をなす、とフランチェスコが信じていたことを示唆する。それは長い間互いに知っている二人の間に成り立っていた、相互の尊重と配慮という規約ないし規範の一部であった。興味深いことに、長く知己であった双方のあいだの騎士道的な規範というこの理念を、フランチェスコは人間以外の被造物との関係にあてはめていた。例えばいくつかの挿話が、フランチェスコの「兄弟なる火」にたいする騎士的な敬意を描いている（例えば、*LP* 49–50を見よ）。最も驚くことには、「焼灼《しょうしゃく》」手術において「兄弟なる火」に願いをする時、フランチェスコはそれとの普段の関係に言及している。「どうか今はわたしに優しく、騎士的（curialis）にしておくれ。なぜならわたしは、主においてこれまであなたを愛してきたのだから」と。[21] フランチェスコはこれまでそれにたいして見せたうやうやしい **cortesia** に「火」が今や感謝し、彼を尊重するように願っている。そして神の恵みにより、[22] それによって彼が損なわれないようその性質と地位の力をへりくだって放棄するようにと願うのである。この相互関係の全体はここで（もちろん、フランチェスコの観点から見て）、二つの概念によって支配されている。すなわち、たとえ神の階層秩序において異なるレベルであっても、互いに神に仕える兄弟同志の間に相互の配慮やうやうやしい敬意を作り出す、神によって確立した関係と、騎士的な貴族的礼儀作法とである。第一の概念は、神の助けへの彼の祈願と火のもつ性質の奇跡的な変化への期待とを生み出した。第二の方は、火への優しく丁寧な彼の態度と、同様に彼にたいする尊重への期待をもたらした。[23] このようにこの挿話においてわれわれは、人間と他の創造物とをつなぐ尊重という規範を最も明確に認めることができる。

フランチェスコの創造物への尊重という一貫した態度が、「ほとんど仏教的」と見なされるもう一つの陳述の理由を明らかにする。[24]『諸徳への挨拶（*SV*）』において、フランチェスコは宣言している。

聖なる従順は（人をして）

すべての生来の利己的なあらゆる欲を恥じ入らせる。
それはわれらの低次の本性を克服し、
それを霊に従わせ
われらの兄弟にも従わせる。
従順は人を服従させる、
地上のあらゆる人に。
しかも人々にだけではなく、
すべての獣たちと
野生の動物たちにも。
それで彼らは神がお認めになる限り、
人にたいして望むようにできるのだ。(25)

ここでフランチェスコのへりくだりと従順とは神学的な文脈において述べられているが、神の意志に共に仕えることにおいて人間と他の被造物との間に樹立された相互尊重という関係の一面を表現しているのである。

フランチェスコは説教したことを確かに自ら実行した。ネズミによる試練（*LP* 43）において、フランチェスコは抵抗せずにこの生き物の略奪と騒乱を耐えたが、それは彼が克己を通して仏教的な悟りに達していたからではなく、不屈さと神の保護をもって、悪魔の試みを受けていると考えたからであった。フランチェスコの謙遜と尊重の理念は実に、被造物にたいしてさえ非常に深くまで達していたのである。

フランチェスコの騎士的な理念は、創造物への彼の特別な尊重を示す彼独自の方法の一部であった。それらの成り行きのいくらかはおそらくわれわれには会得できないままだとしても、この思想の脈はわれわれのみたところ、神の創造物についてのこの聖人の信念の様々な分野に、礼儀正しさの理念が適切に組み入れられていたことを示すように思われる。騎士的な価値観は明らかに、被造物に関するフランチェスコの新しい表現のための伝統的な根拠を下支えしていた。そこにおいてそれが、人間と他の創造物との間の神によって制定された相互尊重の関係という彼の概念を深めた。それはまた彼の供述に新しい詩情と魅力を加え、そしてその時代の騎士道的規範の適応と再解釈を通して、彼の独自性がどのようにその同時代の環境から起こり得たのかを論証するのである。

創造の恩恵の利用——食べ物にたいするフランチェスコの態度

フランチェスコの食べ物にたいする態度は、彼が創造物への特別の配慮を示したもう一つの領域を解説してくれる。彼の見方はここでは複雑で、彼の時代の難しい課題を扱いながら彼独自の仕方で創造物を評価しようとする一つの苦闘を示している。すなわち、彼の時代その地方に流布していた人間以外の創造物についての否定的な信念を避け、または逆らいつつ、いかに使徒的生活を生きるかということである。具体的には、人間が創造物にたいし支配権を持ち、その果実を受けるべきという聖書的命令と、食事の制限を含む伝統的中世禁欲主義の理念と、被造物へのフランチェスコ自身の愛と、そしてカタリ派的禁欲の極端さに対抗するより潜在的な願いとの間で、[26] フランチェスコ自身に釣り合いを取ることを要求していた。

まず最初にフランチェスコは、たとえご馳走と判断されても供されるか必要なときには、肉を食べること（あるいは少なくとも味わうこと）についての福音の文言に従うことによって、創造物への彼の高い評価を示すために苦闘している。また彼はしばしば、特に托鉢を通して、いかなる種類の食べ物も提供してくれる福音的な摂理に依存していた。[27] フランチェスコの一二二一年の『会則』では注意深くこう述べられている。「福音に従って、彼ら（兄弟たち）は前に出されたどんな食べ物も食べることができる」。[28]

これがフランチェスコの創造物の尊重を意味するとは、今日のわれわれには不思議に見えるかも知れないが、彼自身の時代の文脈の中でフランチェスコの持論は目立って大胆なものであったろう。それは食物を神の創造物の一部として、したがって人間が食べるに良く価値あるものとして評価する、福音的な規範への回帰の試みであった。フランチェスコがおそらく『会則』において参照している福音の章句（テモテへの手紙I四・四―五）は、こう断言している。「というのは、神がお造りになったものはすべて良いものであり、感謝して受けるならば、何一つ捨てるものはないからです。神の言葉と祈りとによって聖なるものとされるのです」。フランチェスコが使徒的生活の再生のための模範として受け取ったこの肯定的な命令は、創造物の善良さについての彼の信念と、人間の必要に施す神の気前良さの表現たる創造物についての彼の概念とによく調和していた。この仕方で創造を肯定する近代の所説が、フランチェスコの価値観と経験の多くを共有していたヘンリー・デイヴィッド・ソローによってもたらされる。「母はその子供が栄養を摂取して大きくなるのを見ることを好むように、神は供給した滋養によってその子供たちが成長するのを見ることを好まれる……」[29]。

この領域におけるフランチェスコの持論は、彼自身の時代では二つの大きな理由によって注目すべき大胆なことであった。一般のキリスト教徒は通常肉を含む様々な種類の食べ物を食べることを許されていたが、フランチェスコの自分と弟子たちへの容認は、禁欲者にとってはひどく自由なものと考えられたであろう。例えばシトー会士は厳格な飲食の節制を実践していたし[30]、フランチェスコの弟子たちのいく人かも、より厳しい規則を望んでいた[31]。フランチェスコは、なお彼が従うことを望んでいた古代の聖者の厳しい隠遁的禁欲の規範や修道院的な理念と、彼の新しい福音的基準との間にある緊張関係をよく承知していた。聖なる人として彼はこの基準が世間の目に触れるのを自覚し、それでしばしば彼の行動について明確な弁明を述べ（『会則』のように）、あるいは彼が基準にふさわしい生活をすることができない時は公に告白した。かつて彼が食事の問題における彼の失敗を論じた時、次のように言ったとおりである。「私は隠遁所でも他の場所でも公に人々が私を知り見ているのと同じ仕方で、神の前に（つまり孤独のうちに）生活したい。なぜならもし彼らが私を聖なる人であると信じるのに、私が聖なる人にふさわしい生活をしないなら、私は偽善者になってしまうからである」（*LP* 40）。フランチェスコはいくらかの飲食規定の不履行を公に告白した時を除いて、彼の福音的基準を拒否してはいない。ただ彼は断食を守らなかったことや、当時なお尊重されていた聖なる人に期待される禁欲的基準から一時的に落ちてしまったことを認めている[32]。この禁欲的基準への尊重のゆえに、彼は苦行の慣例に従ってときどき食べ物に灰を混ぜていた（*VP* 51）。このフランチェスコの挑戦は、

表4　フランチェスコと創造の恩恵
——食べ物と様々な基準

古代禁欲主義	福　　音	カタリ派との比較	贅沢・告白
RNB 22	*RB* 2（福音的規則）	*VS* 78（食用鶏）	*VS* 44; *MP* 110（エビ）
訓戒の言葉 10, 14; *VP* 51–52; *3Comp.* 15; *ML* 5:1; *MNL* 3:1（厳格さ，鶏肉）		*RNB* 3; 9; 14; 17; 22（断食への態度：より低い性質）	
	RNB 3:9, 14		*VP* 52（鶏肉）
	VS 78（食用鶏）		*VS* 131; *LP* 40; *MP* 61–62; *LP* 39（ラード，他）
	VS 199（クリスマスの肉）	訓戒の言葉 27, 全キリスト者への手紙，訓戒の言葉 14（過剰に抗すること，断食を誇ること，聖職者の尊重）	
VS 22; *ML* 5:7; *LP* 1; *MP* 27（兄弟との食事，過剰への訓戒）			
			LP 29; *MP* 111（魚とエビ）
	VS 175（同情）		
	VP 51; *3 Comp*. 15; *ML* 5:1		*LP* 101; *MP* 29（菓子）
VS 131; *LP* 40; *MP* 61–62; *LP* 96			
	VS 75–7; *LP* 62; *MP* 23; *LP* 63; *MP* 25; *LP* 59; *MP* 22; *ML* 7:10（施しを乞うこと）	*RB* 3（困窮の時は断食しない）	*VS* 22; *ML* 5:7; *LP* 1; *MP* 27（飢えた兄弟との食事，過剰への訓戒）
VS 175（憐れみ）			
NewF 10（多すぎる食物）		Rule of 3rd Order, 2（節食）	
		RB 3（福音的規則）	
	F 18（むしろの集会における食物）		
		3 Comp. 58–60（総会での勧告）	
	F 26（食物と強盗）		
		LP 80; *MP* 65; 96; *VS* 117（身体にたいする態度）	

食物の多様性を受容することにおいて使徒的基準に従うことは、気ままになってしまい崇拝すべき聖人的克己の模範を捨て去ることを意味するのではないことを示すためだったと思われる。彼にとっても保つのが難しい均衡であった。

フランチェスコの基準が彼の時代の文脈において、人間以外の創造物の積極的評価を意味した二番目の理由は、それがその地域に存在しカタリ派によって提起されていた物質的創造物への対抗的な見方にたいして、著しい相違を示したことにある。カタリ派はフランチェスコの時代に異端とみなされた、本質的に非キリスト教的な宗教集団であった。霊的世界は慈悲深い神の力によって創造されたが、物質的世界は邪悪なそれによると彼らは信じていた[33]。厳格なカタリ派の精鋭である完全者（perfecti）は、ほとんど完全な菜食主義を実践し、彼らが性的結合（彼らにとっては霊的なものと物質的なものとの不純な結合であった）から生まれたと考えたどんな物も食べようとしなかった[34]。この文脈の中で、フランチェスコの新しい基準は特別な重要性を帯びる。すなわちそれらはカタリ派の信念と実践に対抗して、物質的創造物の価値を肯定する積極的でカトリック的な応答として理解できる。カエタン・エッサーはフランチェスコの価値観がカタリ派の理念にたいして、いかにしばしばカトリック的な反例をもたらしたかに注目している。「……フランチェスコは言葉と書物において、とりわけ彼の模範と霊的な態度によって、教会の内的な生活に関してカタリ派によって起こされた非常に多くの疑問に答えを与えたのである[35]」。

こうしてわれわれは、なぜフランチェスコが自身の何人かの弟子たちの食物に関するより厳格な見方に同意しなかったかを理解することができる。彼らはカタリ派の禁欲主義に対抗したかったのかも知れないが、しかしそれではフランチェスコの福音的基準に背き、フランチェスコが否定しようとしたまさにその信念を有効とすることになったであろう。フランチェスコはその代わり皆に食習慣をカトリック的にするよう強く促し、[36]（カタリ派の不遵守に、あるいはカトリックと異なる祝祭の遵守の予定に対抗して）兄弟たちによって守られるべき、特定のカトリックの断食日をあげて記載している。[37]彼はカタリ派の菜食主義的な禁欲主義の神秘家に、聖書自体の創造の肯定的な見方を直接示すことをもって、また緩和されてはいるが良く知られた彼自身の禁欲的厳格さをもって対抗した。このような仕方で彼は反例を供給していたのである。

カタリ派はフランチェスコとの大胆な面と向かった対決でこの反例に挑戦した（*VS* 78）。ロンバルディア（当時は異端で知られていた地域[38]）のあるキリスト教徒の家を訪問した際、フランチェスコは鶏肉料理の食事に招かれたので、聖書の基準に従ってそれに応じた。ある「ベリアルの子」つまりカタリ派信者かカタリ派支持者がこの聖なる人を恥じ入らせようとたくらみ、家の戸口で食べ物を請うたのでフランチェスコは彼にいくらかの鶏肉を与えた。翌日この偽りの物乞いはその肉を見せてフランチェスコの聖性を嘲笑し、フランチェスコの群衆への説教を妨害しようと企てた。ところが、鶏肉は魚に変わって見えたので、群衆はこのカタリ派の人を笑った。なぜ笑ったか？　群衆は明らかにカタリ派の対立する信念を知っていた。カタリ派の完全者（perfecti）、すなわち自身を真のキリスト教徒と呼び[39]カタリ派内では聖人に相当する存在であった人々はほとんど肉食を絶っていたが、しかし魚を食べることは認められていた。なぜなら魚は性的交接からではなく、水から生まれると彼らは信じていたからである。[40]鶏肉が魚として現れたので、このように群衆は歓喜し、カタリ派の人は屈辱を受けた。形勢はフランチェスコの方に逆転してしまった！　神は食べ物をカタリ派の「聖者」さえ受け入れうる種類のものに変えることによって、フランチェスコの新しい福音的・使徒的基準と単純さ（simplicitas）を守るために介入したのだった。

他の挿話でフランチェスコは、食べ物として彼に与えられた生きた被造物を、愛と憐れみから拒む場合にも被造物への彼の尊重を表している。例えば彼は、おそらく精神的な喜びというよりその味覚のゆえに贈られた一羽のキジをかわいがる（*VS* 170）。ここでも再びフランチェスコは必要なく殺すのを拒否することによって、被造物への特別な配慮の実例をもうけている。同時に彼の態度は、創造の意義と価値を表明しており、当時一般に知られたカタリ派の例に匹敵し、また凌駕している強く肯定的なカトリックの主張として、極めて有効であった。ラドゥリはカタリ派によって広められた驚くほどフランシスコ会の物語に似た話を語っている。

もう一つの良く知られた教訓話は、二人の善人（カタリ派）と罠に捕らえられた動物のものであった。二人の完全者（perfecti）が森を通っていると、罠に捕らわれた（ある版では）一匹のリスあるいは（別の版では）一羽のキジに出くわした。その動物をただ慰みに売るためあるいは食べるために捕まえて殺すのではなく、彼らは動物の体の中に閉じこめられているかもしれない人間の魂への崇敬からそれを逃がしてやった。彼らは糧を得なければならない猟師が彼らの行為によって損害を受けないように、相当するお金を罠の側に置いたのであった。(41)

この物語はいくらか後に記録されたが、明らかに広く知られており、動物の魂は再受肉した人間のそれであるというカタリ派の基本的教義から生じたものである。その教義がおそらくカタリ派が存在したどこかでこのような物語を生み出したのであろう。これと似たフランチェスコについての物語はなんと多くあることだろうか！　彼はキジだけでなく魚や野ウサギ、子羊を助けて（*VS* 170; *VP* 60–61; *VP* 79）、その論法と行為でカトリック的な反例を示しているのである。

このようにフランチェスコの食べ物に関する事柄における創造物への配慮は、より肯定的な福音的基準を強調し、カタリ派の信条と厳格主義を退けている。そして人間と他の創造物との関係に適用された彼の騎士道的価値観に関連している。フランチェスコ自身の歴史的文脈とわれわれのそれとの間の相違は当初理解を難しくさせるかも知れないが、フランチェスコは食べ物と創造物について、彼自身に独特の肯定的な見方をもっていたのである。

創造物にたいするフランチェスコの最も非伝統的な対応――自然神秘主義

創造物と食べ物についてのフランチェスコの信念は、聖書的基準へ回帰するための新しい試みと被造物への愛による不必要な暴力の自制とを含んでいた。人間以外の創造物への配慮というフランチェスコに特徴的な表現のもう一つの側面である自然神秘主義が、被造物への彼の深い愛から生まれた。彼の伝記者たちはこれを初期キリスト教の伝統への遥かな回帰であるとしたが、しかしそれは決してそのようなものではなかった。フランチェスコの自然神秘主義は、創造物にたいする彼の最も非伝統的で肯定的な反応だったのである。*

* 興味深い主題である自然神秘主義は十分に研究されており、エドワード・A・アームストロングの書『聖フランチェスコ、自然神秘家』(Edward A. Armstrong, *St. Francis, Nature Mystic*) が既にこの主題を適切に扱っているに違いないと読者は推測するであろう（特に彼の pp. 12–17 を見よ)。残念ながらこの推測は両方とも全く間違っている。自然神秘主義に関する研究それ自体が、未だ着手されたばかりの段階なのである。しかし一般に神秘主義の主題はこの五〇年間にわたって多くの研究と論争を引き起こしてきた。W・ジェームズ『宗教的経験の諸相』(W. James, *The Varieties of Religious experience* [New York, 1929])、J・リューバ『宗教神秘主義の心理学』(J. Leuba, *The Psychology of Religious Mysticism* [London, 1925]) が初期の代表的な著書である。A・ハクスリー『認識の扉』(A. Huxley, *The Door of Perception* [London, 1954])、R・ゼーナー『神秘主義、聖と俗』(R. Zaehner, *Mysticism, Sacred and Profane* [Oxford, 1957]) はこの分野を神秘的状態の本質と意義をめぐる論争に巻き込んだ。初期の哲学的分析については、W・ステイス『神秘主義と哲学』(W. Stace, *Mysticism and Philosophy* [London, 1960]) を見よ。C・タート『異常精神状態』(C. Tart, *Altered States of Consciousness* [New York, 1969]) は、心理学研究の範囲内の神秘的経験を別の関連する精神状態の中においた。A・グリーリー『恍惚――認知の道』(A. Greeley, *Ecstasy: A Way of Knowing* [New Jersey, 1974]) は新しいこの研究への一般的で良い手引きである。この分野における多様な議論の明敏な批評という点からみて最も洞察力があるのは、ステファン・カッツ (Stephan Katz) 編集による二冊の優れた最新の小論集である。『神秘主義と哲学的分析』(*Mysticism and Philosophical Analysis* [New York, 1978]) は、彼自身の基本的に重要な論文「言語、認識論、神秘主義」(Language, Epistemology, and Mysticism) を含んでいる。また『神秘主義と宗教的伝統』(*Mysticism and Religious Traditions* [Oxford, 1983]) は、エワート・カズンス (Ewert Cousins) による基本的な「アッシジのフランチェスコ――岐路に立つキリスト教神秘主義」(Francis of Assisi: Christian Mysticism at the Crossroads) を含んでいる。以下の論述でわたしはしばしばこれらの資料を参照している。

神秘主義の研究書はほとんど自然神秘主義それ自体について具体的に何かを語ってはいないが、それらはやはり多様な神秘的状況と関連する諸事象について徹底的な検討を加えている。しかしいくつかの研究がわれわれの主題に言及するとき、それらはそれ自身の歴史と問題をもつ領域に関連していることはあまりにも明白であるが、そこでは見解の最も基本的な疑問でさえ論争中である。例えば「自然神秘主義」をどのように定義すべきか？　ゼーナーとノウルズはキリスト教神学の観点から主題に接近し、「全体としての一、一としての全体」という経験に関連する神秘主義（「自然神秘主義」）[42]と、「その中では魂が自らを愛によって神と合一すると感じる」というもの（「超自然的神秘主義」）[43]とを区別している。一般的な歴史家の視点からこの主題に接近したアームストロングは、全く異なる定義を提供している。

（キリスト教自然神秘主義における）重要な点は、啓発あるいは高揚という宗教的神秘経験が自然にたいする態度よって霊感を与えられ、あるいはそれに依存しているその程度であり、また自然を神性の表出と見なすその程度である……。したがってキリスト教自然神秘家とは、その神秘的経験がどのような形を取っていてもキリスト教的信念に基づいており、創造物を神の手仕事とする感知を伴っているものである。[44]

ゼーナーは厳密な分析と多くの有用な実例を提供しているが、「自然」神秘主義的経験は躁鬱病における躁病性興奮と同様の、一つの常軌を逸した精神状態と結論づけている。[45]そしてその「自然」神秘主義についての彼の定義のもとに、メスカリン（幻覚剤）の影響下での椅子に関するハクスリーの瞑想を含めようとした。ゼーナーとノウルズはどちらも、すべてのキリスト教神秘経験を「自然神秘家」と分離しようとしている。どちらの著者も聖フランチェスコのこの件については言及しておらず、彼らならどのように概念の枠組みを与えてフランチェスコの経験を説明したかを想像することは極めて困難である。

アームストロングの定義は難解な神学的関心よりも、一般的な概念により密接に関わっている。それは焦点をしかるべき所に、つまり様々な精神状態についての霊的な評価ではなく、経験における自然環境の役割の上に当てている。ノウルズとゼーナーは「自然神秘主義」のどんな理念も「自然的な神秘主義」という彼らの範疇に含めようとした。しかしこの方法は、フランシスコ会の自然神秘主義を、一つの逸脱として捨てられるかまたは無視されるべきとして、正しく評価することを不可能にするであろう。カトリシズムの不確かで不自然な基準とは関係なしに、アームストロングによって分類された自然神秘主義についての定義をいったん受け入れるなら、広い考え方の中においてもフランチェスコの経験を理解することは容易だとわかる。フランチェスコの経験は自然界の事象によって始まり、神への直感によって終わる。ゼーナーの分析ではこれはあり得ない。なぜなら定義によれば「自然」神秘経験は神の恵みなしに達成され、そこでは自然界が重要な役割を演ずるどんな「超自然的」経験も存在しないとされるからである。

しかしアームストロングの熱意もまた、いくつかの疑わしい結論へと至っている。彼は多くのキリスト教自然神秘家が存在したと主張している。神秘的経験の「より低い段階」を確認するのは極度に困難であることにその議論を基礎づけてアームストロングは、定義の「民主化」のために、「ジョン・

ウェスレーの言葉を使うならば、美しい光景や音声、香りに気づいて心が『不思議に燃えた』のを感じたとしか主張しない人々……」をも含めるべきだと論じている。(46) この意見は善意からでたとはいえ漠然としている。同じく曖昧なのは、この現象の歴史的概観におけるアームストロングの企図である。(47)しかしもっとも重要なのはアームストロングが、フランチェスコ以前にキリスト者かそれ以外のいかなる自然神秘家が実際に存在したか、を立証する合理的な基準を用いていないことである。彼の主張を証明するのは不可能だと私は考える。自然神秘家は（キリスト教を含めた）様々の哲学的・宗教的体系から生じえるというアームストロングの暗黙の前提は受け入れたいが、自然神秘主義の事象についての注意深い解釈と、西欧世界が一般的にこの表現にたいしてなぜ敵意を示したかの理解とに、彼はあまりにわずかな注意しか払っていないと思うのである。

どのような神秘的経験の発生を立証しようとするにも、個々の神秘的経験を定義し、その発生を証明するに適当な証拠を提示しなければならない。カッツの最近の論文は、神秘主義を神秘家の概念的背景から分離する企図について、ゼーナーその他を批判している。カッツによれば神秘家とは、

彼の経験の形成者である……。どのような究極を彼が求めており、また見出すとしても、彼は「究極的なもの」あるいは「所与」が単純にそれ自体に影響を及ぼすところの白紙状態（tabula rasa）ではない。これだけは確かである。神秘的な経験はわれわれのような種類の存在によって仲介されるべきである。そしてわれわれのような種類の存在は以下のことを要求する。すなわち経験は瞬間的で非連続的であるだけでなく、記憶、理解、期待、言語、以前の経験の蓄積、概念と予測を、全てのこれらの要素を背景にして

築かれまた新鮮な経験によって新たに形成された個々の経験とともに、含んでいることを要求するのである。このようにXの経験は（Xが神あるいは仏とすれば）言語的にも認識的にも、経験されるであろうことの予測を含めた因子の多様性によって条件付けられる。これらの予測に関連して、瞑想、断食、儀式による清め、自己に課す苦行などのような同様に未来に方向付けられた諸活動がある。そしてそれは更に未来と未来の意識状態がどのようなものであるかに関するさらなる期待を創り出すのである。この種の活動は明らかに自己成就する予言的側面がある。[48]

神秘的経験はその宗教社会学的環境によって「過剰判断される」。すなわちその最も広い意味において知的文化変容の彼の過程の結果として、神秘家は、彼が結果的にまた実際にもつ経験を形成したり着色したりするところの、概念とイメージと象徴と価値観とからなる一つの世界を、彼の経験にもたらす。[49]

カッツのまさに妥当な指摘は、どんな神秘的経験もいくつかの因子の相互作用によって影響を受けているということである。すなわち文化的環境・個人的な信念・状況と経験それ自体、そして文化的環境から見たそれらについての個人的解釈といった諸因子である。神秘主義にたいするカッツの姿勢は、個人の特性や文化的あるいは宗教的な規範のような問題を調和的に結びつけて、同じ一般的思想体系の範囲内においてさえ様々な経験を考慮に入れている。カッツの小論「神秘主義の保守的性格」（彼の『神秘主義と宗教的伝統』より）では、多くの神秘的経験における改革と保守主義とのあいだの力学を特別に考察している。神秘主義は「宗教生活の革新的な極点と伝統的な極点のあいだで振動する一つの弁証法的対立」であり、神秘経験と伝統的テキストの新たな象徴的解釈との両面において、彼らは伝統を拡大する一方で、その伝統の「権威を保持する機能を果たしている」、と彼は主張する。[50]

神秘主義はもちろん、人間の経験のなかで本質的に最も捕らえどころがなく、言葉に言い表せないものの一つである。その明確な識別は「神学者か心理学者」のみに要求されるとアームストロングは考えるが[51]、一方アームストロングの寛大な曖昧さと神学的心理学的な詳細さとのあいだには、有益なる明快さという中間地帯が見出される。自然神秘的経験とは、創造物の美と価値という積極的概念とある種の霊的な力とのその密接な関係とが、驚嘆や高揚感のような深い個人的反応に触媒作用を及ぼす時に起こるものである。全体的なものであれ（風景や夜空の星々）、特定のものであれ（一輪の花）、自然界の荘厳さとの圧倒的な出会いに直面して、神秘家は直接的にかの霊的な力についての洞察、それとの接触、それとの関係に向かって進むのである。この描写は自然神秘家についての現代の一般的概念に忠実であり、一方で経験の霊的な評価やその心理学的あるいは感情的な根拠のような複雑で不適切な諸問題を避けている。

カッツの論理に従えば、ある特定の人物が自然神秘家であることを証明する証拠は、概念的なものと経験的なものの大まかに二つの部分から構成されるに違いない。すなわち証拠は、その人物が本当に深い肯定的見方を創造物にたいしてもったか、あるいは実際に神秘的体験を経験したことに存在するに違いないということである。これらの識別は重要である。例えばある人が創造物にたいして極めて肯定的な概念をもつことができても、直ちにそれに関係するいかなる神秘的経験も経験したりはしない。創造物について熱烈な詩的感知を表現する詩を書くことができても、実際には決して自然神秘主義を経験はしない。人は単独または原始共同体の儀礼（酒神バッカス祭や現代の原始的社会における儀式のような）で自然環境の中にある時、自然界についての卓越した洞察から由来し神の観想へと導く神秘的歓喜の概念をもつことがなくても、恍惚に支配され陶酔した状態に達することができるかも知れない。サバテッリはフランチェスコの『兄弟なる太陽の讃歌』についての議論においてこの注意深い態度を暗黙のうちに容認しているが、そこで彼は、われわれはフランチェスコの神秘的経験の性格を裏づけとなる証拠から議論の余地なく知っているという理由のみから、フランチェスコの作品は自然神秘家の産物であると推定している。デイヴィッド・ノウルズもまたボナヴェントゥラについての記述において、概念的な証拠と経験的なそれとの間に区別をもうけている。[52]

聖ボナヴェントゥラはしばしば神秘家として描写される。このことによって彼自身が最も完全な意味において経験的な神秘家であったこと、またこれが彼の主義や表現の方法に影響したことが暗示されるとしても、彼の著作のどこにおいても決して彼はこれを主張したり、そのような経験の明確な証拠を与えたりはしていない、と答えられうるのみである。他方でもし意味される全てのことが、聖ボナヴェントゥラは神秘的経験を全キリスト者が熱望すべきこの地上の魂に与えられた神の洞察の先触れと見なしたことであれば、また修道者のために書き、神学を主に聖なる生活のための学と見なしたことであれば、彼はその教説に「教理的」神学とは異なるものとして今や「神秘的」と呼ばれる多くのものを含めたのであり、その資格は認められうるだろう。ただその場合おそらく彼は、神秘家というより神秘神学者と呼ばれる方がよいであろうが。[53]

ボナヴェントゥラ（フランチェスコとの対照における）に関してと、識別のための注意深い分類を強調する意図においての両方で、ノウルズの結論に私は同意する。その識別は神秘主義の領域と存在しうる神秘家とにおいてもうけられるべきものである。

ヘブル、古代、一三世紀に至るまでのキリスト教文化において、自然神秘主義の有力な証拠は存在しない。もしカッツの主張を受け入れるなら、西欧社会の「知的文化変容」におけるどのような要素が、敬虔なる者を神秘的歓喜と自然環境に結びついた経験から隠し、避けさせたのか説明を試みるべきである。実際いくつかの要素を指摘することは可能である。

いくつかの詩編は、多くの現代的概念の見地からもいくらかの聖書的なそれからも、創造物についての著しく例外的な見方を映し出している。

神々の神、主は、御言葉を発し
日の出るところから日の入るところまで
　地を呼び集められる。
麗しさの極みシオンから、神は顕現される。(54)

荒れ野の原にも滴り
どの丘も喜びを帯とし
牧場は羊の群れに装われ
谷は麦に覆われています。
ものみな歌い、喜びの叫びをあげています。(55)

日よ、月よ、主を賛美せよ。
輝く星よ、主を賛美せよ。
天の天よ、
天の上にある水よ、主を賛美せよ。(56)

しかしこれらの章句は詩人によって経験された神秘的な事象に関係するよりは、世界にほとばしる全能の神の影響力を描写するか、(57)この神の栄光を主張しているように見える。初期のヘブライ聖典は、その意志によって創造物を支配し、その妬みは宗教的献身が創造物にではなく神に捧げられることを要求する超越的な神を描いている。(58)このような宗教的観点は創造物の霊的な価値と有用性を確証するけれども、われわれが記述してきたような自然神秘主義のための概念的基礎を供給はしない。「コヘレトの言葉」や「シラ書（集会の書）」のような聖典のより後期の部分は、神秘主義ではなく哲学的論理をより強く吹き込まれた物質的世界の見方を示している。

ギリシャ・ローマ世界は、自然神秘主義的経験を生み出した一方、その他の矛盾する態度をも示した一般的概念の文脈を提供した。テオクリトスやウェルギリウスのもののような多くの著作が、(59)ポンペイの壁画と同様に、自然環境の田園詩的で牧歌的な解釈という古代世界の理想化を映し出している。しかし自然界への情熱的な反応の表現は（恐れや畏怖を除いては）(60)まれだったようである。恍惚状態はどのような形でも、深い両極性《アンビヴァレンス》を生み出した「狂気」や憑依という言葉で説明される傾向にあった。(61)

プラトンの『パイドロス』は荘厳な自然環境の中で行われた彼の対話で唯一のものだが、この文脈内における憑依についての別の例が含まれている。ソクラテスは弟子とともに神聖な霊場に支配された田園の美しい景色の中を通って行く。哲学者はその場所に充満している霊の影響を受けたとみえる。彼はパイドロスに語る。「さて黙って私に聞きなさい。この場所には本当に神聖なる存在があるように思われるからだ。それで君がもし私の話が続いている間に私が取り憑かれた者のようになっても驚いてはならない。すでに私の様子は酒神賛歌風なものとあまり違うまい」[62]。ソクラテスは我を忘れ思考の制御を失う。彼が超越だけでなく、当惑と価値の吟味を見出した状況である[63]。

古典の著者たちはこれら全ての経験を、神秘主義ではなく憑依の実例であると考えた。神秘主義は古典時代の世界では極わずかな役割を果たしたに過ぎず、そこでは宗教はしばしば感情的な熱意よりも伝統的慣例と儀式への忠誠心をより必要としていたのである[64]。純化された神秘的経験の価値と権威を完全に確立することは、プロティノスとキリスト教の伝統に託された。

プロティノスはプラトンの入門者への助言を足がかりとした。「個々の美から出発すれば、普遍的な美への探求は彼に、そのために長い間骨折ってきた美のまさに精髄であるかの素晴らしい幻に向かって、一段一段と踏みながら天国の梯子を登ることとさえ得させるに違いない。それは栄えも衰えもしない一つの永遠の美である[64]」。しかしプロティノスにおいて思考の愛の幻へのプラトンの探求は、創造物の美を通して心的な幻と神秘的経験の高みへ至る神秘家の旅程へと変容させられている。

さて、もし美の光景が心をかの他の天体へとせきたてる上っ面に素晴らしく映し出されるなら、確かに誰も、感覚の世界に有り余る美しさを、すなわちこの普遍的調和、この広大な秩序正しさ、星々がその遠隔さの内にさえ表示する形を目にしつつ、この全てによって回想へと運ばれないほど頭が鈍く冷静でいることも、またとても偉大なかの広大なるもの[66]が湧き出たこの全てについての思索の内に敬虔なる恐れに捕らえられないでいることも、できないだろう。

内に組み入られた光を含む質料の形は、それら自身の光が表出されるのとは別になお光を必要とする。すなわちちょうどかの領域のすべての光輝ある「存在者」が、たとえそれが目に見えず超越的であるとしても、他のより威厳ある光を必要とするように。かの光を知るとわれわれは実際、その光輝への熱望と歓喜のうちに、これらの「存在者」にたいして感動させられるのである。ちょうど地上の愛が質料の形のためでなく、その上に表される美のためであるように……。神からの流出を得た魂は感動させられ、バッカスの情熱に急に襲われ、これらの突き棒で突かれて愛となるのである[67]。

隠された神の美へと人を直ちに向けさせるためにのみ、地上の美は観察者の注意を得るとされていることに注意してほしい。プロティノスの神秘的経験が自然界についての即時の直接的な観察によって引き起こされたと示唆するようなしるしは存在しない。むしろそれは観念上の熟考の結果である。しかし環境による神的な美との彼の繋がりは、彼の他の理念がこれを切り落としたとしても、自然神秘主義のために可能性ある概念的基礎を与えたのである。

アウグスティヌスはその有用性によって創造物の善性を正当化するキリスト教の伝統に加えて、摂理的な意図と福音宣教（そこにおいて創造者の善と力と美を宣言した）を描いているが[68]、時にプロティノスと似た態度を示している。

地の美しさに尋ねよ。海の美しさに問え。広大なる空間の美しさに聞いてみよ。空の美しさに尋ねよ。星々の秩序に問え。その光線で昼の日をつくる太陽に聞いてみよ。続く夜の闇をやわらげる月に尋ねよ。水の中を動き、陸にとどまり、空を飛ぶ生き物たちに問え。隠された魂に、知覚ある体に、すなわち支配されるべき見えるものと支配する見えざるものに、すべてのものに聞いてみよ。さすれば彼らは汝にすべて答えるであろう、見よ、我らは愛すべきものと知れ、と。それらの美しさは彼らの告白である。そしてそれら愛すべきしかし無常のものを、誰が創造し、不変の美を保つのか？(69)

すべての創造物は「不変なる美」から与えられた美しさに密接に関わっており、それ自身の美しさの表出によってその造り主を告白しているのである。この理念は容易にキリスト教神秘主義のための基礎となりえる。ただしアウグスティヌスの著作の一般的傾向はその代わり、次の二つの章句に例示されるように、より両極的《アンビヴァレント》な見方を示唆している。

この（地上の）美しさのうちに、それが受け取らなかったものをわれわれは探さないようにしよう。なぜならわれわれが探したものをそれは受け取らなかったので、それはそのようなわけで最も低い場所にあるのだ。しかしそれが受け取ったもののゆえに神を賛美しよう。この最も低いものにさえ、彼は同じように物質的な美しさという偉大なる善きものを与えられたのだから。(70)

ところでわたしはこのように（光と芸術における美の賛美を）語り、また十分弁《わきま》えておりながら、それでもそれら美しいものに足をとられてしまいます。しかし、主よ、あなたが解き放してくれます、何故ならあなたの憐れみはわたしの目の前にありますから、あなたが解き放してくれます。わたしは哀れにも捉えられ、あなたが憐れみによって解き放します。あるときは足を踏み外しても何も感じず、あるときは深くはまりこみ苦痛を感じます。(71)

これらの章句は、「その生涯を通じて物事にたいして両極的《アンビヴァレント》なままであった回心したマニ教徒たるアウグスティヌス(72)」に独特の深い罪の意識、造られた世の美についての不安を示しており、自然神秘主義を生じさせるような態度はほとんどない。アウグスティヌスは創造物の故にその創造者を見捨てる傾向のため、自然界の観察に没頭することを懸念していた。

従って、アウグスティヌスの最初の良好な神秘的経験であるオスティアの幻視が、自然環境の中で起こったことは興味深い。(73)

わたしと彼女（母）と二人だけである窓辺に寄りかかっていました。その窓からはわたしたちが宿泊していた家の中庭が眺められました。それはティベル河口にあるオスティアでした。……その時、わたしたちはさらに燃える情熱をもって、それ自身なるものに向かい自らを高めていき、段階的にあらゆる物体的なものを通り抜け、そしてそこから太陽と月と星が地を照らす、天そのものをも巡っていきました。そしてわたしたちは内面であなたの業について思い、語り、驚嘆し、ついにわたしたちの精神そのものにまで至りましたが、それをも越えて進み、あの欠けるもののない豊かな地まで到達しようとしました。(74)……

これはフランチェスコ以前に自然神秘的経験にかつて最も近く至った西欧人であると私は信じるが、ここで物質的環境はこの経験のための主要な触媒というほどではない。むしろそれはアウグスティヌスと母を神秘的な歓喜へと導いたこの観念的な会話という状況へと適合させたものと思われる。アウグスティヌスの創造物にたいする両極性《アンビヴァレンス》と彼の魂の内的旅程への集中とが、彼に自然神秘的経験をもつことを得させなかったようだ。カッツが述べているように、宗教的また個人的背景が神秘的経験を形作る。そしてこの場合アウグスティヌスの宗教的・哲学的背景におけるある一定の要素がこのような経験を促したのだが、彼の深い罪の意識と自然界を逃れたいという欲求とが可能性にたいして不利に働いたのである。

自然神秘主義において考えられうる禁欲の実例

エドワード・アームストロングが信じていることには、

砂漠の師父たちから現在の時代まで、たとえ断続的ではあってもキリスト教自然神秘家の一つの系譜が存在した。しかし彼らが誰か伝記者をもっていた場合でも、その伝記者たちは彼らが属していた伝統の真正性を認識しなかったので、その系統についての認識もなくいくらかのことがわずかに記録されただけだった。[75]

さらにスルピキウス・セウェールス、大グレゴリウス、ヨハネス・モスクス、ベーダのような前述した中世初期の主要なキリスト教の著者たち、およびその他証拠を提供するかも知れない多くの人々の章句を思い浮かべると、信憑性のある出来事の奇妙な欠如に気づかされる。自然環境についての躍動的で肯定的見方の代わりに、中世禁欲主義的な見方における深く両極的《アンビヴァレント》な倫理的観点に気づく。それはアウグスティヌスの反応と同様に、自然神秘主義のような自然世界に没頭する経験を禁ずるように作用した。大グレゴリウスはフロレンティウスと彼の手飼いの熊との素晴らしい物語を語っているが、[76]また彼はベネディクトゥスがクロウタドリに誘惑されるという不穏な出来事を物語っている。[77]創造物への対応において暗黒時代の聖人伝では疑いもなく最も熱意ある実例の一つである『聖ブレンダヌスの航海記』においてさえ、この両極性《アンビヴァレンス》は解決される代わりに強められているように見える。ブレンダヌスは常に自然界からの誘惑に注意しており、彼の弟子たちにも用心するように厳しく戒めている。[78]自然神秘主義に転化したかもしれない出来事は、もっぱら別の方向性をとっている。ある時、この航海者と彼の皺深い仲間は神秘的な氷山を発見する。[79]この聖人伝記述における聖書の章句は、創造物における神秘の感覚を高めている。けれどもこの探検者は、神秘的歓喜によってというよりはむしろ何かより飛躍的に理解しやすいものによって、つまり科学的好奇心の萌芽によって勝利しているように見える。彼らは続けて現象を調査し、付近を探査してそれを根気強く測定する。ここでこの暗黒時代の聖人伝は、自然神秘主義よりむしろ科学の始まりをより明らかに表している。自然環境への中世的反応の内に備わっている深く多面的な潜在力に再び気づかされる。
アウグスティヌスの創造物への両極的《アンビヴァレント》な反応の遺伝形質をたどることは、それが後代の洗練されたキリスト教神学者や神秘家を通じて進展していったため可能である。次の引用は、ボナヴェントゥラの『独白（*Soliloquium*）』からである。

おお霊魂よ、あなたは今や観想の光をあなたの周りにあるものへと、すなわち感覚の世界へとむけるべきである。あなたがそれとその中のあらゆる物を軽んじるために、また従って伴侶へのより熱烈な愛に燃えるために。……「全ての被造物があなたに無価値を表すように。そうすれば創造者ただおひとりがあなたの心を喜ばせるのだ」。

（アウグスティヌス「詩編について」*In Psalmum* 30:3–8）[80]

「だが注意せよ、わが魂よ、与える方の贈り物を、愛する方の愛以上に貴んだゆえに、花嫁の代わりに姦婦と呼ばれることのないように」。

（サンヴィクトルのユーゴー「魂の手付けについて」*De arrha animae*）

「もしあなたが神の足跡をほっつき歩き、神の代わりに彼のしるしを愛して世俗の利得を探し求めるなら、清められた心の知性であるかの祝福された光の使信を、またすべての被造物の輝きは痕跡または象徴にすぎないという使信を理解しようとしないならば、あなたに災いあれ」。

（アウグスティヌス「裁量の自由について」*De libero arbitrio* 16:43）[81]

しかしこれらは、偉大なるフランシスコ会士によってフランチェスコの時代の何年も後になされた収集からのものなのである！(82)

したがって、多くの初期自然神秘家が存在したという仮定を、証拠は期待されるほどは指示しないことが明らかになる。自然神秘家の「隠された伝統」は、もはやわれわれには知ることができないといった類の単なる可能性の問題ではない。創造物へのこの中世禁欲主義的な両極性《アンビヴァレンス》が、中世の伝統がその表現の範囲を別の方向へと広げることができたにもかかわらず、自然神秘主義の出現を妨げたように見える。キリスト教自然神秘主義経験の明快な実例を生起させるためには、これらの傾向の外に新たなより徹底的に肯定的な観点を要したであろう。

フランチェスコの自然神秘主義

フランチェスコの革新的な自然神秘主義は、そのほとんどが自然神秘的ではない彼の神秘的経験の概ね独創的な性格という文脈の中に、まずは簡単に位置づけられるべきである。カズンズの研究はフランチェスコをキリスト教神秘主義の岐路においている。

フランチェスコは西欧キリスト教の歴史における分水線を意味する。彼の後、西方の宗教的経験は二つの傾向に流れていく。思索的な新プラトン主義の神秘主義が勢いを得て、ラインラントの神秘家たちにおいて頂点に達する。しかしフランチェスコから流れ出る信仰的な傾向の方は、キリストの人間性と受難へ

の集中により人々のあいだ至るところにあまねく拡がり、続く数世紀のあいだ西方的な感受性の特徴的な形態となった。(83)

フランチェスコの「歴史的出来事の神秘主義」は「ある人が過去の重要な出来事を思い出し、そのドラマに入ってそれから霊的なエネルギーを引き出し、ついに出来事を越えて神との合一へと至る」(84)というもので、カズンズによってフランチェスコの自然神秘主義と比較されている。

もしフランチェスコが歴史的出来事の神秘主義の喚起において革新的であったなら、彼が同じく自然神秘主義においても革新的であったのは驚くべきことではない。キリスト教の歴史における自然神秘家の最良の実例と彼がみなされるのは、彼が物質的世界において自発的な喜びを得、その賛美を彼の『兄弟なる太陽の讃歌』で吟遊詩人《トルバドール》のように歌ったからである。即座に敵意をとりのぞく感覚によって、彼は自身を創造物の家族の一部だと感じた。……歴史的出来事の神秘主義をもつ事例でも同様であるように、これは新プラトン主義の思索的神秘主義、すなわち観念上の宇宙論的構造に集中させ、そして形而上学の梯子をのぼるために普遍概念を用いて、物質的世界とその個別の被造物から霊的な神の領域へと素早く心を向けさせるものとは、甚だしく隔たっているのである。(85)

イエスの誕生と死のような出来事を黙想し、それに深い共感を向けた時、フランチェスコは神秘的な経験に入った。神の被造物を黙想し、それらへの感覚を深めた時もまたそうした。歴史的神秘主義は宗教的出来事への共鳴を通して神との交わりに導くが、一方自然神秘主義においては、「自然とのわれわれの合一が、被造物を通じた神のわれわれへの伝達の方法になるのであり、また物質世界での神の現存を感知することにより、われわれの神との合一の方法になるのである」(86)。この両者のあいだの類似点は、具体的内在のうちに見られる霊的な何かとの熱烈な共鳴を伴うことである。

われわれがフランチェスコの自然神秘主義に具体的に取り組む際、初期フランシスコ会の資料が、フランチェスコの被造物への著しく高い関心と、それらへの熱烈で直接的な肯定的反応とを、十分に証明していることに気づく。全ての初期フランシスコ会資料における多くの関連する逸話の中で、極わずかな物語だけが以前の暗黒時代に見られた仕方で、被造物と誘惑とを結びつけている。被造物との肯定的な出会いに関係する逸話の数の多さは、読者を圧倒し、それ以前のどんな聖人についての記録の分量も少なく思わせるほどである。疑いもなく、これらの物語の数と一貫性は、並はずれて肯定的で自発的な創意に満ちた彼の心の中で、フランチェスコが被造物を、先入観や暗示的意味と対比させたことを示している。われわれはこれらの多くを、先の数章において既に検証した。そのいくつかは自然神秘主義の出来事にたいして、とりわけ比類なく好都合であっただろう。例えば、被造物にたいするフランチェスコの深い敬意、愛着、賛美、愛の表現である。これらの表現は伝統を越えてゆく意欲、つまり彼の概念と応答を富ませ大きくする福音的騎士道理念のような、予期しない源泉をも引き出す意欲を表している。同様にこの独創的な心はその愛する神秘主義へと向かい、そして創造物への新しい反応を生み出すこの領域を利用したのであろう。新しい反応とは、フランチェスコが自然環境の内で、素晴らしいと考えたものに向き合った時の愛情と高揚感という、より深い経験を示すものである。

もう一方の否定的な要素は、非常に重要である。フランチェスコは若い時期に知識人としての教育を受けていないし、カズンズがほのめかすように、創造物にたいするキリスト教新プラトン主義的態度を全く吸収していない。それは創造物の各階級とそれらの様々な重要性の注意深い分類へと、神秘的経験の「知性化」と内面化へと導くものである。皮肉なことに、チェラノとボナヴェントゥラはどちらも、フランチェスコの自然神秘主義的経験を説明しようと試みて、彼らのキリスト教新プラトン主義的な知的訓練経験を活用している（*VS* 165; *ML* 9:1）。彼らは彼らの神秘主義への見方と知的訓練とが、神秘的経験に直接的に触媒作用を及ぼす自然環境には少しも関係がない、という事実を無視している。そして実際のところはおそらく、彼らの訓練経験が自然神秘主義の発生を妨げたのである。その情熱にもかかわらず、彼らがどちらも自然神秘家だったとは立証できない！

さらに、フランチェスコの聖人伝記者たちがフランチェスコの経験によって感動させられたのは、彼らが知的な訓練の中で見出したのと同じ理念を、フランチェスコがより具体的で、直解主義的《リテラリスティック》な仕方で適用していると信じたからである。ちょうど、彼らが以前フランチェスコの禁欲的基準と鳥への説教とにおいて、その直解主義《リテラリズム》と伝統主義とに焦点を合わせたように、ここでも彼らは感嘆をもってフランチェスコの自然神秘主義的経験を、アウグスティヌス的なプラトン主義の言葉で論じている。チェラノの観点からは、これらすべての場合において、フランチェスコはキリスト者が当然のことと思っていた何かをつかんでいて、それに新しい意味を与えたと、あるいはそれをなお古代のキリスト教伝統に忠実な、著しく新しい方法に適用したと見えたであろう。しかしこの場合のチェラノの反応は、いくつかの奇妙な結果を生んだ。フランチェスコの自然神秘主義についての短い議論を紹介する、次のチェラノの章句を考えてみてほしい。

芸術家のあらゆる作品おいて、彼（フランチェスコ）はその芸術家を讃えていた。造られたものに彼が見つけたどんな物事においても、彼は創造者に心を向けていた。彼は主のみ手になるすべての業において歓喜し、喜ばしい物事の背後に、それらに命を与えた理由と根拠を見ることに気を配っていた。美しいもののなかに、彼は美そのものを見た。全てのものは彼にとって良いものであった。それらは、「われらを造られた方こそ最高だ」と彼に叫んでいた。事物のうえに残された神の足跡を通して、どこでも彼はその愛している方に従った。彼はすべてのものから、それによってその方の玉座にさえ達するはしごを、自らのためにもうけていた。

（*1Ⅴ S* 165）

チェラノの時代のどんな知識人でも、これらの説明に陳腐なアウグスティヌス主義を即座に認めたであろう。

しかしそれらの説明の影響は非常に重要である。一種の注釈としてフランチェスコの経験の前においてみると、それらは読者にフランチェスコの行動を、良く知られた伝統の典型的で保守的なほど直解主義的《リテラリスティック》な表現として受け止めさせるのである。もし、仮に読者がフランチェスコの経験とアウグスティヌスの神秘主義の区別に気づいても、おそらくフランチェスコにそれだけ好意的な反応を示すだろう。フランチェスコが革新者であったからではなく、この聖人が単純で文字通りの仕方でアウ

表5　フランシスコ会の自然神秘主義
——関連の具体的な参照箇所

資料における一般論と背景	暗示された，または詳述された具体的な経験
創造物への新しい見方が由来した基礎：*VP* 58 愛情を支配する神秘的比喩：*VP* 77 他の参考になる章句：*VP* 61; *ML* 12:3; *TM* 20; *F* 16; *ML* 8:8, 8:6; *TM* 24 フランチェスコ隠れた場所で祈る，「外的なものを彼自身の内に引き入れて」：*VS* 94–5; *VS* 165 との比較 フランチェスコの反応の説明に用いられたプラトン理論：*VS* 165; *LP* 51; *MP* 118; *ML* 5:9（相互に関連） 追加の理論：*MP* 115–120 フランチェスコ，風景への情緒的反応：*F* II:1–2（美しい場所と祈り・神秘主義との関連）	言いようのない喜びの描写：*VP* 80; *MP* 119; *F* II:2（月光の中を歩く） 記憶され詳述された具体的な経験：*LP* 49, 51; *MP* 118; *VS* 167; *ML* 8:8; *VP* 61

グスティヌスの教えに従う信仰をもっていたからである。チェラノはフランチェスコの行動の独自性を意識して包み隠そうとしておらず、その行動を議論する場合も少しも遠慮を見せていない。しかし、その行動を教養あるキリスト教神秘主義の伝統の文脈に位置づけた彼の解釈は、その独自性はある意味で（急進的・革新的というよりも）保守的で文字通りの性格を強調していることにある、と理解されるようにした。

カズンズは、チェラノやボナヴェントゥラのような聖人伝記者たちがここで果たしている課題を、つまり革新的神秘主義を伝統に融合させるために一般的であるところの課題を指摘している。それは「（1）フランチェスコの経験を、主流の思索的・形而上学的・宇宙論的新プラトン主義の伝統のなかに位置づけること。そして（2）同時にこの伝統を、フランチェスコの神秘主義の独創的な特徴も含むように拡大適用すること」[87]である。

エピソード

資料は時に曖昧で漠然としてはいるが、それでもそれらの表現がフランチェスコに起こっていた、何か並はずれた喜ばしいことに言及しているのを疑う余地はない。

彼はすべての者を今まで聞いたことのない献身的な愛の気持ちで（inauditae devotionis affectu）抱擁し、これらに主について話したり、また神を賛美するようこれらを諭したりしていた。（*VS* 165）

このチェラノの挿話は自然神秘主義の実例ではない出来事の内に次第に消えてゆくが、フランチェスコの被造物への自発的な対応が、しばしばチェラノが普通と判断したものをはるかに越えていたことを知らせるのにとても役立つ。「今まで聞いたことのない献身的な愛の気持ちで」という章句は、創造物への聖人の反応の描写において、とりわけ他に例がないように思われる。この精神状態がフランチェスコの『兄弟なる太陽の讃歌』や自然神秘主義と同じように、チェラノが注目している被造物への深い尊重と敬意からなる事例を生み出したと見える。他の文章でチェラノは、この精神状態を一つの高揚あるいは歓喜と呼んでいる。

彼が花々の美しいすがた形を眺め、その甘い香りに気づくとき、彼の心にその美しさがどれほど大きな高揚を（exilarationem）もたらしたかあなたは考えられるだろうか？ 彼は常に、エッサイの根から生えでて春の日々に光を与え、その香りで数え切れない人々を死から甦らせた、かの花の美しさへと即座に思考の目を向けていた。

（*VP* 81）

ここでチェラノの文章は、彼の最良のいくつかに数えられる感覚的な神秘的形象に満ちている。例えばこの象徴性の複雑な各階層が、地上的または霊的な同義語を作り出している。すなわち花・香り・春は、霊的な段階ではキリスト（エッサイの根からの花）・霊的な力（香り）・人間へのキリストの救いの告知（春の光）に相当している。これがこの段落を、その暗黙の論理に従って、フランチェスコの被造物への説教の引例へと導いて行く。

ボナヴェントゥラの章句はフランチェスコの精神状態を描写するため、「喜び」や「歓喜」という言葉を用いているが、被造物における神秘的象徴性の発見以上の何かが起こっていることを明らかにしている。

フランチェスコはすべてのことにおいて神を愛する機会を探し求めた。彼は神のみ手によるすべての業をよろこび、そして地上の喜びの光景から、すべてに命を与える源泉と原因とへ彼の心は高く舞い上がった（Ut autem ex omnibus excitaretur ad amorem divinum, exsultabat in cunctis operibus manuum Domini et per jocunditatis spectacula in vivicam consurgebat rationem et causam）。

（*ML* 9:1）

この章句は一般的な仕方ではあるが、自然神秘主義についてのわれわれの定義が重点をおいたものをまさに示している。すなわち、神による神秘的な経験に触媒作用を及ぼす荘厳なる創造物の光景である。チェラノの他の章句では、フランチェスコの反応を描写するのに「観想」という言葉をとくに使っており、また「言葉では言い尽くせない」という言葉でこの経験を語っている。

彼が被造物において、彼らの造り主の知恵や力や善性を観想する（contemplans）際に楽しんだ甘美なる喜びを（dulcedinem）、誰が語ることができるだろうか？　事実、彼は太陽を見上げた時、月を眺めた時、星々や天空を見つめた時に、しばしば素晴らしく言葉では言い尽くせない喜びに（miro atque ineffabili gaudio）満たされていた。（*VP* 80）

このチェラノの最後の一節は、これらの事例で起こっていることを注意深く描写するため、キリスト教新プラトン主義的神秘経験の専門用語を用いている。フランチェスコの表現が先に見たように全く独自のもので、キリスト教新プラトン主義とは少しも関係がなかったとしても、これがフランチェスコの自然神秘主義を伝統的な神秘経験の言葉で理解しようとする試みの典型なのである。

彼が森や寂しい所で祈っていた時（in silvis vero et solitudinibus orans）、彼は森をため息で満たし、その場所を涙で潤していた。……しばしば彼は唇を動かすことなく自分自身の内に瞑想し、外的な物事を自分自身の内に引き入れて（et introrsum extrinseca trahens spiritum subtrahebat in superos）、より高い物事へとそ

の霊を高揚させていた。（*VS* 95）

フランチェスコは通常の新プラトン主義が感覚世界から退くのとは反対に、創造物の姿に「じっと見入って」、その姿を黙想しつつ自分自身を神秘的観想の高みへと引きあげた。チェラノはフランチェスコが他の人々から離れていた時、この経過が「しばしば（saepe）」起こったと述べている。それはたぶん、創造物の中に孤独でいる時の彼の観想の主要な形態であり、従って彼の観想生活のかなり重要な部分をなしていた。この経過は神の洞察へと至る。

彼は全ての注意と愛着を、主に願い求めていた唯一のことへと、その全存在をもって向けていた。祈っているというよりも彼自身が祈りとなっていた……。こうして、彼は霊の強烈な熱に満たされ、全身と全霊を溶かされて、すでに天の御国という至高の王国に居住していたのである。（*VS* 95）

『ペルージア伝記』は、新プラトン主義や誇大な表現を用いることなくチェラノを支持している。そこで明らかになるのは、すがすがしいほど具体的なことに思われる。フランチェスコの被造物への深い愛と尊重を語る、ある章はこんな所見を加えている。

彼はまるで彼らが神について感じ、理解し、語ることができるかのように、内的にも外的にも喜びをもって、それらにしゃべりかけていた。それで彼は何度も、そのようにして神の観想に心奪われていた

(multotiens illa occasione rapiebatur in contemplatione Dei)。

(*LP* 49)

この『ペルージア伝記』の言葉は、これ以上平易にはなりえないだろう。フランチェスコは様々な被造物との親密な交流を楽しむ際に、しばしば神秘的な歓喜の状態に入っていた。出会いはフランチェスコの動物たちへの愛と尊重という、いつもの関係の成立によって始まった。その交流においてフランチェスコが深く喜ぶ時、被造物と霊的な話題について語り始め、そうして神の観想の状態に達したのである。『ペルージア伝記』の記述はここでも、われわれの考える自然神秘的な経験についての描写と調和している。

非常にまれに、聖人伝記者がその謙遜なフランシスコ会的単純さにおいて資料の中に残した、自然神秘主義を含む挿話が見出されるかも知れない。これらの出来事は神秘の霊気と、とらえどころなく控えめに表現された意味とを映し出しており、フランチェスコが群衆から離れて荘厳な環境にいる時に起こる。ある時、フランチェスコはリエティの湖のまん中をグレッチオの隠遁所へ行こうと渡っていたが、その時彼が乗っていた小舟の漁師が彼に「彼が主においてそれを喜ぶようにと」一羽の水鳥を与えた。

祝福された師父は喜んで(gaudenter)これを受け取り、そして手を広げてそれに自由に飛んで行くようにと優しく語りかけた。しかしそれが去ろうとしたがらず、巣の中にいるかのように彼の腕の中に憩いたがった時、聖人は目を上げ祈りの内に(in oratione)留まった。そして長い時間の後、他の場所から戻ってきたかのようにわれに返ると（quasi aliunde post longam moram ad se reverses）、彼はこの島に、以前の自由へと戻るようにと優しく命じたのである。

（*VS* 167; *ML* 8:8）

キリスト教神秘主義の用語を承知している人々は、チェラノの「祈りの内に」また「長い時間の後、他の場所から戻ってきたかのようにわれに返って」という文章が、神秘体験を意味していることを直ちに思い起こすであろう。実際は、チェラノの「われに返って（ad se reverses）」は、ペトロが牢屋から導き出された時の奇跡的な恍惚に言及している聖書の引用である。[88] チェラノの用語とフランチェスコの経験は、ボナヴェントゥラの『大伝記』の次の文章によって最も良く理解される。

（フランチェスコは）中断なしに神に祈ることによって（sine intermissione orans）、いつも彼の霊を神の臨在のもとに留めておこうとしたので、彼は愛する方からの慰めなしでいようとはしなかった。祈りこそはこの観想生活において、彼の最高の慰めであった（oratio contemplanti solatium）。その中で彼は、愛する方へのその熱心な探求によって、天の住処に入ったかのように、天使たちの国の市民となったのである。

（*ML* 10:1）

これはフランチェスコを「他の場所」へと運び、その後われに返らせたというチェラノの「祈り」についての解説として読める。

チェラノの『第一伝記』はさらに有益な詳細さをもって、フランチェスコがやはりリエティの湖で魚を贈られた時に起こったことを物語っている。

> 彼は喜んでそれを受けとると、優しくそれに兄弟と呼びかけ始め、それからそれを小舟の外の水の中に放してやると、熱心に主の御名をたたえ始めた（devotus benedicere nomen Domini）。そして彼がしばらく祈りを続けている間（Sicque aliquamdiu, dum in oratione persisteret）、この魚は小舟のそばの水の中で遊んでいて、祈りが終わり（oratione completa）、この聖なる人がそれに去る許可を与えるまで、放された場所[89]から離れなかった。（*VP* 61）

これはこれらフランチェスコの物語の精神に存する、繊細さと魅力というより豊かな感覚を発している。フランチェスコと小さな魚は彼ら自身の魅惑的な世界に、すなわち喜びと尊重と親切と一致で満ちた世界に入ったように見える。そこで彼らは神秘的で神聖なコミュニケーションのようなものを共有するのである。この聖人と魚の姿には、言いようもなく捕らえがたい超越の感覚がある。彼らは聖なる者の王国に共に入り、そこで短い時間言葉で言い尽くせない関係を共有する。彼らはフランチェスコの理想がほんのしばらく現実となる、模範的な一致の世界に入る。彼らの交流はわれわれが先に描写した傾向によって特徴づけられている。相互の愛と尊重と喜びの感覚は、フランチェスコが兄弟として彼の霊的な家族の新しい一員を受け入れるように導く。この魚はフランチェスコが忘我状態を終えて去る許可を与えるまで彼の小舟のそばで遊んでいたように、その喜びと従順さを見せることによって応答している。フランチェスコはおそらく『兄弟なる太陽の讃歌』におけると同様に、主の被造物の有用性と美しさについて主を賛美し感謝している。創造物と創造者との一致を観想しながら、彼は神秘的超越の状態に入ってゆくのである。

フランチェスコの自然神秘的経験が彼自ら望んだものだったのかを考察するため、もうしばらく深く進んでみよう。明らかに「感情」以上のものである神秘的経験を描写するのに、「感情」という言葉を通常は用いないとしても、聖人伝記者とフランチェスコ自身は被造物への感情・気持ちがその自然神秘主義の極めて重要な要素であることを疑っていない。

資料はこの主題のところにくると情緒的な文章によって肯定的で明るくなる。チェラノはフランチェスコの被造物への「今まで聞いたことのない献身的な愛の気持ち」を、つまり創造物における喜び・愛・歓喜そして神への崇敬について、大いに喜んで語っているのである。この神秘経験の率直で単純な、感覚的で情緒的な始まりの強調は、フランチェスコによって選ばれた典型的な道である。それはカズンズによって非常によく説明されたフランチェスコの「歴史」神秘的な経験にたいして、正確に対応する自然神秘的なそれである。歴史神秘的な経験でフランチェスコは、キリストの誕生や十字架刑のような歴史的宗教的出来事への彼の人間的感情に始まって、神秘的経験へと導かれるのである[90]。感覚や感情をフランチェスコの神秘主義に結びつけるのを懸念する人々は、フランチェスコ的というよりもアウグスティヌス的世界に生きているのである。「イエス」の名を語る時に舌なめずりをし（*VP* 86）、日や月や星々を見上げて神秘的経験に入った時に「しばしば素晴らしく言葉では言い尽くせない喜びに満たされていた」（*VP* 80）フランチェスコを、彼らは忘れている。フランチェスコの神秘的経験、特に自然神秘的な経験は、忘我へと彼を導いた感覚や感情にたいして彼が並はずれて開放的だったからこそ起こったのであって、それらの人間的反応を経験するのを避けたり恐れたりしたゆえではない。フランチェスコの感情はこれらの場合、完全に彼を支配しているという印象を与えられる。花・魚・その他の被造物に情緒的な注意を集中させるとき、彼はこの上なく素晴らしい喜びと愛に圧倒されていたので、神秘的恍惚の自己放棄と霊的陶酔に入るのである。フランチェスコ自身の著作である『兄弟なる太陽の讃歌』はおそらく、被造物の愛すべき特性を描写しながら辛うじて抑えられた夢中の喜びで輝くその詩句によって、これを証言している。特に「讃えられよ、わが主よ、兄弟なる風のゆえに。大気と雲と晴れた空と、あらゆる天候のゆえに。……讃えられよ、わが主よ、姉妹なる水のゆえに。彼女はとても助けになり、控えめで、気高く、清純です……」と言った詩句の背後にわれわれは、神秘的経験に先立つか伴っている深い情緒を、詩文の感覚的なリズムと一致した感情を感じとることができる。この感覚は、子供のそれのようである。彼らは有頂天に自由な喜びと共にはね回り、そして経験のもつ言語に絶した永遠の不思議に心奪われた神秘家を表している。これらはチェラノが畏敬をもって、「彼が花々の美しいすがた形を眺め、その甘い香りに気づくとき、彼の心にその美しさがどれほど大きな高揚[91]をもたらしたか、あなたは考えられるだろうか?」(*VP* 81)と報告しているのと同じ反応である。ここに至ってわれわれは、フランチェスコの創造物への特別の関心の頂点に触れ、そして被造物への彼の情緒に由来する根源的な独自性を、一方で彼の他の神秘経験の性格にも一致している独自性を、理解するのである。

第四章　注

(1) Englebert (1979), pp. 10ff を見よ。

(2) 例えば以下を見よ。Ibid., p. 13; E. A. Armstrong, p. 21; Mockler; *VS* 21; P. Rajna, "S. Francesco d'Assisi e gli spiriti cavallereschi," *Nuovo Antologia* (October 1926): 385–95.

(3) Nicholson, p. 329.

(4) *3 Comp.* 3.

(5) Englebert (1979), p. 28.

(6) *LP* 71 を見よ。アーサー王物語の世に知られていない出来事を暗示しているように見える。

(7) 例えば、*F* II:1; *F* 37.

(8) E. A. Armstrong, p. 21.

(9) Englebert (1972), p. 437 を見よ。

(10) ボナヴェントゥラ (*ML* 4:9) は、このラテン語原文に従って、この見方を共有している。

(11) Englebert (1979), p. 131; *F* II:1.

(12) *VP* 6.

(13) Englebert (1979), p. 132.

(14) 鳥は「蒔くことも刈ることもしない」(*VP* 58)。

(15) チェスタトン (Chesterton) は『聖フランチェスコ (*Saint Francis*)』において、創造物を尊重するフランチェスコの行為の多くを、全創造物における神への彼の崇敬を強調することを意図した「一種の象徴的な戯れ (a sort of symbolic joke)」と理解している (p. 139)。

(16) アームストロング (E. A. Armstrong, 〔p. 21〕) はまた、騎士道とフランチェスコの創造物への応答との間のつながりに注目しているが、その彼の発見をさらに追求してはいない。この問題におけるフランチェスコの独自性にたいする認識が彼に欠けていることは驚きではない。その独創性にもかかわらず、彼もその時代の子であることを示しているからである。今日誰も騎士道という中世の概念で環境を理解しようとは考えないであろう。

(17) それは『事跡』―『小さき花』(*Actus-Fioretti*) と、二〇世紀の初頭になって発見されたラテン語本文の一部とにのみ現れる。R. P. José de Elizondo, "Boletin Franciscano," *Estudis Francanos* 11 (1913): 43–44 を見よ。しかしそれは非常に長く詳細である。最初期の文献に類例がないというだけの理由で逸話を退けることはできない。そうすることは、フランチェスコの危機とキアラによる慰め (*F* 16) や「聖フランチェスコが兄弟ジネプロをぐるぐる回らせたこと」（*F* 11）、そしてラ・ヴェルナの定住と聖痕の受容（*F* II:1–2）をも退けることになるだろう。この出来事は信頼性ある精神を保持している。

（18） 私は"courtesy（礼儀、親切）"という語を使うのを避けた。現代人はそれを当然のことと考え、それと騎士道文化およびこの時代の他の価値観との密接なつながりを実感することはできないかも知れないからである。

（19） S. Painter, *French Chivalry* (Ithaca, New York, 1940), pp. 32–33 を見よ。またもちろん C. S. Lewis, *The Allegory of Love, A Study in Medieval Tradition*（Oxford, 1938）を見よ。

（20） これについては、B. Tierney, *Medieval Poor Law: A Sketch of Canonical Theory and its Application in England*（Berkeley, 1959）を見よ。

（21） *VS* 166; *LP* 48. パックスは E. Pax, "Bruder Feuer: Religionsgeschichtliche und Volkskundliche Hintergrunde"（*Franziskanische Studien* [1951]: 238–50）において、"curialis"という言葉は親密な間柄であることを意味すると主張している。これはあまりに狭い定義である。

（22） フランチェスコは神に助けを祈り、それから十字のしるしで火を祝福した（*VS* 166; *LP* 48）。

（23） 慈愛の一形態としての、あるいは神学的にそれと似た何かとしての、フランチェスコの被造物への騎士道的な敬意の概念と認識は、被造物に「施し」を与えることを含んでおり（*VP* 80–87）、慈愛は全ての創造物へと伝えられねばならないというアクイナスの見方にも関連している。E. A. Armstrong, p. 236, note 17 を見よ。

（24） Nicholson, p. 86 は J. Jorgensen, *Der Heilige Franz von Assisi* (New York, 1924) から引用している。

（25） Habig, pp. 133–34. このフランチェスコの最後の記述は、ヨハネによる福音書一九・一一に基づいている。したがってこの彼の態度は、全ての世の力へのキリストの従順において、明確な聖書的根拠をもっているのである。"nature"という言葉は Omnibus の英訳からのものでラテン語原文にはない。

（26） カタリ派については後にさらに論じる。彼らはフランチェスコの時代に顕著な勢力をもっており、多くの派に分かれていた。彼らはアルビジョア十字軍（一二〇九年とその後）と異端審問によって次第に消滅させられていった。さらなる情報については附論Iを見よ。

（27） 美食家としてのフランチェスコについては，*LP* 29; *MP* 111 を見よ。

（28） Habig, p. 34.

（29） H. S. Canby, ed., *The Selected Works of Thoreau*（Boston, 1975）, p. 50.

（30） L. Lekai, *The Cistersians*（Kent. 0hio, 1977）, pp. 368–69 を見よ。

（31） C. Esser, *Origins of the Franciscan Order*（Chicago, 1970）, p. 95 を見よ。

（32） 例えば，*VP* 51–52; *VS* 131; *LP* 40; *MP* 61 を見よ。

（33） カタリ派の扱いについては，R. Moore, ed., *The Birth of Popular Heresy*（New York, 1975）; M. Loos, *Dualist Heresy in the Middle Ages*（Prague, 1974） を見よ。カタリ派の分派にはいくつかの変化形があった。

（34） Loos, p. 251; Moore, pp. 91, 152 を見よ。

（35） C. Esser, “Franziskus von Assisi und die Katharer seiner Zeit,” *Archivum Franciscanum Historicum* 51（1958）: 241.

（36） *Letter to the Faithful*, 6. In Habig, p. 95.〔訳注 『全キリスト者への手紙』 II・三二。〕

（37） Moore, p. 152 を見よ。

（38） Caesarius, *Dialogue*, book 5, chapters 21–24 を見よ。

（39） Moore, pp. 75–76 を見よ。

（40） Loos, p. 251; Moore, pp. 91, 152.

（41） E. Ladurie, *Montaillou: The Promised Land of Error*, trans. B. Bray（New York, 1979）, p. 344.

（42） R. Zaehner, *Mysticism, Sacred and Profane*（Oxford, 1957）, p. 28.

（43） Ibid., p. 29. 同様に以下を見よ。M. Knowles, *The Nature of Mysticism*（New York, 1966）, p. 127.

（44） E. A. Armstrong, p. 16.

（45） Zaehner, pp. 84ff.

（46） E. A. Armstrong, p. 16–17.

（47） Ibid., pp. 9–17.

（48） S. Katz, “Language, Epistemology, and Mysticism,” In his *Mysticism and Philosophical Analysis*（New York, 1978）, p. 59.

（49） Ibid., p. 46.

（50） Katz, *Mysticism and Religious Tradition*, pp. 3–51.

（51） E. A. Armstrong, p. 17.

（52） G. Sabatelli, “Studi recenti sul Cantico di Frate Sole,” *Archivum franciscanum Historicum* 51（1958）: 4–5.

（53） D. Knowles, *Evolution*, p. 243.

（54） 詩編五〇・一―二。

（55） 詩編六五・一二―一三。〔訳注　新共同訳では詩編六五・一三―一四。〕
（56） 詩編一四六・七以下。〔訳注　新共同訳では詩編一四八・三―四。〕
（57） これの詳細については以下を見よ。W. Eichrodt, *Theology of Old Testament*, vol. 1, trans. J. Baker (Philadelphia, 1961), pp. 140, 318.
（58） Ibid., pp. 140, 176, 410. また以下を見よ。H. W. Robinson, *Inspiration and revelation in the Old Testament* (Oxford, 1946), pp. 1–33; Glacken, pp. 165–66.
（59） Glacken, pp. 27ff.
（60） バシレイオスの意見についての議論を見よ。上記、pp. 19–20.
（61） 以下を見よ。E. R. Dodds, *The Greeks and the Irrational* (Berkeley, 1973), pp. 64ff; Apuleius, *The golden Ass*, chapter 12, 35ff (in *the Transformations of Lucius*, otherwise Known as *The Golden Ass*, by Lucius Apuleius, trans. R. Graves [Harmondsworth, 1976], p. 170); Lucian, *Lucius*, 35ff (in *Selected Satires of Lucian*, ed. and trans. by L. Casson [New York, 1968], pp. 80–81); Lucius, *Alexander the Quack Prophet*, in *Casson*, pp. 267ff; Porphyry, *Letter to Anebo* (in A. R. Sodano, ed., *Porphyrio, Lettera ad Anebo* [Naples, 1958]). バッカスの狂乱についての詩的創作は、エウリピデス（Euripides）の *Bacchae*, 135ff, 725ff (in *Ten Greek Plays in Contemporary Translations*, ed. L. R. Lind [Boston, 1957], pp. 333–34; 347）にあるように自然環境に関係しているが、いく人かの古代の人物はこれらの表現にまさに不快感を表している。（偽）ロンギヌス（[Pseudo-] Longinus）は彼の *On the Sublime* 15（ed. and trans. W. R. Roberts, Cambridge, 1935, pp. 83–91）においてBacchaeの章句を批評しており、それらは誇張表現を示していて信憑性の限界を越えていると言っている。
（62） *Phaedrus*, 238d, trans. R. Hackforth, in The *Complete Dialogues of Plato*, ed. E. Hamilton and R. Cairns (Princeton, 1973) p. 486.
（63） Ibid., 242, 244ff (pp. 489–91).
（64） 例えば以下を見よ。F. Grant, *Ancient Roman Religion* (New York, 1957); L. Farnell, *The Cults of the Greek States* (New York, 1906); W. Fowler, *The Religious Experience of the Roman People* (London, 1911).
（65） *Symposium*, 210e–211c, trans. M. Joyce, in Hamilton, pp. 562–63.

（66） *Enneads*, book 2, 9:16, in *Plotinus, The Enneads*, trans. S. Mackenna, 4th ed. rev., London, 1969, p. 149.

（67） Ibid., book 6, 7:21–22（in Mackenna, pp. 578–79）.

（68） 以下を見よ。Glacken, pp. 183–204; Wallace-Hadrill.

（69） Glacken, p. 200（Augustine's *Sermon* 241）.

（70） Glacken, p. 199（*Contra Epist. Manich.* Liber unus, 41; 48）.

（71） Augustine, *Confessionis*, 10:34（ed. and trans. R. S. Pine-Coffin [Baltimore, 1961], pp. 239–40）〔訳注　宮谷宣史訳『アウグスティヌス著作集　第五巻II』「告白録（下）」、教文館、二〇〇七年、一六六頁。〕

（72） *Cousins*, in Katz, *Mysticism and Religious Traditions*, p. 179.

（73） Augustine, *Confessiones*, 9:10（Pine-Coffin, pp. 196–99）.〔訳注　宮谷宣史訳前掲書、五三―五四頁。〕

（74） Ibid.

（75） E. A. Armstrong, p. 16.

（76） Gregory the Great, *Dialogues*, book 3, chapter 15.

（77） Ibid., book 2, chapter 2.

（78） *Voyage of Brendan*, chapters 7, 15, 23.

（79） Ibid., chapter 22.

（80） *Soliloquy*, chapter 2, 11, in The *Works of Bonaventure*, vol. 3, *St. Bonaventure: Opuscula*, Second Series, trans. J. de Vinck（Paterson, New Jersey, 1966）, pp. 86–87.

（81） Ibid., chapter 1, 7, in de Vinck, pp. 46–47.

（82） ボナヴェントゥラの『神への魂の道』はより肯定的な接近法を提示している。しかしその核心は、神の痕跡に過ぎないものから神の本質それ自体への上昇である。これは基本的に『独白』の中で見られるのと同様の議論であり、そこで使信は戒めの調子で表現されている。

（83） S. Katz, *Mysticism and religious Traditions*（Oxford, 1983）, p. 165.

（84） Ibid., p. 166.

（85） Ibid., pp. 167–68.

（86） Ibid.

（87） Ibid., p. 168. カズンズは彼の実際の議論において、ボナヴェントゥラとフランチェスコの歴史的神秘主義のみに言及している。しかしここで類似点は非常に明白であり、チェラノとフランチェスコの自然神秘主義は支障なく推定できる。カズンズが他の所でフランチェスコの神秘経験の二つのタイプを比較して、チェラノとボナヴェントゥラはこの同じ機能を果たしていると疑いなく理解した通りである。

(88) 使徒言行録一二・一一。

(89) この事例における祈りは、非観想的な祈りを意味しているかも知れない。しかしチェラノが間違いなく神秘的である類似の挿話を同じように論じている次第を考えると、この事例でもまた神秘的な経験が起こったと提言することは妥当であると思われる。ただし、チェラノ自身はこれがその事例であることに、十分には気づいていなかったかも知れない。

(90) Katz, *Mysticism and religious Traditions*, pp. 166ff.

(91) ラテン語では exhilarationem である。神秘主義の伝統において、神秘的経験の発生を示すのに一般的に用いられた言葉である。

第五章　『兄弟なる太陽の讃歌』における伝統とその影響

われわれはこれ以降の三章で、キリスト教の伝統におけるその基礎という観点からフランチェスコの『兄弟なる太陽の讃歌』（以下『讃歌』）を、すなわちそれが意味するものをめぐる論争とそれが表現している創造観とを吟味したい。この『讃歌』は疑いなくこの聖人の「書かれた全作品の中で最も良く知られ、また最も評価されている」[1]。それで、極めて広範な分野にわたるこれについての多様な評価を、公平に取り扱うことは不可能であろう。それは神学と哲学の分野において重要なだけでなく[2]、最初の偉大なイタリア語詩歌の一つとしてのその名声から、また後の文学へのその影響力の点から、「西欧世界の文学の歴史において重要かつ永続的な地位を正当に主張することができる」[3]。ローレンス・カニングハムが注目するように、それはフランチェスコの行動と関連する著作との文脈において理解されるべきである[4]。それは人間と創造物と創造者との関係という領域におけるフランチェスコの思想の最終的表現、最終的統合を表している。イタリア語テキストと翻訳を以下に示す。

Il Cantico di Frate Sole[5]

1 Altissimo omnipotente bon Signore,
2 tue so le laude la gloria e l'onore e onne benedizione.

3 A te solo, Altissimo, se confano
4 e nullo omo è digno te mentovare.

5 Laudato sie, mi Signore, cum tutte le tue creature,
6 spezialmente messer lo frate Sole,
7 lo qual è iorno, e allumini noi per lui.

8 Ed ello è bello e radiante cun grande splendore:
9 de te, Altissimo, porta significazione.

10 Laudato si, mi Signore, per sora Luna e le Stelle:
11 im cielo l'hai formate clarite e preziose e bene.

12 Laudato si, mi Signore, per frate Vento,
13 e per Aere e Nubilo e Sereno e onne tempo
14 per lo quale a le tue creature dai sustentamento.

15 Laudato si, mi Signore, per sor Aqua,
16 la quale è molto utile e umile e preziosa e casta,

17 Laudato si, mi Signore, per frate Foco,
18 per lo quale enn'allumini la nocte:
19 ed ello è bello e iocundo e robustoso e forte.

20 Laudato si, mi Signore, per sora nostra matre Terra,
21 la quale ne sostenta e governa,
22 e produce diversi fructi con coloriti flori ed erba.

23 Laudato si, mi Signore, per quelli che perdonano per lo tuo amore
24 e sostengo infirmitate e tribulazione.

25 Beati quelli che l' sosterrano in pace,
26 ca da te, Altissimo, sirano incoronati.

27 Laudato si, mi Signore, per sora nostra Morte corporale,
28 de la quale nullo omo vivente po' scampare.

29 Guai a quelli che morrano ne le peccata mortali!
30 Beati quelli che troverà ne le tue sanctissime voluntati,
31 ca la morte seconda no li farra male.

32 Laudate e benedicite mi Signore,
33 e rengraziate e serviteli cun grande umilitate.

兄弟なる太陽の讃歌[6]

1 この上なく高き、全能の、善き主よ、
2 賛美、栄光、名誉とすべての祝福が、あなたにありますように。
3 あなたのみに、この上なき方よ、これらはふさわしい。
4 誰一人、あなたのみ名を呼ぶにふさわしいものはいません。
5 讃えられよ、わが主よ、あなたのすべての被造物とともに、
6 とりわけ兄弟なる太陽様とともに。
7 彼は昼をつくり、彼によってあなたはわれらを照らします。

8 彼はなんと麗しく、なんと大いなる輝きを放っていることでしょう。
9 この上なき方よ、彼こそがあなたを象徴するのです。

10 讃えられよ、わが主よ、姉妹なる月と星々のゆえに。
11 あなたは彼女らを天に明るく、気高く、美しく創られました。

12 讃えられよ、わが主よ、兄弟なる風のゆえに、
13 大気と雲と晴れた空と、あらゆる天候のゆえに。
14 彼らによって、あなたはあなたの被造物を養ってくださいます。

15 讃えられよ、わが主よ、姉妹なる水のゆえに。
16 彼女はとても助けになり、控えめで、気高く、清純です。

17 讃えられよ、わが主よ、兄弟なる火のゆえに。
18 彼によって、あなたは夜を明るく照らされます。
19 彼は若々しく、愉快で、たくましく、屈強です。

20 讃えられよ、わが主よ、姉妹なる、われらの母なる大地のゆえに。
21 彼女はわれらを支え、養い育て、

22 様々な果実を、色とりどりの草花とともに生み出します。

23 讃えられよ、わが主よ、あなたへの愛のために赦し、
24 弱さと苦しみを耐え忍ぶ人々のゆえに。

25 幸いなるかな、それを安らかに耐えぬく人々。
26 彼らは、この上なき方よ、あなたから冠を授けられるからです。

27 讃えられよ、わが主よ、われらの姉妹なるこの身の死のゆえに。
28 生きている人は誰も、彼女から逃れることはできません。

29 禍いなるかな、大罪のうちに死にゆく人々。
30 幸いなるかな、あなたの聖なるみ旨のうちにある人々。
31 第二の死も彼らを害することはないからです。

32 讃えよ、祝せよ、わが主を、
33 感謝を捧げ、仕えよ、大いにへりくだって。

厳密にどこでこの『讃歌』が書かれたかをめぐる近年のイタリアの研究者たちの間の論争は、『ペ

ルージア伝記』の記述を支持することで決する。[7] その記述は『讃歌』の主要な部分、つまり「自然に関わる部分」(一―二五行)は、一二二四年から一二二五年の冬にかけて、フランチェスコがサン・ダミアーノに滞在していた間に成立したと述べている。[8] 二六―三〇行は少し後に、アッシジの司教と執政長官(podestà)の間の争いを止めるために書かれた。[9]「姉妹なる死」についての行は、一二二六年一〇月三日のフランチェスコの死去の数日前に追加された。[10]

段階的なこの構成は、『讃歌』に関する多くの疑問の一つを提起している。すなわち、この詩の文学的統一性はこの過程を通じて維持されているのだろうか? 初めの部分は様々な被造物について論じているが、後の部分はより人間に関連しているように見える。もちろん二番目の部分を生じさせた事情はその面では理解できる。しかしこの詩の統一性に関して、その段階的な差異と構成の問題をうまく扱った文学的な説明はないのだろうか? 例えばこの詩歌には手本があって、それがフランチェスコによる新たな詩の創作というより、むしろこのような形での完成を立証するのだろうか?

この詩を一つの文学的な統一体として理解することは可能である。しかしながら、このような文学的問題をその固有の文脈において論議するためには、まずこの詩における伝統の影響と独創性という一般的な問題を考察しなければならない。

第一章において、われわれは中世に存在した創造にたいする多くの様々な態度について論じた。これらの様々な見方の表明のいくつか、例えばパウリヌス、アウソニウス、フォルトゥナートゥス、アルクイヌス、無名のケルト詩人、その他による詩歌は、創造物にたいして真摯な好意的評価を表明している。しかしこれらの誰もフランチェスコに直接影響を与えたものとしては知られていない。直接の源泉は実際かなり限定された領域から由来したように思われる。すなわち、フランチェスコが長年にわたって応唱し、また推敲していた、聖書本文と礼典用の章句である。

数人の研究者が、フランチェスコの創造物についての著作と創造物にたいする彼の全体的な態度は、確かに礼典用の詩編と賛歌に深く影響されていることに注目した。[11] あるものは特に影響の大きいものとして、特定の詩編や賛歌を指定している（例えば詩編一四八編、三人の若者の賛歌）。研究者たちは、フランチェスコの態度への特定の詩編や他の章句に見込まれる影響の分析には、より厳密であろう。なぜなら、彼自身の聖務日課書がアッシジの宝物の一つとして、礼典の歴史における最も稀なる発見物の一つとして残されているからである。[12] われわれは兄弟レオネによる書き込みから、フランチェスコがその聖務日課書を一二二三年から所有し、それ以前ではないにせよ彼の生涯の最晩年の間ずっと、忠実にその指示に従っていたことを知っているのである。[13]

この聖務日課書の指示を検討するなら、直ちに賛美の詩編が繰り返されるその回数に心打たれる。「天は（神の栄光を）物語り Caeli enarrant」（詩編一九編）や「全地よ、神に向かって喜びの叫びをあげよ Jubilate Deo omnis terra」（詩編六六編）のようなよく知られたものが見える。夜明けに唱えられる賛美は特に注目すべきである。詩編一四八編は、週日の毎朝に繰り返されることになっている。毎日曜日と祝祭日には、創造物に主を称えるよう呼びかける二つの他の作品、すなわち詩編九九編と三人の若者の賛歌が加えられた。疑いなく詩編一四八編とこの賛歌は、フランチェスコが特になじんだ本文として、主の祈りやアヴェ・マリアにも並ぶものであったに違いない。彼はそれらから引用し、それらの主題が彼のいくつかの作品、『神への賛美の励まし』『全時課に唱えられるべき賛美』そして

『兄弟なる太陽の讃歌』を支配している。[14] これら詩編や賛歌と『兄弟なる太陽の讃歌』との間の関連性は注意深い吟味にも耐えるものである。

この三つの作品の比較は、フランチェスコの『讃歌』が疑いなく二つの礼典用テキストに依拠しており、そこから理念を引き出し独自の仕方で展開してゆくための貯蔵庫として、それらを用いていることを示すであろう。これらの本文の間の最も適切な関連性は、表6にあげた並行する章句によって示されている。

全く明白なことだが、「聖書がこの聖人の基本であり言語である」[15]。ブランカによれば「『讃歌』の語彙における俗語は……明らかに聖人に最もなじみのラテン語を手本にしているように見える」[16]。ブランカは詩編や他の礼典本文に由来するラテン語法を伴う初期イタリア語の「高尚さ」を示す、『讃歌』の具体的な言語選択を指摘している。フランチェスコの『讃歌(*Cantico*)』という名前自体の選択が、おそらく礼典の賛歌に起因している。[17]「栄光と名誉 **Gloria e l'onore**」、「讃えよ、祝せよ **Laudate e benedicite**」、「幸いなるかな〜する人々 **Beati quelli che**」のような多くの章句、「大気 **aere**」、「み旨 **voluntati**」、「愉快 **jocondo**」、「花 **flori**」のような語句は、聖書と礼典的章句の深い影響を示している。ブランカは、『讃歌』における全ての聖書引用の索引を提供している。[18]

この礼典的章句の構造が、『讃歌』のために見本を提供したように思われる。この三つの詩はどれも顕著な階段的展開をたどっている。主への感謝の呼びかけから始め、それから創造物に向き合う。三人の若者の賛歌と『讃歌』においては、概して創造物への一般的な呼びかけあるいは言及が、個別の被造物への言及に先立っている。循環する反復の呼びかけ(「彼を讃えよ **Laudate eum**」、「主を祝せよ

表 6　詩編 148 編・三人の若者の賛歌・
『兄弟なる太陽の讃歌』における本文の関係

詩編 148 編	三人の若者の賛歌	『兄弟なる太陽の讃歌』
	57 主の造られたすべてのものよ，主を賛美し	5 讃えられよ，わが主よ，あなたのすべての被造物とともに
3 日よ，月よ，主を賛美せよ 輝く星よ，主を賛美せよ	62 太陽と月よ，主を賛美し 63 天の星よ，主を賛美し	6 とりわけ兄弟なる太陽様 10 讃えられよ，わが主よ，姉妹なる月と星々のゆえ
8 火よ，雹よ，雪よ，霧よ，御言葉を成し遂げる嵐よ	65 もろもろの風よ，主を 64 すべての雨と露よ，主を 68 露と霜よ，主を賛美し 70 氷と寒さよ，主を賛美し 73 稲妻と雲よ，主を賛美し	12 兄弟なる風のゆえに 13 大気と雲と晴れた空と，あらゆる天候のゆえに 14 彼らによって，あなたはあなたの被造物を養って
4 天の上にある水よ，	77 泉よ，主を賛美し，	15 姉妹なる水のゆえに
	78 海の……水に……	
8 火よ，	66 火と熱よ，主を賛美し	17 兄弟なる火のゆえに
7 地において	74 大地は，主を賛美し	20 われらの母なる大地のゆえに。彼女はわれらを支え，養い育て，様々な果実を，色とりどりの草花とともに生み出します。
9 実を結ぶ木よ，杉の林よ	76 地に生える草木よ	

Benedicite Domino」、「讃えられよ Laudato si」、「わが主よ mi Signore」）を、その循環または連続の末尾に至るまで用いてから、その後で人々についての段落へと向かうのである。表7は、この詩の人々に関する箇所の並行本文を示す。

もし、これらの礼典的章句が、フランチェスコの作品に見本を提供したという仮説を受け入れるなら、なぜフランチェスコが人々に関する後の節を『讃歌』に追加する自由を感じたのか、を理解できるようになる。彼の見本が被造物の節の後に人間への言及を含んでいたのだから、フランチェスコが後の追加をその文脈に全く合致すると考えたのはもっともである。

『讃歌』はある程度その見本に依存してはいるが、それらとの多くの顕著な相違もまた示している。詩編と三人の若者の賛歌は、循環する繰り返しの使用によって、まるで理性を与えられているかのように、人間と同じく日・月・星々・風などあらゆる階層の被造物に呼びかけている。われわれが見てきたようにフランチェスコも、残されている多様な逸話[19]と彼が書いた他のラテン語賛美において[20]、様々な被造物に呼びかけていた。しかし『讃歌』において彼は、被造物に呼びかけることを意図しているのだろうか？　三人の若者の賛歌での祝福の呼びかけ「主の造られたすべてのものよ、主を賛美し（Benedicite, omnia opera Domini, Domino）」は、フランチェスコの「讃えられよ（Laudato si）」とよく似ているように見える。しかし類似した形態が直ちに類似の意味を伴うとは結論できない。フランチェスコの語法は受動態であるが、三人の若者の賛歌のそれは能動態の命令形である。もしフランチェスコの目的が三人の若者の賛歌がしているように、全ての被造物に神を賛美するよう勧めることであったなら、この不必要な受動態を説明せねばならない。また三人の若者の賛歌の一般的な奨励に

表 7　人々に関する詩編 148 編・三人の若者の賛歌・
『兄弟なる太陽の讃歌』の並行本文

詩編 148 編	三人の若者の賛歌	『兄弟なる太陽の讃歌』
11 地上の王よ，諸国の民よ 君主よ，地上の支配者よ	82 人の子らよ，主を賛美し，代々にたたえ，あがめよ。	23 讃えられよ，わが主よ，あなたへの愛のために赦し，弱さと苦しみを耐え忍ぶ人々のゆえに。
12 若者よ，おとめよ 老人よ，幼子よ。	85 僕たちよ，主を賛美し，代々にたたえ，あがめよ。	
13 主の御名を賛美せよ。主の御名はひとり高く 威光は天地に満ちている。	86 正しい人々の霊と魂よ，主を賛美し，代々にたたえ	25 幸いなるかな，それを安らかに耐えぬく人々。彼らは，この上なき方よ，あなたから冠を授けられるからです。
14 主は御自分の民の角を高く上げてくださる。それは主の慈しみに生きるすべての人の栄誉。主に近くある民，イスラエルの子らよ。	87 清く心の謙虚な人々よ，主を賛美し，代々にたたえ	

直接続く神をたたえる天使と天の諸力への言及を、フランチェスコが省くのを選んだ理由を説明しなければならない。なぜフランチェスコは創造物の物理的な諸要素を含めながら他のものを省こうとしたのだろうか[21]？

フランチェスコの『讃歌』が、初めは詩編と三人の若者の賛歌に類似しているように見える別の事例があるが、より厳密な検討からは、何か全く異なる独特なものに微妙に変わるように思われる。例えばフランチェスコの日・月・星々という連続は、両方の礼典書と同様である。ところが、フランチェスコが続いて三人の若者の賛歌の数節を簡略化した文の中で風・大気・雲・天候へと移行すると、『讃歌』の表現は礼典の章句とは異なってゆく。フランチェスコは被造物の描写により多くの時間をかけているのにたいして、詩編と賛歌ではほとんどの場合、ただそれらの名をあげているだけのように見える。更にまた、フランチェスコの描写が他の二つの本文の数節と連携している場合、例えば『讃歌』と詩編の双方が大地と果実を関連づけている場合でも、『讃歌』の描写は一般に、被造物の称賛すべき資質への叙情的な賛美によって、聖句の中立的な語り口をはるかに越えている。詩編の「実を結ぶ木 ligna fructifera」の記載は、単に大地の産物の一つとしてであり、フランチェスコの「姉妹なる、われらの母なる大地……、彼女はわたしたちを支え、養い育て、様々な果実を、色とりどりの草花とともに生み出します」に比することは到底できない。あるいは姉妹なる水のためには、「彼女はとても助けになり、控えめで、気高く、清純です」とある。

さらにフランチェスコの描写においては、単にその創造者を賛美するだけの被造物という礼典文書のより単純な理念を、はるかに越える主題が見出されるようになる。例えばフランチェスコの風・大気・天候についての解説（彼らによって、あなたはあなたの被造物を養ってくださいます）や水の有益性への言及は、被造物の相互関係とそれらの人間や神との関係についての、より深い前理解を暗示するように思われる。

これらの作品の間には、文体における相違もまた存在する。文体上の技巧では、首句反復(anaphora）のような明白な類似性はあるが、『讃歌』は表情豊かな言葉の選択を通して、韻律と頭韻法と感情の表出法の使用に、さらに卓越した詩的複雑さを保持している。例えばこれらいくつかの要素を、『讃歌』の次の二行と比較してみよう。すなわち「Altissimo omnipotente bon Signore（この上なく高き、全能の、善き主よ）」（荘重な始まりの祈り）、そして「è molto utile e umile e preziosa e casta（とても助けになり、控えめで、気高く、清純です）」（姉妹なる水の栄光をたたえる魅力的で優美な叙情性）。

われわれは、フランチェスコが知っており影響を受けたかも知れない、他の資料からみた『讃歌』の相違点を明らかにすることができるだろうか？　あるいはそれらの段階は完全に彼自身のものか、完全に独創的なものなのか？　『讃歌』におけるそれらの表出を、フランチェスコがより初期の詩歌において既に到達していたものと、どのように比較するのか？　そして『讃歌』の理念と前提に関する限り、それらは一体どのくらい主要な礼典資料に由来しているのか？　またフランチェスコの意図は、それらと、または彼のより初期の表現と、どれくらい異なっているのか？　これらが続く表題の各部分において、われわれが更に探求したい問題である。

『讃歌』へのその他の影響

礼典書におけるその他の資料もフランチェスコに影響したかも知れない。数人の学者によって言及されているが[22]分析は出版されていない、フランスのローマミサ典書 *Jubilemus omnes* に見られる一一世紀の散文（prosa）がある。

Jubilemus omnes una, Deo nostro qui creavit omnia;
Per quem condita sunt saecula
Coelum quod plurima luce coruscate, et diversa sidera;

Sol mundi schema, noctium decus luna, cunctaque splendentia;
Mare, solum, alta, plana, et profunda flumina;
Aeris ampla spatia; quae discurrunt aves, venti atque pluvia.
Haec simul cuncta tibi soli Deo Patri militant.
Nunc et in aevum, sine fine per saecula:
Laus eorum tua gloria:
Qui pro salute nostra prolem unicam,
Pati in terra misisti sine culpa, sed ob nostra delicta.
Te, sancta Trinitas, precamur, ut corposa nostra
Et corda regas et protegas, et dones peccatorum veniam. Amen.[23]

すべてのものを造られたわれらの神を、共にたたえよう。
彼によってすべての時代も造られた。
大いなる光をもって輝く天空、様々な星々、
世界の光彩たる太陽、夜の美たる月、そしてすべての輝くもの、
海、陸、丘、平原、そして深い河、
空の広大な空間、そこを渡る鳥たち、そして風、また雨、
これらすべては、おお主よ、あなたのみに仕え従います。
今も後も、とこしえに、
かれらの賛美はあなたの誉れ。

あなたはわれらの救いのため、その独り子を送られた。
とがなくして、われらの罪ゆえ、この世で苦しむために。
われらはあなたに嘆願します、おお聖なる三位一体よ、われらの心と身体を
治め守り、われらに罪の赦しを与えられますように。アーメン。

この散文は明らかに、フランチェスコの『讃歌』と同じく聖書的な源泉に由来するが、重要な仕方でそれらを越えている。それらと同じように創造物を連続して移動して行き、人間で終わり、まるでその全ての部分が理性を持つかのように創造物に語りかける。しかし詩編や三人の若者の賛歌と異なり、それはまた明快な詩的韻律を持って韻を踏んでおり、そして創造物を称賛している。すなわち「世界の光彩たる太陽」、「夜の美たる月」などである。これらの修辞的技巧はみな、フランチェスコの『讃歌』にも見出せる。フランチェスコの創造物への称賛の描写はあまり文学的ではないが、より神秘的で情緒的である。いくつかの節における中断させる句読点は、中世礼典の続唱の韻律に似ている。それは『讃歌』を生み出した「腐葉土」[24]の中にあったかも知れないものである。祝福の末尾も、両方の礼典の見本と『讃歌』にどこか似たところがある。とはいうものの、『讃歌』に関する*Jubilemus omnes* とこの続唱の影響は、依然として憶測のままには違いない。フランチェスコが実際に *Jubilemus omnes* あるいは特定の続唱を知っていたと証明することは不可能だからである。

同様に憶測ながら、非常に興味深いことは、吟遊詩人の叙情詩からのフランチェスコへの影響があり得たことである。その詩のいくつかを彼は疑いなく愛好し、また暗唱することができた[25]。いくつか

の吟遊詩人の詩歌は、それらの「自然の入り口 Natureingang」、つまり主観的で情緒的な表現の調子を決定づける自然についての冒頭の呼びかけのゆえに、特に印象的である。以下の例を考察してほしい。

新しい草と葉が現れるとき
枝に花が咲き乱れ
クロウタドリがその高く澄んだ声をあげ
歌い始めるとき
わたしはそれを喜び、花々を喜び、
そして自身と、とりわけわが貴婦人を喜ぶ
あらゆる所でわたしは喜びに包まれ、取り囲まれる
あらゆる他の喜びを圧倒する喜びに。(26)

まことの神よ、あなたと聖マリアの御名において、
わたしは今日よりのち目覚めています、明けの明星が
エルサレムに向かって昇り、わたしにこう語って教えるがゆえに、
起きよ、立て、
あなたがた神を愛する君侯たちよ
日は来《きた》り、

夜は明ける、
今や神をたたえ
彼を崇めよう、
そして彼に祈ろう、
われらの生涯の日々に平安をくださるように。
夜は去り、日は来《きた》る。
天は平穏に輝き、
暁はためらわず、
美しく豊かに昇りゆく。(27)

これらのプロヴァンス叙情詩は非典型的ではない。最初のものは、教会あるいは貴婦人清貧を称えるために、再解釈されたであろう。(28) 二番目のものは率直に宗教的で、(29) 内なる喜びを含む自然環境への感覚を、使命感と結びつけている。それはフランチェスコがフランス詩歌と創造物の間にもうけた連想性に、明らかに適合する使命感である。例えばフランチェスコの宗教生活の初期に一つの出来事が起こったのは、「彼がフランスの言葉で主の賛美を歌いながらある森を通り過ぎていた時」(30) であった。喜びと使命というこれらと同じ主題が、『讃歌』の起源に、また『ペルージア伝記』と『完全の鑑』(31) の記述の中に、直接に関連して見出せる。『ペルージア伝記』には『完全の鑑』が忠実に従っているが、(32) 以下のように述べている。

フランチェスコは……世間では詩歌の王者として知られ、真に品格ある歌い手の博士であった兄弟パチフィコが派遣され、神を宣教し賛美しつつ世界を行き巡るため何人かの善良で聖い兄弟たちを与えられるように求めた。まず説教の仕方を知っている彼らの一人が人々に説教し、そして説教の後で彼らが主の吟遊詩人として神の賛美（『讃歌』）を歌うならばと望んでいる、と彼は語っていた。そして説教者が賛美の後で、人々にこう語るように彼は求めた。「われわれは主の吟遊詩人です。われわれへのお代として皆さんが真の悔悟に生きることを願います」。彼は言っていた。「なぜならいくらかでも人々の心を動かし、霊的な喜びを喚起するべき主の吟遊詩人でないならば、誰が主の僕なのだろうか？[33]」。

この記述によればフランチェスコは彼の『讃歌』を、吟遊詩人たちが歌っていた詩歌様式の一種のフランシスコ会的な霊性化として着想したのである。神の吟遊詩人たるフランチェスコは、彼の詩を元宮廷詩人のパチフィコによって朗唱されるために与えたのであろう。兄弟たちは主の吟遊詩人(joculatores Domini)たろうとした。

『讃歌』におけるある種の主題は確かに、その時代の一般の叙情詩にたいしていくつかの類似性をもっている。吟遊詩人らと同様にフランチェスコには、自然環境と人間の経験との間にたいしてい肯定的な、巧みな相互作用があった。聖書的源泉とは違った仕方で、これらの詩人らと共に、創造物の中にあることが人間に適しており、そこでは幸せであることが悟られるのである。詩編一四八編と三人の若者の賛歌が、神への共通の賛美によってのみ、人間と創造物を互いに結びつけるのにたいして、フランチェスコと吟遊詩人たちは、人々と創造物を直接的かつ情緒的に愛と喜びによって結びつける。

創造物の美は人々に、創造物にたいして、また詩人の愛したもの、何であれあるようにと考えられたものにたいして、喜びをもって応答するよう霊感を与える。フランチェスコの場合には、『讃歌』に特に関係する、彼の騎士道的精神という、なおもう一つの側面がある。

これらプロヴァンス叙情詩のような詩歌が、『讃歌』に影響をもたなかったと考えることは偏狭であろう。フランチェスコの自然さと情緒の幅は、吟遊詩人たちのときに足取りの重い様式化を越えてはいるが、かの作品に満ちている喜びや愛の感覚、創造物への興味や称賛は、おそらく吟遊詩の恩恵の反映である。しかしながら確実な資料がここでは明白でないので、代わりにわれわれはいくつかのフランチェスコの作品と、それらの議論の余地のない礼典的な源泉、そして『讃歌』との間の関係状況に、より多く集中すべきである。

ヴィチネッリ――フランチェスコの詩における発展

ヴィチネッリ[34]は、フランチェスコの初期の著作の非常に興味深く徹底した文体分析を行って、礼典的資料と後の『讃歌』との両方を関連づけている。彼はフランチェスコの『会則』や『手紙』のいくつかの文章と『讃歌』の間にさえ、主題と文体における類似性を認めるが、フランチェスコの詩歌における文学的な革新性に特に集中する。ヴィチネッリによれば、「聖書から賛歌（Laudi）へ至る賛美（Laudes）、それは詩人フランチェスコにおける一つの直観的な運動である[35]」。彼はフランチェスコの作品を『神への賛美の励まし』（一二一三年）から『主の御受難の聖務日課』、『諸徳への挨拶』、『幸いな乙女マリアへの挨拶』、『神の賛美』、そして『全時課に唱えられるべき賛美』(*LH*)まで連続して並べている。彼はこの連続の内に、『讃歌』や後のイタリア語賛歌(laudi)へ向かう文体と韻律的詩形の漸進的な発展を見ている。

年代順は証明できないとしても、ヴィチネッリの文体の発展という概念は説得力があり、その面での重要な洞察へと導いてくれる。それはフランチェスコ自身の作品における慣例と革新という、興味深い小宇宙に関する研究をもたらし、したがってわれわれに彼の独創性の成長を測らせてくれる。『讃歌』に先立つフランチェスコの三つの文章が、主題と資料背景の点で特に注目すべき類似性をもっている。これらの作品のより深い分析は、『讃歌』の多面的な独創性の存在、フランチェスコの意図、そして歴史的状況についての理解によって、より良い観点を提供するであろう。

『神への賛美の励まし』についてヴィチネッリは、フランチェスコの『讃歌』のための素描と呼んでいる[36]。初期のラテン語作品でおそらく一二一三年に書かれ[37]、「サン・ジェミニの賛歌」としても知られている。その文体は素朴でぎこちなく、そのイタリア語訛りはフランチェスコがラテン語に十分には習熟していなかったことを示している[38]。それは聖書と礼典書から抜粋され脚色された本文の収集で、小さな隠遁所の礼拝堂の祭壇の掛け布の上に記されていたものである。確かにこの祭壇にはまた被造物の様式化された絵があった。その完全なものは残念ながらルネッサンス期に見られたのを最後に消滅してしまった。『励まし』は現在に至るまで曖昧さを残しているが、それを訳すと以下の通りである[39]。

『神への賛美の励まし』

1 主を畏れ、主に栄光を帰せよ。(黙示録一四・七)
2 主は賛美と誉れを受けるにふさわしい方。(黙示録四・一一)
3 主を畏れるすべての人よ、主をたたえよ。(詩編二一・二四)
4 めでたし、マリア、恵みに満ちた方、主はあなたと共におられます。(ルカ一・二八)
5 天と地は、主をたたえよ。(詩編六八・三五)[40]
6 すべての川よ、主をたたえよ。(ダニエル三・七八)
7 神の子らよ、主を祝せよ。(ダニエル三・八二)[41]
8 今日こそ主がつくられた日。この日を喜び楽しもう。(詩編一一七・二四)[42]
アレルヤ、アレルヤ、アレルヤ、イスラエルの王を!(ヨハネ一二・一三)
9 息のあるものは皆、主をたたえよ。(詩編一五〇・六)
10 主をたたえよ。主は善にましますから。(詩編一四六・一)[43]
これを読む人は皆、主を祝せよ。(詩編一〇二・二二)
11 造られたものは皆、主をたたえよ。(詩編一〇二・二二)
12 空の鳥は皆、主をたたえよ。(ダニエル三・八〇)
13 すべての子らよ、主をたたえよ。(詩編一一二・一)
14 若者と処女たちよ、主をたたえよ。(詩編一四八・一二)
15 屠られた子羊は、賛美と栄光と誉れを受けるにふさわしい方。(黙示録五・一二)
16 聖なる三位で分かたれない一体の神は祝されますように。[44]

17　大天使聖ミカエル、戦いの時に私たちをお守りください。[45]

この『励まし』の詩文は、召命と使命への深く切実な意志を表している。これは一二一三年の夏頃の状況に非常に良く合致する。チェラノと『小さき花』が記録しているように[46]、フランチェスコが疑惑と躊躇の時の後、甚だしい熱意をもってその宣教の使命に立ち帰った時、特にあの鳥たちとの出会いの後のことである。この構成、つまり「すべての造られたものはみな、主を祝せよ。空の鳥はみな、主をたたえよ[47]」は、その特別な強調のゆえに、この転換をもたらす出会いの効果をはっきりと映し出している。

『励まし』の詩文は、ある意味で非常に模倣的で、ほとんど聖書あるいはミサ典書の章句からなるコラージュであるが、フランチェスコの思想の顕著な、独創的で、代表的なものをよく映し出している。フランチェスコが彼自身の表現を作り出すのではなく、礼典書から章句を選択していることは、彼独特の選択によって確かに表れているその独創性を理解するのを決して妨げない。もしフランチェスコが、代わりに次の文章を選んだとしたらどうだろうか？

どうか神よ、逆らう者を打ち滅ぼしてください。
わたしを離れよ、流血を謀る者。……
あたかも地を裂き、地を割ったかのように
わたしたちの骨は陰府《よみ》の口に散らされている。[48]

フランチェスコが選んだ文章のいくつかは、四行目と一六行目のように、定型的な信条の残響を保持している。ただし賛美の詩編の影響は、全ての人と被造物はその創造者への賛美と尊敬に謙遜に加わるべきとするフランシスコ会的理念を宣言している選択によって、十分に認められる。『励まし』におけるフランチェスコの最初の意図は、明らかに奉献的で献身的なものであったが、それらはまた宣言的で教導的でもあった。動詞は常に「畏れよ timete」、「たたえよ laudate」、「祝せよ benedicite」、「喜び exultemus」、「たたえよ laudet」など命令法、あるいは勧告的な仮定法の反復を見せている。さらに神賛美への訓戒という文字通りの意図は、『励まし』とともに被造物の実際の描写によって強調されている。『励まし』を書いたフランチェスコは鳥に説教したフランチェスコであり、この文によって彼が、修道会が同様に被造物をも諭し共に主を賛美すべきだという願いを表していることは、誰も疑い得ない。とはいえ、彼はこの表現においては、鳥への説教の時にしたように、実際に創造物に語りかけてはいない。その代わり、隠遁所の礼拝堂の祭壇の掛布の上という『励まし』の最初の置き場所は、それをそこで見る兄弟たちにとって規範的・告白的・霊感的なものにしたであろう。[49] 創造物は間接的に呼びかけられ、その任務について語られる。そのため『励まし』を読む兄弟たちは、この文章に書かれている理想へと出発し到達するであろう。これがすなわち、彼と共に賛美に加わるようにという全創造物への奨励なのである。

フランチェスコの『諸徳への挨拶』と『全時課に唱えられるべき賛美』(*LH*) は、『励まし』から『讃歌』への途上における、多くの進歩を見せている。『挨拶』と『賛美』は両方ともはるかに洗練され統一されているゆえ、『励まし』より後に違いないが、年代決定はなされ得ない。『挨拶』はいくつかの点で、詩編的な背景から『讃歌』へ向かって進展している。すなわち、明らかにより道徳教訓的であり、その焦点は最初の行の呼びかけから、中間の部分の入念さと適切さへ向かって明らかに様変わりしている。そして詩編的な対句法を越え、中世詩のイシドルスの文体に似た、「et」によって部分に分けられる各行韻律的な形態に達している。[50] その首句反復は、詩編と『讃歌』の双方に類似を見出すが、フランチェスコの一貫した趣向である。それは例えば『会則』[51] や、強い韻律や脚韻において『讃歌』にも似ている、熱烈な『神の賛美』に現れている。[52]

フランチェスコの『全時課に唱えられるべき賛美』は、形態、表現法、連続する反復、対句法において、聖書の詩編や賛歌にまだ結びついているが、正確な詩編的反復の代わりに母音韻を伴う、多少韻律の崩れた構造、異なる長さの詩節、各節始めの韻をふんだ響きをもっている。[53]『賛美』と『励まし』とは、その四つの節が非常に密接な類似性と共通の聖書的資料を示すのと同様、[54] 特別に密接な関係を保っている。どちらも荘重な詠唱と、静かで厳粛な神への呼びかけをもって始まっている。しかし『励まし』の章句は、『賛美』の印象的な完成度には匹敵し得ない。その言葉はなお非常に模倣的ではあるが、その選択と流れとは、それら純粋な信仰心の表現において、よりいっそう洗練され力強い。両方とも中心部分には、創造物への言及とその神への賛美を含んでいる。しかし『賛美』は、繰り返された「世々に主をたたえ、あがめよう」[55] との応答の反復句という巧みな手段を通して、創造物が創造者を尊重すべき義務を強調している。その反復句が、『励まし』のいくらかぎこちない表現より、いっそう適切で壮大な表現の各章句を取り囲んでいるのである。鳥への言及は脱落しているが、代わりにより包括的な、「天と地と、地の下と海の中とのすべての被造物、および、そこにいるあらゆる生き物よ」(56)が見られる。両方とも文章の末尾は、被造物の王国から再び霊的世界へと導いている。循環的に、高いところから低いところへ向かい、そして再び戻ってくるのである。

『諸徳への挨拶(57)』

めでたし、女王知恵よ、主が、あなたを
　あなたの姉妹聖なる清い単純と共にお守りくださいますように。
貴婦人聖なる清貧よ、主が、あなたを
　あなたの姉妹聖なる謙遜と共にお守りくださいますように。
貴婦人聖なる愛徳よ、主が、あなたを
　あなたの姉妹聖なる従順と共にお守りくださいますように。
いと聖なる諸徳よ、主が、あなたがた皆をお守りくださいますように。
　主から、あなたがたは現れ、出て来るのです。
全世界で、ただ一人もいない、
　まず死なずにあなたがた一つを持ち得る人は。
一つを持ち、ほかの徳に背かない人は
　すべてを持っている。
一つに背く者は
　どんな徳も持たず、すべてに背いている。

おのおのの徳は
　悪徳と罪を打ち砕く。
聖なる知恵は
　サタンとそのすべての狡猾を打ち砕く。
清く聖なる単純は
　この世のあらゆる知恵とからだの知恵を打ち砕く。
聖なる清貧は
　欲と貪りとこの世の思い煩いを、打ち砕く。
聖なる謙遜は
　高慢と世にいるすべての人を打ち砕き、
　同様に、世にあるすべてのものをも打ち砕く。
聖なる愛は
　サタンと肉の、あらゆる誘惑と肉の恐れを打ち砕く。
聖なる従順は
　体と肉の、あらゆる望みを打ち砕き、
　克服したその体を、霊と兄弟とに従わせる。
従順によって、人は世にいるすべての人に服従し
　人だけでなく、あらゆる獣や野獣にまで服従する。
その結果、人も獣も、この人に、
　主が上からお与えになる限り、自分の望みのままに行える。

『全時課に唱えられるべき賛美(58)』

聖なるかな、聖なるかな、聖なるかな。全能の神である主、
　今おられ、以前おられ、後に来られる方(59)。
世々に主をたたえ、あがめよう。

主よ、私たちの神よ、
　あなたこそ、賛美と栄光、誉れと祝福を
　受けるにふさわしい方(60)。
世々に主をたたえ、あがめよう。

屠られた子羊は　力と富、知恵と威力、
　誉れと栄光、そして賛美を
　受けるにふさわしい方(61)。
世々に主をたたえ、あがめよう。

父と子と聖霊を祝し、
世々に主をたたえ、あがめよう。

主のすべてのわざよ、主を祝せよ。(62)
世々に主をたたえ、あがめよう。

すべての神のしもべと　神を畏れ敬う者よ、
　小さな者も大きな者も、私たちの神をたたえよ。(63)
世々に主をたたえ、あがめよう。

天と地は、栄光の主をたたえよ。
世々に主をたたえ、あがめよう。

天と地と、地の下と海の中との　すべての被造物、
　および、そこにいるあらゆる生き物よ、(64)
世々に主をたたえ、あがめよう。

栄光は父と子と聖霊に。
世々に主をたたえ、あがめよう。

初めのように、今も、いつも、世々に。アーメン。
世々に主をたたえ、あがめよう。

祈願

全能、至聖、至高、至上の神、
全き善、最高の善、完全なる善よ、
あなただけが善にまします。
あなたに、あらゆる賛美と栄光、
あらゆる感謝と誉れ、あらゆる祝福と善を
帰することができますように。(65)

これらの事例で、フランチェスコの表現が模倣的であるというだけの理由で、それらが彼の同時代の人々にあまり印象的でなかった、と結論づけられるべきではない。むしろ、フランチェスコによる礼典の式文や聖句からの選択は、疑う余地なく伝統的なキリスト教的源泉という正当性と典拠を有する手段を用いて、彼の理念を説明している。キリスト教の幻想的表象の事例においてベンツが示したように、最も伝統的でよく知られたこれらの表現はまた、その情緒的効果において、全く感動的で影響力あるものである。(66)

フランチェスコの『讃歌』は、これら他の作品と同じ要素を多く含んでいる。その大まかな構造は、『励まし』と『賛美』の構造によく似ている。すなわち、神への呼びかけで始まり、それから創造物への気遣いを示し、そして再び霊的な事柄と神の神秘へと戻って終わる。その礼典的背景は、われわれが先に見たように、この構造によってのみならず、その首句反復とラテン語の語彙によって証拠づけられる。

とはいえ、フランチェスコのより初期の作品、特に『励まし』との比較は注目すべきである。『讃歌』における独創性は、資料の選択と改良の問題ではなく、語法と表現法と意図の問題である。その新鮮で素朴なウンブリア方言は、尊者ベーダの著作に現れるカエドモンの賛歌のように[67]、生き生きとした独創性という同様の効果を生み出している。この両方の作品とも、創造主なる神をたたえる賛歌によって、それぞれの自国語におけるキリスト教詩歌の表現を創始した。その表現は、時々礼典の章句を効果的に引用する一方[68]、大部分が他の資料からの顕著な独立性と、初期フランシスコ会理念のかつてなく忠実な表現である新鮮な独創性とを示しているのである。

しかしながら、語法と表現法の選択は、フランチェスコの『讃歌』創作の意図という別の観点から重要である。『励まし』は辺鄙な路傍の礼拝堂を奉献し、聖別するために書かれたが、『讃歌』の語法と表現法は全く異なる目的を表している。ヴィチネッリが言及しているように、『讃歌』はフランチェスコから彼の修道会に与えられたものだが、明らかに修道会だけでなく、全ての信仰者にも向けられていた。それはイタリア語の表出により、聖人のいつもの習慣を破って自国語吟遊詩人の詩歌と結びつけ、より広範囲へと伝播させたからである。その創作の最も詳しい記述は、『ペルージア伝記』と『完全の鑑』に見られるが、われわれが先に見たように、それを吟遊詩人の詩歌と、兄弟は神の吟遊詩人たちのようであるべきとするフランチェスコの考えとに、一貫して関連づけている。詩歌には好評を得るような持ち味が、その目的にとって不可欠である。その特有の表現が、様式化され、形式化された文学様式を遠ざけ、代わりに記憶と理解を容易にする分かりやすい韻律によって、無邪気さと、謙遜と、自然で情緒的な語り口とを強調するのである。[69] その「品格を高める[70]」ラテン語の用語と章句が、その能弁さを一般語より高いものにしているが、それらは信仰者たちに良く知られた礼典式文に由来していたのである。『讃歌』は確かに、曖昧でも難解でも文学的でもなく、むしろ大衆的で口述的である。それは宣教のための中世的な試みなのである。

第五章　注

（1）　Cunningham, *Saint Francis*, p. 54.

（2）　これらの分野に関する注釈については、White, in Spring; Doyle; Glacken, pp. 214–16 を見よ。

（3）　Cunningham, *Saint Francis*, p. 56.

（4）　Ibid., p. 55.

（5）　Englebert（1972）, p. 458 による本文。また批判的注釈を伴う原文本文は Branca, pp. 83–87 を見よ。〔訳注　『讃歌』本文および訳を示す注（5）（6）は、原著では注（13）（14）であるが、版組みの関係で位置が変わっている。〕

（6）　〔訳注　原著には著者による英訳があり、ヘルマン（P. Hermann）のもの（Habig, p. 130）と比較せよとある。邦訳は訳者による私訳で、六章の議論を踏まえて訳してある。〕

（7）　Englebert（1972）の附論Ⅷを見よ。ここで認められた見解への主な反対者はアバテ（G. Abate）とベネデット（L. Benedetto）である。彼らの主張は A. Fortini, “Altre ipotesi sul Luogo dove fu composto Il Cantico del Sole”（Assisi, 1956）および Englebert（1972）の附論Ⅷにおいて議論されている。

（8）　Englebert（1972）, p. 453.

（9）　Ibid., そして *LP* 43–44; *MP* 100–101.

（10）　*LP* 100.

（11）　例えば以下を見よ。E. A. Armstrong, pp. 223–25; Doyle, pp. 399–400; Cunningham, *Saint Francis*, pp. 52–57.

（12）　このことに関する研究については以下を見よ。van Dijk, pp. 13–40; G. Abate, “Il primitivo Breviario francescano（1224–27）,” *Miscellanea Francescana* 60（1960）: 47–240.

（13）　以下を見よ。van Dijk, pp. 17ff; R. D. Sorrell, *Tradition and Innovation in Sanit Francis of Assisi’s Interpretation of Nature*（Diss., Cornell University; 1983）, pp. 216–19.

（14）　Esser, *Die Opuscula*, pp. 122–34, 277–85, 313–22.

（15）　G. Getto, *Francesco d’Assisi e il Cantico di Frate Sole*（Università di Torino, Pubblicazione della Facoltà di Lettere e Filosofia, vol. 8, No. 2, 1966）, p. 68.

（16）　Branca, pp. 62–79.

（17）　L.Benedetto, *Il Cantico di Frate Sole*（Florence, 1941）, pp. 14–17.

（18）　Esser, *Die Opuscula*, p. 130; Branca, pp. 78–79.

（19） *VP* 58–60; *VS* I65.

（20） 『神への賛美の励まし』と『全時課に唱えられるべき賛美』において明白である。

（21） 『ペルージア伝記』の記述はこれら両方の問題を説明している。この点は後で吟味する。

（22） 例えば以下を見よ。R. Brown, in Englebert（1972）, p. 441.

（23） この作品は、P. Gueranger, *The Liturgical Year*, trans. L. Shepherd, vol. 1: Advent（Westminster, Maryland, 1948）, pp. 225–26 に見出される。

（24） G. Sabatelli, p. 7.

（25） *F* II:1; *VP* 16 を見よ。

（26） Bernard de Vendadorn による。R. Goldin, *Lyrics of the Troubadours and trouvères*（New York, 1973）, pp. 137–38 より。

（27） Goldin, p. 279.

（28） *VP* 7 におけるフランチェスコの貴婦人清貧との結婚を考察せよ。

（29） 司教となった商人、マルセイユのフォルクイヌスによる。Goldin, p. 277.

（30） *VP* 16.

（31） 『完全の鑑』は『ペルージア伝記』より後に編纂されたが、しばしば貴重な初期の素材を含んでいる資料である。Habig, pp. 1105ff を見よ。

（32） *MP* 100.

（33） *LP* 43.

（34） A. Vicinelli, *Gli Scritti di San Francesco d'Assisi e I Fioretti*（Milan, 1955）, pp. 88ff.

（35） Ibid., p. 189.

（36） Ibid., p. 194.

（37） Esser, *Die Opuscula*, p. 131 を見よ。

（38） Ibid., pp. 277–83 に分析あり。

（39） 〔訳注　Esser, *Die Opuscula*, pp. 282–83 のラテン語本文に基づく英訳が原著にあるが、邦訳は以下を使用した。庄司篤訳『アシジの聖フランシスコの小品集』、聖母の騎士社、一九八八年、一一一―一一三頁。〕

（40） ローマ詩編（エッサーが Esser, Ibid. において注釈している）。

（41） ウルガタでは、filii hominum となっている。

（42） ローマ詩編。

（43） 同前。

（44） 聖三位一体のミサにおける入祭唱の応答頌歌より。Esser, *Die Opuscula*, p. 282, "Satz 16." を見よ。

（45） 聖ミカエルのミサより。Esser, *Die Opuscula*, p. 282,

“Satz 17.”を見よ。

(46)　*VP* 35–36, 58; *F* 16 を見よ。

(47)　一二行目。

(48)　詩編一三九・一九、一四一・七。

(49)　同様に祭壇上のその場所において、『励まし』が聖体拝領の賛美と祈りの光の元で理解されたであろうことは否定できない。例えばその祭壇上での聖体の聖別において、深い情緒が感じられたことは容易に想像できる。祭壇は実際、そうした全ての被造物が秘跡のパンとブドウ酒における神の超自然的臨在をたたえるため、宇宙的一致の内に集まっているような像で飾られていたのである。（フランチェスコの聖体の秘跡への深い崇敬については、彼の『聖職者への手紙』と*VS* 201 を見よ。）被造物とフランチェスコの神秘的信仰の結合は、フランチェスコの自然神秘主義を連想させる。「主を畏れ、主に栄光を帰せよ。主は賛美と誉れを受けるにふさわしい方。……屠られた子羊は、賛美と栄光と誉れを受けるにふさわしい方」など、『励まし』における彼の最も厳粛で荘重ないくつかの詩文は、聖体拝領へのこの深い畏敬によって説明される。

(50)　Vicinelli, pp. 202–205.

(51)　Ibid., p. 204, *RNB* 23.

(52)　Vicinelli, p. 207.

(53)　Ibid., p. 212.

(54)　『賛美（*LH*）』の二、三、七、八行を、『励まし（*EX*）』の二、一五、五行、また再び一五行と比較して見よ。

(55)　Esser, *Die Opuscula*, p. 320; Habig, pp. 138–39.

(56)　Esser, *Die Opuscula*, p. 320; Habig, pp. 138–39.

(57)　〔訳注　Habig, pp. 132–34 による英訳が原著にあるが、邦訳は庄司篤訳『アシジの聖フランシスコの小品集』、聖母の騎士社、一九八八年、二八一―二八六頁。〕

(58)　〔訳注　原著では Ibid., pp.138–39 とあるが、邦訳は前掲書による。〕

(59)　ヨハネの黙示録四・八。

(60)　ヨハネの黙示録四・一一。

(61)　ヨハネの黙示録五・一二。〔訳注　原著ではこの注を含む段落が欠落しているので追加した。〕

(62)　ダニエル書三・五七。〔訳注　ウルガタ。新共同訳では、旧約続編・アザルヤと三人の若者の賛歌三四節に相当する。〕

(63)　ヨハネの黙示録一九・五。

(64)　ヨハネの黙示録五・一三。

(65) ルカによる福音書一八・一九。〔訳注　原著にはこの注が欠落しているので追加した。〕

(66) E. Benz, *Die Vision: Erfahrungsformen und bilderwelt* (Stuttgart, 1969), p. 474.

(67) Bede, *Ecclesiastical History of the English People*, ed. B. Colgrave and R. Mynors (Oxford, 1969), book 4, 24 (pp. 415–21).

(68) Branca, pp. 62–79 を見よ。

(69) Vicinelli, pp. 226ff を見よ。フランチェスコが『讃歌』のために作曲した旋律が、おそらく教会の聖歌の様式であった点に注目することもまた重要である。これが『讃歌』の広範な普及によりいっそう貢献したのである。Branca, p. 63 を見よ。

(70) Branca, p. 79.

第六章

『兄弟なる太陽の讃歌』の意味をめぐる論争

もし『讃歌』が宣教のための一つの試みであるなら、フランチェスコはどのような創造の解釈を広めることを意図したのだろうか？　この詩をフランチェスコのより初期の作品や、『讃歌』が由来している礼典資料と比較すると何がわかるのだろうか？

これらの疑問に答えるためにわれわれは、この詩の重要な数節を考察する必要があるだろう。この詩は、はるか一三世紀にまでさかのぼる起源をもつ論争を引き起こしている。この論争は、様々な被造物に言及しているこの詩のよく知られた主要な節、特に一〇、一二、一五、一七、二〇、二三、および二七行に関わるものである。これらはすべて「Laudato si . . . *per*」というキーフレーズを含んでいる。例えば『讃歌』のイタリア語本文の一〇行目は、「Laudato si, mi Signore, *per* sora Luna e le Stelle」である。論争は per を含むこの各行を、どのように理解するべきかに焦点をあわせている。いくつかの相反する解釈のなかで、われわれは初期資料に群を抜いて強い典拠をもつ、二つの解釈を詳細に考察したい。(1) 古い方の最近あまり支持されていない解釈では、この重要な行における per をラテン語の propter（～のゆえに because of, for）として解釈する。すると「讃えられよ、わが主よ、姉妹なる月と星々のゆえに（Be praised, my Lord, *for* Sister Moon and the Stars）」となる。これは「原因的」解釈と称され、創造の美と有益性のゆえに、彼と共に神への讃美に加わるよう人間に勧めるフランチェスコを基本的に想定している。もう一つの新しい解釈は、perをフランス語のpar（by）を指すものとして理解する。すると「讃えられよ、わが主よ、姉妹なる月と星々によって（Be praised, my Lord, *by* Sister Moon and the Stars）」となる。この見方は創造物自体が行為者のように見なされていることを示唆し[2]、創造物に目をとめ、彼と共に神への讃美の合唱に加わるよう、創造物に勧めるフランチェスコを思い描いている。

いく人かの批判者たちは、この詩を基本的に「多義的」なものとし、perは両方の意味の可能性をもつと理解している。カニングハムが述べているように、「宇宙規模の讃美と不断の感謝の思いの両方が、聖人の著作のうちに生起している……。私自身の意向は、フランチェスコ自身の時代に『讃歌』に与えられた様々な読み方にかんがみて、先の二重の意味を承認することである[3]」。議論が微妙なゆえに、これは正当で理に適った立場であり、本質的な両義性の主張は両方の解釈に十分な役割を認め、この詩に豊かな意味を与えるものである。それでも、フランチェスコが明らかに自発的な発意による詩のうちに、このような両義性を意識的に挿入したと考えることは困難である。それでは創作の発意の時に、彼の心ではいずれの考えが最も重要だったのだろうか？

『讃歌』における神を賛美する被造物

この表題のような解釈は、多様な資料の支持を得ている。『讃歌』の最も重要な二つの手本である詩編一四八編と三人の若者の賛歌は、どちらも様々な被造物に神への讃美を勧めている。他のどんな説明もフランチェスコが『讃歌』において様々な意図をもっていた理由を明確に示すに違いない。特に他のいくつかの場合にも、彼は確かに創造物の様々なものに、彼と共に主をたたえることを命じているからである。例えば『励まし』においてわれわれが見たように、フランチェスコは同じ礼典本文の奨励を彼の作詩に組み入れている。鳥への説教は言うまでもなく、いくつかのよく知られた物語は、彼が生物であれ無生物であれ、創造物の中の様々なものに、創造者をたたえるよう個人的に強く勧めていた様子を物語っている。(4)

チェラノとボナヴェントゥラのある章句は、この解釈を支持するように思われる。『第一伝記』の以下の文章は、『讃歌』を暗示しているかに見える。

彼はよく神の栄光のゆえに、彼ら(ミツバチ)の働きの完全さとその技術の優秀さを公に褒めたたえており、そのような称賛(praeconio)で彼らとその他の被造物を賛歌によって(laudibus)たたえながら、しばしば一日を費やすほどだった。なぜならかつて三人の若者が燃えさかる炉の中で、世界の造り主に賛美と栄光を捧げよとあらゆる諸元素に勧めたように(ad laudandum et glorificandum creatorem universitatis, elementa omnia invitabant)、この人もまたあらゆる諸元素と被造物において、万物の造り主と支配者を賞め、たたえ、祝福するのを決して止めなかったからである(in omnibus elementis et creaturis creatorem omnium ac gubernatorem glorificare, laudare, ac benedicere non cessabat)。(*VP* 80)

彼はたくさんの花々を見つけると、……説教を始め、主を賛美するように勧めるのだった（ita praedicabat eis et ad laudem eos dominicam invitabat）。同じように彼は……大地、火、大気、風などに神を愛し、その方に喜んで仕えるよう励ましていた（Sic et . . . terram et ignem, aerem et ventum sincerissima puritate ad divinum monobat amorem et libens obsequium hortabatur）。（*VP* 81）

これらの章句は、実際ある程度 per を by とする論拠に好都合であることを暗示しており、『讃歌』についてのその解釈をはっきりと支持するものと思われる。かなり後にチェラノは『第二伝記』で、創造物に主を讃美するよう勧めることが意図されているものとして『讃歌』に再び言及している。

彼はまたすべての被造物に神をたたえるように勧め、以前に自分が造った歌詞を用いて、それらに神を愛するように励ましていた。彼はすべてのものに恐ろしく忌まわしい死それ自身にも、賛美をささげるよう励ましていた（Invitabat etiam omnes creaturas ad laudem Dei, et per verba quaedam quae olim composuerat, ipse eas ad divinum hortabatur amorem . . .）[5]。

もし初期資料のうちにいくらかの支持をもつこの解釈を受け入れるなら、『讃歌』というこの中心課題におけるフランチェスコの独創性について、何と結論すべきだろうか？　現代の視点では、この解釈は中世の分析家にとってよりも飛躍的である。なぜならわれわれには創造物を、受動的・抽象的・客観化された感覚（「自然法則」）でよりも、能動的感覚において想像することは異例なことだからである。それは空想的、あるいは汎神論的な起源を思わせる。したがって現代の著者たちが、『讃歌』は本質的に非キリスト教的な表現である、と誤解するのを見るのは驚くべきことではない[6]。しかしこの現代的な受け取り方は、いかなる初期資料においても全く確証を得ていない。per 以下を行為者とみなして『讃歌』を解釈する人々（とりわけチェラノとボナヴェントゥラ）は、それにたいして非常に積極的な反応を示し、それを真にキリスト教的なものと考えているようである。彼らがそれに「新たな」何かを見たという根拠は全くなく、それどころか彼らはそれを古来のキリスト教概念を（さらにもう一度）確認し、実践にうつすこととして理解した。それはキリスト教信仰をより文字通りの告知と実践の仕方で再生しようとする、他のフランシスコ会的な努力と見事に類似していた。彼らはそれを新しい何かではなく、回復された伝統と考えた。それで彼らはそれを「三人の若者の賛歌」、または「詩編一四八編」に対比したのである。現代人はこう応答することだろう。「しかしこれら二つの表現は非常に珍しく非伝統的なもので、キリスト教共同体において極めて稀にしか見られない[7]」。よっておそらく（三人の若者の賛歌は特に）起源において多少疑わしい通説に過ぎない。

この見方は極めて非中世的である。中世人の応答はむしろこうであった。すなわちこれらの表現はこのような一般的なしかたで、つまり全く当然のこととして受け取られたようなしかたで定着させられたものであった、と。現代人は以下のことに気づかねばならない。すなわち、フランチェスコは膨大な数の敬虔な同時代人たちと共に、その宗教生活における数え切れない朝毎の規則正しい（そしておそらく退屈な）習慣として、賛課の「詩編一四八編」を暗唱し、また聖務日課の同じ部分のため毎日曜日に「三人の若者の賛歌」を朗唱していたのである。加えてわれわれは他の礼典讃美歌あるいは「散文」が、フランチェスコがなじんでいたものと共に、同じ情緒を響かせていることを見てきた。この文脈において考えるとフランチェスコの『讃歌』は、古来の良く知られたキリスト教の勧告の更新、ないし再確認として注目すべきものだったろう。それは日々の礼典に見られるものではあるが、フランチェスコ特有の生活様式が可能にしたほど頻繁には、模倣され実践に移されていなかったのである。これはまさに、そのうちにチェラノ（*VP* 80–81）とボナヴェントゥラ（*ML* 9:1）の叙述を見るべき文脈である。両者とも『讃歌』に言及し、当然のようにそれを「三人の若者の賛歌」や礼典の「詩編」になぞらえているようである。

このように創造物に関する『讃歌』の主要部分は、仮にそうであっても非常に限定された意味においてのみ、その時代に非伝統的なものとして理解されたであろう。独創性は次の事実のうちに認められるであろう。すなわち、フランチェスコが古来の良く知られた理念であったものを、正しく言いかえ、文字通りの実践的な仕方でより良く従うために選んだ、という事実である。フランチェスコのその後の人生は明らかに、創造されたものへの彼の愛を表明した他の表現に捧げられたが、それこそまさに聖人伝記者たちが『讃歌』への積極的な言及をおいた文脈である。ただ私は、これらの聖人伝記者たちは、これについて詳細には注意を向けなかったかも知れないと主張したい。なぜなら、彼らは礼典の記述をいつも念頭においていたので、驚くべき独自性を強調する必要はなかった。それは、フランチェスコが『讃歌』に表現される主張に文字通り具体的に忠実だったのを示す他の行為の文脈を除いては、実際彼らには理解できなかったからである。*VP* 80–81, *VS* 127 および *ML* 9:1 を再読すれば、これが彼らの実際の視点であることを確認するであろう。彼らの見方はそれぞれの真実性をもってはいるが、同時に『讃歌』を含むフランチェスコの表現における本質的独自性のいくつかを看過している。フランチェスコの思想におけるその特有の統合性は、あまりに容易に美化され、あるいは無視されたのである。

被造物への感謝と称賛としての『讃歌』

他の初期資料では『讃歌』について、全く異なる（そして多くの現代の研究者が同意する）解釈が見出される。そこでは、**per** は原因的に（「讃えられよ、わが主よ、あなたの造られたすべてのもののゆえに（**Be praised, my Lord,** *because of* **all you have made**）」というように）理解されている。最初これは、『讃歌』は他と同様の創造の神への感謝のキリスト教的祈りに過ぎないと理解されることにより、外見上『讃歌』の独自性を低めるように思われるかもしれない。しかしもし、他の初期資料で仮定された状況を受け入れるなら、その結果『讃歌』はそれよりもいっそう根源的で独創的なものとなる。そして実際、**per** を行為者として理解する解釈よりも、本質においてよりいっそう根源的である。というのは、**per** を原因的にみる解釈は、ごくわずかの人しか詳しく考察していないが、それ自身に著しい力をもつ『讃歌』へのある見方を暗示するからである。それは『讃歌』をフランチェスコによる極めて異例な強い告発として、積極的かつ命令的なかたちで描くものである。すなわち、中世社会は創造物を評価せず、被造物の人間への利益に感謝もしていないという告発である。[8] 積極的命令を伴ったこのような直接的で率直な批判は、私の知る限りフランチェスコの時代には珍しく、おそらく彼以前の中世の歴史においては他に例がない。

われわれはすでに、『讃歌』創作の場所と時期についての議論を通して、*LP* 43 と *LP* 119 の記述の典拠は、十分にその正当性が立証されたと理解した。

また一方ここに、チェラノの記述はより詳細で説明的な『ペルージア伝記』に対抗して、決定的な典拠として踏みとどまることができないという事実がある。ウベルティーノ・ダ・カザーレ（Ubertino da casale）(9) のような初期第二世代の著者たちは、『ペルージア伝記』の挿話を兄弟レオネとフランチェスコ側近の仲間たちに強く関連づけている。それでこれらの断片が直接、あるいは間接にレオネの膝元（rotuli）に立ち帰る人々の間にあり、他の兄弟たちがそれらを、一二四四年のチェラノの『第二伝記』以前に編纂した、と多くの研究者が考えている。(10) いく人かの分析家は『ペルージア伝記』挿話の少なくとも一つの写本が、一二五〇年頃にさかのぼるかも知れないとさえ考えている。(11) もしこれらの挿話が早い時期の側近の仲間たちに由来するなら（私の考えではこの論拠には抗し難い）、その証言は極めて重要なものであり注意深い研究に値する。

LP 43 によれば、フランチェスコはある夜、「今すでにわが王国を共にするかのような平和に生き、その病と苦悩のただなかで感謝し喜ぶ」べきだと告げる幻視を経験した。この幻視（「確証 certificatio」と呼ばれる）の後の朝、フランチェスコは目覚め、喜んで仲間にこれについて語る。そこで彼はこう言った。

それゆえに、彼の栄光と、わが慰めと、わが隣人の啓発のため［ad laudem eius et ad nostrum consolationem et ad *hedificationem* proximi］、わたしは主の被造物についての新しい「主への賛美」［novam laudem Domini de suis creaturis］をつくりたい。これらの被造物はわれらの日々の必要を助けてくれ、彼らなしにわれわれは生きることはできない。それなのに人類は彼らのことで創造者に大いに背いている。これら全ての贈り物の創造者にして分配者にたいしてなすべき賛美もせずに、われらは毎日大いなる祝福に感謝し損なっている。彼は座ってしばらく集中し、それから大声で言った。「この上なく高貴な、全能の、優しい主よ……」［quibus cotidie utimur et sine quibus vivere non possumus et in quibus humanum genus multum offendit Creatoreum et cotidie sumus ingrati tante gratie, quia inde nostrum Creatorem et datorem omnium bonorum sicut deberemus non laudamus . . .］。

（*LP* 43）

『讃歌』の創作を論じている『完全の鑑』の挿話は、まさしく同様の言い回しをかなり頻繁に使って物語を述べている（*MP* 100–101）。『完全の鑑』の記述は明らかに『ペルージア伝記』に由来している。『鑑』の後の章は『讃歌』の発端の状況にもどって言及し、フランチェスコの態度と出来事を取り巻く状況を、内的な一貫性をもって論じている。

理性を与えられていない被造物の中でも、とりわけ太陽と火のことを彼は特別に愛していた。彼はよく言っていた、「明け方、太陽が昇ったら、人はみな神をたたえるべきである。神はわれらの用のためにそれを造られ、それを通して日中は眼に光を与えられる。日暮れには、人は誰も兄弟なる火のゆえに神をた

> たえるべきである。神はそれによって闇の中でわれらの眼に光を与えられる。なぜなら、われわれはみな盲目で、神はこの二人の兄弟によってわれらの目に光を与えられるのだから、毎日われらに仕えてくれるこの兄弟らと他の被造物のために、われらの創造主に特別な賛美をささげるべきである……」。聖書の中で主ご自身が正義の太陽と呼ばれることから、祝福されたフランチェスコは太陽を神の被造物の中で最も愛すべき、最も主に比べられるに足るものと考えていたので、主が彼にその王国を保証したときに書いた被造物についての神への賛歌の中に、その名を加えたのである。
>
> （*MP* 119, 傍点は引用者による強調箇所）

それでどちらの記述も、『讃歌』の目的に関して同じ感謝の態度を描写し、その創作の原因として「確証 certificatio」という同じ出来事に立ち戻っている。

チェラノがとくに『讃歌』に言及している唯一の事例（*VS* 213）もまた、フランチェスコの病気と夢見という同様の物語を述べ、『ペルージア伝記』がするように、それをフランチェスコの死が近づいた時期に明確に位置づけている。ただし、チェラノが『讃歌』を論じるときは、こう述べるに留まっている。「彼が被造物の賛歌を作ったのはこの時のことであり、それで彼はできるかぎり創造主を賛美するように彼らを燃え立たせた（Laudes de creaturis tunc quasdam composuit, et eas utcumque ad Creatorem laudandum accendit）」。この記述がフランチェスコはどのように『讃歌』を作るようになったのかの説明を省いているのは、フランチェスコが病気のゆえに約束されたものに関心をもつこのチェラノの逸話が、その説明とは明らかに無関係だからである。しかし彼は *VS* 217 と *VP* 80–81 において、

『讃歌』の発端を「確証 certificatio」の出来事に帰属させることに関する彼自身の解釈を、無意識にも切り落としている。なぜなら彼はそれを、それ自身の非常に詳細な説明を注意深い順序で与え、従って異なる解釈をもたらす *LP* の記述に、結びつけて考えているからである。チェラノにもボナヴェントゥラにも、この『ペルージア伝記』の詳細さに対抗できる箇所はどこにもない。チェラノはしばしば先行する資料を簡略化するので、少なくともこの出来事の順序について、『ペルージア伝記』は全くチェラノの記述よりも完全で正確であると結論する誘惑にかられる。

per を原因的とする『ペルージア伝記』と『完全の鑑』の見方を受け入れることは、per を「ゆえに（for あるいは because of）」と体系的に定義するだけではない。それは同時に、フランチェスコの特筆すべき奇妙な動詞形の用法、「讃えられよ laudato si」という受動態命令法を説明することでもある。これは神をたたえるよう創造物に勧めることを疑いなく意味する他の表現では、通常の命令法を用いているのと対照的である。というのは、もし彼が太陽に神をたたえさせたいのなら、彼が以前に何度も用いたかたちで、「神を讃えよ、おお兄弟なる太陽よ……」となぜ単純に直接語りかけなかったのだろうか？　そのような直接の勧めは『励まし』と『全時課に唱えられるべき賛歌』に存在しており、そこでは明確に人間と他の被造物が神への賛美において一致する、理想的な状況を思い描いている。具体的なふるまいとして、フランチェスコはあるときポルティウンクラで一匹のセミを見つけ、それに「歌いなさい、姉妹なるセミよ、そして楽しい歌で君の創造者をたたえよ」と語っている（*VS* 171）。セミは従い、フランチェスコは彼自身の賛美でそれに加わった（suam laudem interserens）。彼の鳥への説教はもちろん、同様の注目すべき類例を代表している。

しかしもし『ペルージア伝記』の解釈を受け入れるなら、この困難は容易に克服される。なぜなら、神への賛美を勧められるのはそもそも創造物ではなく、神へのその無礼な忘恩のゆえに人々だからである。従って per は次のように解釈されるだろう。「讃えられよ、わが主よ、(人間に〝よって〟by humankind)、姉妹なる月と星々の〝ゆえに〟(for, because of)」。

この解釈へのさらなる支持が、逸話の中に見出されるかも知れない。初期フランシスコ会資料の読者は、「讃えられよ、わたしの主よ、あなたのすべての被造物と共に(together with)」、「人間によって(by humanity)」、という意味にとられる箇所を記憶しているはずである。これがまさに詩が意味しようとしていることであり、神とその被造物をフランチェスコと共に賛美せよとの人類への奨励なのである。

さらにこの意図は、その手本には存在せず、per を「よって(by)」とみる論によって説明されない、この詩のいくつかの独創的な要素を、非常に直接的な仕方で明らかにするであろう。フランチェスコは「三人の若者の賛歌」や「詩編一四八編」の著者と異なり、創造物の各要素を誉めたたえている。太陽は「兄弟なる太陽様(Sir Brother Sun, messer lo frate sole)」であり、火は「若々しく、愉快で、たくましく、屈強」である。同様に各要素の「人間への有益性」が強調されている。太陽は「昼をつくり、彼によってあなたはわれらを照らします」。水は「とても助けになり、控えめで」、大地は「われらを支え、養い育て」る。これら二種類の評言は詩として極めて独創的だが、もしこの詩の目的が創造物に神賛美を勧めることならば、固有の意味をまったく持たないことになる。一方、もしフランチェスコの詩作の意図に関する『ペルージア伝記』と『完全の鑑』の記述を受け入れるなら、それらの評言の存在は間違いなく本質的なものである。それらは「大いなる祝福に感謝し損なっている」（*LP* 43）人々に反対して、創造物の価値を正しく評価し、その真価を表現している。事物と被造物とは美しく、有用で、象徴的（例えば太陽は神を表す）なのである。

per を「ゆえに（for）」ととる解釈は、『ペルージア伝記』の記述にも助けられて、なぜフランチェスコが手本のラテン語よりむしろ、彼の故郷のウンブリア語で『讃歌』を作詩したかをうまく説明する。もしフランチェスコが被造物に神を讃美するよう勧めたかったのなら、なぜ彼の詩的表現を通常のラテン語からウンブリア語に変えようとしたのか？　語りかけられた被造物にラテン語はもちろん、イタリア語も理解することを神の御心が許したのだと憶測する人もいる。だが他方、もしフランチェスコが彼の兄弟たちに神の吟遊詩人《トルバドール》として『讃歌』を広めることを願ったのなら、この聖人のウンブリア語の選択は、彼の所信の普及のためにとられた思慮深い方法を表していることになる。すなわち吟遊詩人の歌が広まったのと同じ仕方で、彼の同胞だった町の民や農夫たちに届くように母国語を用いたのである。『ペルージア伝記』の記述と per を「ゆえに（for）」ととる解釈は、このフランチェスコの決意の意味を十分了解するための唯一のものである。

最後に、この解釈はもう一つの問題をも説明している。すなわちフランチェスコはなぜ『讃歌』に、赦しを与え平和に生きる人々に関連した後の部分（二三—二六行）を追加するのをふさわしいと考えたかである。被造物についての部分と赦しの部分とは、フランチェスコの使命に基づく思想や行動と同じ傾向を映し出している。どちらの場合も人々は冷淡で、フランチェスコは彼らの行為を考え苦痛に感じていた（後の部分の発端の顚末については、*LP* 44 を見よ）。前者の場合、人間は被造物を尊重し評価するのに冷淡であった。フランチェスコは（別に手紙を書いていたかも知れないように）人間を非難することを選ばず、むしろ代わりに被造物の美徳への彼の賛美を模倣することによって、神の前にその欠けをおぎなうよう強く勧めている。彼は模範を示すことによって導くのである。同様にフランチェスコは、アッシジの司教と執政長官（podestà）が争っていたのを聞いて苦痛に感じる。皆は赦す人々の偉大さを忘れていた。しかしこの場合もやはり、司教と執政長官を直接非難するかわりに、彼は『讃歌』において先に定めた模範にしたがう。すなわち、彼は赦す人々の徳のゆえに自ら神を賛美し、こうして冷淡な人々にこれらの徳を行って彼に従う気にさせようとする。この場合もやはり、否定的な批判は肯定的な命令になっている。大変興味深いことに、この対立に巻き込まれた人々はフランチェスコのこのメッセージをはっきりと理解した。この対立に関わりをもった人々は、『讃歌』が（被造物に神を賛美するよう意図していないように）、彼らに神を賛美させることを意図しているとは受け取らず、神を賛美しない。その代わりに彼らは、われわれがその意味を解釈したように『讃歌』を受け止め、赦す人々の徳を称賛することでフランチェスコに従うのである。司教と執政長官はこうして和解する。

結論

この事例においてわれわれの研究は、教訓的で哲学化され一般化されたチェラノの記述よりむしろ、『ペルージア伝記』の詳細で一貫した物語による動機の説明を支持する。『讃歌』の起源についての『ペルージア伝記』の記述は、フランチェスコと彼の近親者たちのために意図された意味を伝えている、と私は考える。しかし、それ以前の素材の抽象化、一般化、そして把握において、フランチェスコより訓練されたチェラノのはるかに距離をおいた精神は、この詩を異なって類別し、毎日の礼拝章句への明らかな関連性ゆえにあらゆる敬虔なキリスト教徒がかかわることができた、より伝統的な起源と解釈とを理解するように彼を導いたのである。それが、チェラノの本文の蔓延の後におそらく広く流布した、正規の解釈であった（また、である）。その後、ボナヴェントゥラの『大伝記』はチェラノの解釈を支持し、一二六六年ボナヴェントゥラ以外のフランチェスコに関する他のすべての著作が禁止されて以降、それを永続化したのである。

どちらの解釈も一三世紀には流行しており、どちらも議論の余地なくキリスト教的であり、同時にフランシスコ会的である。『讃歌』を創造物への呼びかけとして理解する見方は、聖書的な宣言を真剣に、また文字どおりに取ったことをその人生が示していた最近の著者によって生み出されていたのでなければ、その呼びかけ自体を独創的とは考えなかっただろう。『讃歌』において、フランチェスコが同じように創造物の中の事物を誉めたたえ、また人々はなぜ被造物を称賛すべきか示したことは、何か現代的なものである。それは魅力的で新しいものと見なされるであろう。しかし『讃歌』を（創造物への）呼びかけとして解釈する人々は、フランチェスコは他の物語でも行ったと報告されていることを行っただけであるとは指摘しても、これを特別重要なものとは見なさなかった。

他方、フランチェスコと親密だった人々は、『讃歌』は創造物への呼びかけではなく人間への勧めと考えた。それは「わが隣人の啓発のため（ad hedificationem proximi）」（*LP* 43）、つまりフランチェスコの周囲の人々の霊的な教育のため、同時に神のウンブリア語吟遊詩人《トルバドール》たる兄弟たちの宣教のために意図されたものである。神への感謝からフランチェスコは、神と人間の必要の世話をしてくれた被造物に感謝するため『讃歌』を作った。この説明は『讃歌』の使信を、称賛されるべき、生態学的《エコロジカル》なものにする。[12] 人々が創造物を尊重するよう教えられたことについて、少なくとも三つの段階、すなわち象徴的（神を表す太陽）、審美的（兄弟なる火の美しさ）、そして実用的（太陽は光を与え、大地は人々を養う）段階において、称賛されるべきである。また、それを対象化して人間への有用性を示さない限り、無価値で無意味とすることを当然とする創造物の見方を、はっきりと拒否したことにおいて生態学的である。この見方にたいするフランチェスコの答えは、人々への有益性だけでなく、その本来備わっている特質と人間の必要を別にした価値、注意と尊重に値する神の固有の分与から得られた価値を強調する創造物像である。ドイルが言うように、

われわれは自然の恩恵の中に、自然と協調すべての被造物の生来の価値を認めるために認識すべき恩恵のなかにいる。……自然は、神に創造されたゆえにそれ自身の意味をもっており、単に人間からその価値と意味を受けとるのではない。[13]

しかしこの言葉でさえ、フランチェスコの「讃えられよ、わが主よ、兄弟なる火のゆえに。……彼は若々しく、愉快で」という親密で個人的な強調に比較すると、非現実的で抽象的に聞こえる。いかなる抽象的分析も、フランチェスコが被造物に示した愛情の親密さや誠実な個人的感謝の特質を取り

去ってしまう。

創造物への親密さと依存と感謝というこの感覚は、禁欲の理想と福音への熱意と、既にかなり早い時期にあらわされていた詩的才能との、フランチェスコによる新しい統合に由来している。『讃歌』は、世界についてのこの総合的な洞察の最終、かつ最高の表現を示しており、次章ではそのようなものとして検証することになる。『讃歌』は単に、その創作時のフランチェスコの「人間の被造物の乱用への悲しみ」(14)だけから生じたのではない。その起源は非常に深いところにある。多くの初期の出来事は、フランチェスコが実際に人間による被造物の乱用を心配していたことを示しており、また『讃歌』は動物にたいする人間の配慮に、ふさわしく正当な理由を提示している。創造物の人間への謙遜な奉仕は、確かに報恩に値するだろう。その独自の美しさ、善良な特質、象徴的な意義はその価値を増し加え、人間の抱く敬意に確かな根拠を与えている。この観点からこそ『讃歌』は、非常に稀な中世の文献として正当に理解されるのかも知れない。その主要な目的は、人々を鼓舞していかに被造物について感謝と評価と尊重をもって考えるべきか教えることである。これはその本質的な独自性の一部であり、そしてある程度以下のように主張するドイルの大胆さにも値する。「生態学的な問題が、兄弟なる太陽の讃歌の創作に影響を与えたと語る、かなりひどい時代錯誤もわたしに許されるであろう(15)」。

第六章　注

(1) 他の二つにも簡単に触れておく。M. Casella は哲学的解釈によって per を propter quod（〜のもののゆえに）とみなすと提案した（"Il Cantico," *Studi Medievali* 16 [1950]: 102–34）。しかし初期資料は『讃歌』をそのようには見ておらず、他の解釈の強みを考えると立証には致命的な欠けがある。P. Hermann（Habig, p. 130）は per を "through（〜を通して）" とる提案をし、Doyle（p. 397）も同意している。Hermann は Matthew Arnold（"Pagan and Mediaeval Religious Sentiment," in *Matthew Armord, Complete Prose Works*, vol. 3, *Lectures and Essays in Criticism*, ed. R. H. Super [Ann Arbor, 1962], pp. 212–58）と、E. Platzeck（*Das Sonnenlied des Heiligen Franziskus von Assisi* [Munich, 1956]）とを支持して引用している。しかし Arnold の小論では per を "for（〜のゆえに）" と訳している。Platzeck の主張は初期資料を参照していないため弱い。Hermann を支持する人は、『讃歌』の "Laudato si（讃えられよ）" の受動態とフランチェスコが「あらゆる事物と被造物において（in omnibus elementis et creatures）」神を賛美していたと述べる *VP* 80 とを引用することもできるだろう。しかし *VP* 81 と *VS* 217 では明らかに、per は "by（〜によって）" を意味しており、『ペルージア伝記』と『完全の鑑』の両者は後に見るようにそれを "for（〜のゆえに）" と理解している。信頼できる初期資料の大部分の章句が per を "for（〜のゆえに）" あるいは "by（〜によって）" と解釈していること、また全体的にこの詩により一貫して容認できる無理のない理解を与えている『ペルージア伝記』と『完全の鑑』という最良の資料が "for（〜のゆえに）" という訳を正しいとしていることが私の論拠である。

(2) R. Brown, in Englebert (1972), p. 442.

(3) St. Francis, p. 53. 同じく Sabatelli, p. 4 を見よ。

(4) *VP* 58; 81. また Englebert (1972) が示すように (p. 442)、フランス語の par の意味における per は初期イタリア語の用法であった。あるいはフランチェスコは、古いフランス語（あるいはむしろ古いプロヴァンス語）を知っていて、この用法に影響されたということもありうる。

(5) *VS* 217. ボナヴェントゥラは *ML* 9:1 で『讃歌』についてほのめかしているのかも知れないが、彼の言及はあまりにも漠然としている。この解釈の最後の証言としては、「Actus in Valle Reatina（リエティ谷での事跡)」(一四一六年頃)の写本が、この『讃歌』の重要な行において per をイタリア語の da(from, by: 〜から、〜によって)に置き換えている。Brown, in Englebert (1972), p. 443 を見よ。

(6) H. Adams, pp. 25, 336; White, in Spring; Cunningham, *St. Francis*, pp. 54, 109ff における議論を見よ。

(7) White, in Spring; Doyle を見よ。

(8) Doyle はある時はこの見方をとっているが、しかしその正当性を立証していない。

(9) Englebert (1972), Appendix VIII, p. 443; P. Bigaroni, *Il Cantico di Frate Sole: Genesi del Cantico* (Assisi, 1956), pp. 42, 43; Fortini, pp. 11ff.

(10) Englebert (1972), Appendix VIII; Bigaroni; 上記の Fortini; そして Brooke, Introduction to *Scripta Leonis* を見よ。

(11) Fortini, p. 23.

(12) 科学的な意味ではなく、環境への人間の関係についての責任的な考え方を志向する、言わば一つの姿勢についての意味である。これは一般的な意味であって、われわれは後にこの意味でドイルを引用しており、また本書がこの用語に用いる唯一の意味である。

(13) Doyle, p. 399.

(14) Ibid.

(15) Ibid., pp. 397–98.

『讃歌』における自然描写の部分

第六章に提示された結論を受け入れるにせよ、受け入れないにせよ、『讃歌』の物質的なものの創造に関する部分が、自然環境についての深い共感を示していることは否定できない。この『讃歌』において、最も繊細で美しい進歩の一つがみとめられるであろう。すなわち、聖なるものの胎から生まれて繊細に自ら展開してゆく創造の諸事物についての、審美的な評価の進歩である。キリスト教思想において他に例がないからではなく、むしろ教育をうけた知識人ではないフランチェスコが自身でなしたゆえに、これはフランチェスコの業績の最も心打つものの一つなのである。それは彼が若者であった頃にも被造物に接して感じていた喜びに起因し、またキリスト教の教理と表現の仕方に関する彼の確かな把握にも起因していた。それは彼自身の業績、彼の個人的経験の産物であり(1)、また古い形態と表現を向上させるその潜在力の把握であった。伝統的キリスト教の教理を完全に受け入れていたフランチェスコは、創造物の主は神であり、それらが神とその最高の創造物たる人間に仕えるのが義務であると強調した。[2] フランチェスコの創造への称賛はまた、創造物の独立した美しさと価値への彼の理解を表している。加えて『讃歌』は、彼が神と人間と他の被造物のあいだに見た全体的な関連について、詳細な素描を提供している。われわれはこれらの領域におけるフランチェスコの想定を、彼が『讃歌』において被造物を称賛するために選んだいくつかの異なる段階、すなわち個物の生成、有用性、美しさ、親近性、象徴性、そして秘跡の各段階において検証してみよう。

この詩に見られる聖書との関連と伝統的態度

創造物についてのフランチェスコの観察と評価は、われわれが先にみた聖書の諸章句によって育まれている。すなわち、他のいかなる資料よりもこれらの章句こそが創造物へと彼の注意を向けさせ、それらの価値を高めさせ、それらへの彼の認識を敏感にし、それらの本質的善性に正当性を与えたのである。『讃歌』に見られる洞察の他の各段階は、この土台に基づいている。

『讃歌』におけるフランチェスコの創造物への最初の言及は、感動的な第五行に現れる。それは創世記と詩編を暗示する「讃えられよ、わが主よ、あなたのすべての被造物とともに」という、創造物の見事な装いを強調する神への呼びかけである。この積極的な叙述の態度は、被造物の世界は有用で、善良で、荘厳なるものであるゆえに、神が感謝され称えられるべきであると想定しており、後に続くすべての詩行の調子を決定づけている。聖書は創造物を、その神的起源のゆえに、本質的に善きものと見なすことに正当性を与えている。つづいて直接的に創世記を暗示して（第七行）、「彼（太陽）は昼をつくり、彼によってあなたはわれらを照らします」と描写するとき、フランチェスコは太陽を神の摂理と結びつけている。こうして彼は最初から被造物の起源が神にあることと、人間にたいする務めとを強調している。その神から割り当てられた役割と、人間への有益性という創造物への聖書的な評価は、他のいくつかの例においても繰り返されている。兄弟なる風と大気、「雲と晴れた空と、あらゆる天候」は、それらによって「あなたの被造物を養って」いることにおいて有益である。姉妹なる水は、「とても助けになり、控えめで、気高く、清純」である。この主題は、「姉妹なる、われらの母なる大地のゆえに。彼女はわれらを支え、養い育て、様々な果実を、色とりどりの草花とともに生み出します」において頂点に達する。

フランチェスコは被造物と聖書を、また別の仕方で結びつけている。しばしばフランチェスコには、対象について瞑想するシェリーの雲の詩的描写を現代人が思い浮かべるのとほぼ同じ仕方で、被造物とそれらに具体的に言及している聖書の章句とを結びつける傾向がある。これはフランチェスコの創造物の見方における、「特異性」と呼ばれるもののもう一つの反映である。例えば、フランチェスコの「姉妹なる月と星々……あなたは彼女らを天に……創られました」は、創世記一章一四節の具体的な叙述をほのめかしている。これはフランチェスコの鳥への説教における挿話でも同様である。そこでフランチェスコは鳥に呼びかけ、そして有名なマタイ六章二六節の「空の鳥を見よ」を引用している。

同様にフランチェスコは、聖書の象徴主義的な用語でそれらについて考えることにより、様々な被造物への彼の尊重を示すことができた。チェラノはこれが彼らへの特別の尊重と評価を表すフランチェスコの方法であったと主張している（*VP* 77）。『讃歌』でフランチェスコが太陽は主を「象徴して」いることに注目するとき、これが起こっている。この神秘的象徴性はマラキ書四章二節（ウルガタ）にさかのぼる（*MP* 119）。いくつかの逸話は、フランチェスコが被造物と神秘的象徴性をもつ霊的な章句とを結びつけるとき、特別な敬意をいだいて被造物を扱うのを示している。[3] フランチェスコは十字架の木を覚えて、樹木を保護さえし（*MP* 119; *VS* 165）、「『平原のバラ、山裾のユリ』と呼ばれた方への愛から」、花々を摘み残させる（*MP* 119）。

ところで、彼のこのような態度の中世的な背景は、フランチェスコの見方を現代の光の下だけで理解しようとする試みによって誤魔化されるべきではない。フランチェスコがなしているこの象徴的な関連は、キリストの比喩に関して今までになく特徴的なフランチェスコ的強調があるとはいえ、中世の動物寓話集[4]の中でなされたものと似ているのである。今日では異質に思われるが、それはキリスト教伝統によって長く支持された評価の基準であった。

中世の状況に明らかに関連したもう一つの傾向として、フランチェスコは諸要素を諸秘跡に結びつけていると思われる。水は「とても助けになり、控えめで、気高く、清純です」とは、おそらく水と洗礼や告解との関係に至る一つの基準を示唆している描写である。[5]

賛辞と「親近化」

われわれが見てきたように、フランチェスコは被造物に称賛する敬称を与えることによって、被造物についての彼の評価に間違いなく新しい地平を開いている。ある研究者は、（騎士道とは対照的な）兄弟的な、あるいは家族的な敬称は、創造物を一つの巨大な修道会のように見るフランチェスコの見方を反映していると考える。[6] しかしこれは、これらの言葉の含意を厳しく限定しすぎであろう。より可能性が高いのは、フランチェスコは独創的に「神においてすべての被造物と兄弟のまじわりを結んで[7]」、被造物を彼の霊的な家族に兄弟や姉妹として受け入れているということである。それゆえ彼は、われわれに「兄弟なる火」や「姉妹なる水」を紹介している。このふるまいにおける優しさと感情は疑われるべきではないであろう。なぜならフランチェスコは、非常に感情的かつ決定的な仕方で彼の第一の家族を放棄し（*VP* 10–15）、次に第二の家族を見出すため、彼の友人たち、兄弟たち、そして仲間の被造物たちに手を差し伸べていたからである。フランチェスコの挨拶が、被造物を巨大なフランシスコ会とする見方の単なる反映以上のものを意味することをわれわれに保証するのは、この感情的な背景である。したがってフランチェスコは、大地を姉妹とも（愛情を暗示）、母とも（崇敬と多産）見ることができる。[8] また同様の敬意が、「兄弟なる太陽様（messer, Sir）」という敬称の根底にある愛情と結びついている。フランチェスコの太陽への兄弟愛の感覚は、キリストを象徴する天体への、一種の精神化された騎士道的敬意と一体になっている。被造物への敬意によってなされた、このような家族的受容と騎士道的敬称あるいは賛辞は、キリスト教的霊性にたいするフランチェスコの独創的な追加の典型的で一貫した表れなのである。[9]

「兄弟」、「姉妹」、「母」という称号は、被造物にたいするいかなる汎神論的、あるいは汎霊魂的な見方も暗示していない。フランチェスコのそれらの概念は、キリスト教の教理に堅実に根づいていたからである。それらはむしろ、フランチェスコの被造物への愛情と共感を、詩的かつ情緒的な仕方で示す一つの方法である。

これらの詩行の中の他の描写されうる主題もまた、同様の目的を果たしている。フランチェスコが姉妹なる水を謙遜で清らかと呼び、兄弟なる火を楽しいとみなすとき、（ドイルが適切に指摘しているように）「非理性的被造物のなかに人間的反応や性質を読みこんで、自然をロマン主義的に解釈」しようとしているのではない[10]。代わりに、こうした暗黙の擬人化は、積極的で情緒的な仕方で人間を被造物に結びつける働きをし、人々がそれらと共感し、親近感を覚えることを助けている。フランチェスコの目的は、ロマン主義化や神秘主義化とは反対のものである。すなわち、これらの感情的結びつきを通して、被造物を暗黙のうちに擬人化することにより、彼は被造物への彼の結びつきを、他の人々にも分かち合いやすくしているのである。この方法は、「降誕場面の模型（crèche）」によってクリスマスの降誕を具体的に再現しようとしたフランチェスコの試みになぞらえられるかもしれない。このような擬人化は見る者に強い影響を与え、幼な子キリストへの彼らの人間的な共感を強めたのである（*VP* 84–85）。

この詩における情緒的独創性の手段としての構造

この詩の導入部は、神の言語に絶した偉大さを荘重な宣言のうちに承認して、「誰一人、あなたのみ名を呼ぶにふさわしいものはいません」という言葉で終わっている。「讃えられよ、わが主よ、あなたのすべての被造物とともに」という橋渡しの句は、まずそれの「ゆえに（for）」神へのフランチェスコの称賛を表すため、その注目を被造物へと移しはじめる。しかし、すぐ後に続く被造物についての記述は、「それらの称賛のための」情熱的な弁明に変わっている。最初の畏怖と深い崇敬は、歓喜と有頂天の喜びの表現へと変わっている。それは伝記者たちが証言するように（*LP* 49; *VP* 80）、フランチェスコの環境への特徴ある情緒的反応である。この詩の規則的な韻律と注意深い構造は崩れ、太陽への讃美における冗長で叙情詩的なほとばしりをもたらしている。すなわち、「とりわけ兄弟なる太陽様とともに。彼は昼をつくり、彼によってあなたはわれらを照らします。彼はなんと麗しく、なんと大いなる輝きを放っていることでしょう。この上なき方よ、彼こそがあなたを象徴するのです」。最後の章句は感情を減退させ、被造物を、詩の最初で呼びかけられていた至高の創造者へと、きちんと再び結びつけている。

つづく数行（一〇—一九行）も、多様な被造物を論じるのに同じ傾向に従っている。被造物の「ゆえ（for）」の称賛を表明する繰り返される橋渡しの句（「讃えられよ……」）は、被造物に「ついて（of）」の有頂天な喜びへと至っている。これらの詩行の特別に自発的な喜びは、「また（e）」によって区切られる短い記述によってイタリア語法が特徴づけられているところに、いくたびも現れている。それはフランチェスコが被造物を見るとき感じた、息もつけない驚きの生き生きとした表現を生み出している、またこれら同様の詩行は、しばしば美しい内的な韻律によってさらに際立たされ、顕著な効果を生み出している。すなわち「姉妹なる月と星々……明るく、気高く、美しく創られました（sora Luna e le Stelle . . . formate clarite e preziose e belle）。兄弟なる風、大気と雲と晴れた空と、あらゆる天候のゆえに（frate Vento, / e per Aere e Nubilo e Sereno e onne tempo）。姉妹なる水は……助けになり、控えめで、気高く、清純です（sor Aqua . . . utile e umile e preziosa e casta）。兄弟なる火は……若々しく、愉快で、たくましく、屈強です（frate Foco . . . ed ello è bello e iocondo e robustoso e forte）」[11]。純粋に自発的な喜びが、これほどうまく表現されることは滅多にない。短く、しばしば単音節の名詞や形容詞からなる軽快さは、『讃歌』以前の世俗的、あるいは礼典的なラテン語の多くの先例に共通な、より文学的で修辞的な創造の記述とは離れて、子供のような歓喜と真摯な世界の態度を表している。これらの詩行は、フランチェスコが被造物や自然環境を黙想したときに経験した、かの喜びと神秘的な歓喜の表現なのである[12]。『讃歌』の出だしの雄大さや荘厳さは、「また……また」（イタリア語のe . . . e）の形が失われた母なる大地の部分（二〇―二二行）になってようやく戻りはじめる。より暗い最後の詩節への情緒の変化を念頭においた、文体の移行である。

これらの重要な詩行（一〇―二二行）において、フランチェスコの創造物への称賛は、中世的な霊性のより伝統的な表現（聖書的・象徴的・礼典的用語における創造物の称賛）から、創造物への個人的、霊的な見方へと成長しているとみられる。すなわち、それは被造物の「親近化」と、精神化された騎士道的礼節における敬称による彼らへの敬意である。この豊かにされた霊的な称賛は、創造物の自立した物理的な美しさと価値にたいするフランチェスコのより深い個人的な称賛を含んでおり、彼が様々な被造物のことを考えて感じる喜び、高揚感、感嘆の感情を表明する際の、詩的表現における一つの独創的形態に至っている。単純で子供のような仕方でそれぞれの被造物はたたえられ、その最高の物質的特質が驚きと情熱をもって描写される。この詩に固有な精神と美学を与えており、環境へのキリスト教の態度への最も大きな貢献の一つであるものは、個々の被造物にたいする愛情ある個人的な結びつきと賛同という、このありのままの感覚である。[13]

このようにこの詩の強調点は、始めの数行において微妙に変わっている。『讃歌』は被造物の「ゆえに（for）」、フランチェスコの神への称賛の表現をもってはじまるが、それは他の人々へ創造物にたいする感謝を奨励する彼の努力において、被造物それ自身に「ついての（of）」称賛の表現へと至っている。フランチェスコの聖書的、霊的な背景の理念がその基礎を提供したのであり、その上に彼の創造物の「ゆえの（for）」称賛は、その物質的美しさと自立性における創造物に「ついての（of）」、より深い称賛を生み出すことができたのである。これら二つの動機のあいだの緊張関係が、この部分の詩の複雑さを生み出している。

しかし、これら新しい独自な要素をいかに強調するにしても、フランチェスコがこの詩に引用している表現の伝統的な基盤と蘊蓄は、やはり忘れられるべきではない。この『讃歌』の全体は、キリスト教の霊的審美的な成長から物理的詩的なそれへの、一つの有機的な成長を表している。この前者を無視して後者のみを見ることは、その母を知らずに子を理解し、評価しようと試みることにほかならない。

『讃歌』における相互依存関係

疑いなくフランチェスコは、『讃歌』において被造物の自然美をたたえ、その自立的な価値を認めているが、このことだけをとりあげて解釈するべきではない。なぜなら、フランチェスコの被造物の評価が多くの段階をもっていたように、それほど世界における被造物の地位についての彼の理解は、被造物の自立的な存在と価値についての彼の観察を上回っていたからである。しかしこのことは意義深いことであった。というのは、自立性について語る場合、「何との関係においてか？」と問われるに違いないからである。『讃歌』においてフランチェスコは、創造物と人間と神のあいだに多くの相互依存関係を含む複雑で多面的な関係があると想定している。創造物と人間はそれぞれ一定の自立した性格をもつが、被造物は折りにふれ人々に奉仕し、人間は創造物の援助に依存している。そして両者とも神に依存し、仕えている。他の箇所でフランチェスコは、従順において自分たちを創造物に従属させる人々を[14]、またその幸福のために人間の配慮と尊重に依存している被造物を思い描いている[15]。

これらの関係の多くは、フランチェスコが兄弟なる太陽について語ったことによって簡潔に説明される。全てのものの創造者なる神を思い起こさせることによって（「讃えられよ……あなたのすべての被造物とともに」Laudato sie . . . cun tutte le tue creature）、フランチェスコは（人々を含む）全ての被造物に、彼らの起源と絶え間ない存続が神の御心に依存していることを思い出させる。姉妹なる月と星の場合の創世記への暗示は（「あなたは彼女らを天に……創られました」im cielo l'hai formate）、これをより明確にしている。太陽は神の計画によって働き、昼をもたらす（「彼は昼をつくり」lo qual è iorno）。太陽がその起源と絶えまない働きにおいて神に頼っているように、人々はその務めを果たす太陽に頼っている（「彼によってあなたはわれらを照らします」e allumini noi per lui）。また太陽はもう一つの仕方で奉仕する。すなわち、太陽は人間に神を指し示し、自然におけるその象徴として機能している（「この上なき方よ、彼こそがあなたの姿を象徴するのです」de te, Altissimo, porta significazione)。これらすべてのただなかに、太陽の物理的な美しさへのフランチェスコの熱烈な讃美が生じる(「彼はなんと麗しく、なんと大いなる輝きを放っていることでしょう」Ed ello è bello e radiante cun grande splendore)。

フランチェスコは神と人々と姉妹なる月や星のあいだのいかなる関連についても、特に詳しくのべてはいない。しかし、月や星に関する詩節における創世記への彼の暗示は、創造において定められたそれらの機能を思い起こさせる。すなわち、夜をおさめ、日付のきざしとしるしとなり、地を照らすことである。(16) 嵐と天候は、神が他の被造物に食物を与えるのを助ける(「彼らによって、あなたはあなたの被造物を養ってくださいます」per lo quale a le tue creature dai sustentamento)。フランチェスコは雨と雪にも、吟遊詩人《トルバドール》の詩で有名な豊穣をもたらす春風にも言及していない。(17) 姉妹なる水について、フランチェスコは実際に「utile(役に立つ、有益な、助けになる)」という形容詞を採用しているが、これは明確に称賛を意図した他の用語(「助けになり、控えめで、気高く……」utile e umile e preziosa . . .)のただ中に現れる。彼の描写の選択は、彼が水を飲用に適すると見なすだけでなく、洗礼におけるその働きによってそれを称賛していることを示している。(18)

同様に兄弟なる火についても、有用性と相互依存関係が主題として復帰する。夜を照らすことによって火はその働きを全うし、人々を助けている。(19) 水と火の両者を情緒的に人々に結びつける描写の用語(控えめなumile、清純なcasta、愉快なiocundo)は、それぞれの要素と人間との密接な関係をうまく強調している。

また母なる(そして姉妹なる)大地についてフランチェスコは、はじめは有益さの点から考えていたが、この時点では生産性という特別な意味において考えていることは疑いない（「彼女はわれらを支え、養い育て、様々な果実を、色とりどりの草花とともに生み出します」la quale ne sostenta e governa, e produce diversi fructi con coloriti flori ed erba）[20]。いろいろな仕方で「governing（治める、養育する）」という母なる大地の概念は、フランチェスコには例外的なもので、その意味するところは彼の思想の他の表現から直ちに明らかにはならない。それはおそらく哲学的ではなく、一般的な表現を用いながら、創造の秩序を統括し多産によってそれを養うものという自然観に抗う、一つの試みを表している[21]。そのようなことは、フランチェスコの詩作においては極めて稀である。しかし、その哲学的叙述としての性格は、誇張されるべきではないだろう。それは哲学に由来しているのではなく、隠遁者や田園労働者たちの見方への、初期フランシスコ会士たちの親密さと詩的な表現法とに由来しているからである。おそらく、「彼女はわれらを支え、養い育て（la quale ne sostenta e governa）」という章句でフランチェスコが言わんとするのは、大地はその生み出す豊作を通して、その定めた量で、その割り当てた季節に養ってくれるのだから、人々はその大地にたいして感謝するべきだということである。

われわれが先に見たように、他の少数の例でフランチェスコは、人間がいろいろな仕方で特定の被造物に従属させられていると考えていた。フランチェスコによれば、人間は自身を他の人々に服従させるべきであるのみならず、「あらゆる獣や野獣にまで服従する。その結果、人も獣もこの人に、主が上からお与えになる限り、自分の望みのままに行える」[22]。フランチェスコが兄弟なる火の求めにもマントを与えなかったのを後悔することを語る逸話は、ここでフランチェスコが意味していることを例証しているのかもしれない（*LP* 50）。フランチェスコと兄弟たちは夜間焚き火に頼っていたが、おそらくこの親密さと依存のゆえに彼は、火が見返りとして尊重され、その願いも認められるべきだと考えたのである。また他の所でわれわれが見たように、フランチェスコがネズミに混乱させられたとき、彼はこの迷惑をやめさせる努力をしておらず、それを神が（暗黙のうちに）フランチェスコに忍耐するよう求めているはずの悪魔の誘惑を示すと判断して、彼らに服従しているように思われる。[23]

これらの事例において、フランチェスコの被造物への服従は、同意しがたい極端さに達している。フランチェスコの相互依存、尊重、従順の理念は、生物や無生物の被造物が財産や健康、あるいは衛生を脅かすときでさえ、人々はそれらに服従すべきであるという結論に至っているのであろう。現代人は、フランチェスコの理想的だがひどく非現実的な見方の一例として、被造物へのこのような異例な寛容さや人々の必需品への要求を敬遠するであろうが、この聖人は疑いなくそんな反応は被造物の願いの軽視のみならず、全ての被造物をその利益のために統治しておられる神への信頼の欠如を示すと答えるであろう。フランチェスコが述べるように、人は被造物の求めに従うべきであり、「その結果、人も獣もこの人に、主が上からお与えになる限り、自分の望みのままに行える」。フランチェスコは彼らの願望や要求が無秩序で不適当である場合には、神がその被造物を抑止することをほのめかしているようである。ちょうどこの種の抑止が実際、二つの逸話において起こっているように見える。その一つでは貪欲なコマドリのひなが当然の報いを受ける。

なぜなら、この大きなひなは望むだけ十分食べたのに、残りのひなたちを餌から追い払うのであった。師父は言った。「ほら。この貪欲なひなのなすことを見なさい。もう十分食べて満足なのに、空腹な兄弟たちを妬んでいる。やがて悪い死に方をすることだろう」。その報いは、この聖人の言葉に直ちに続いて起こった。この兄弟たちの妨害者は、水を飲もうとして水入れに止まったが、たちどころに水の中に落ちてしまい、息が詰まって死んでしまった。そして聖人によって呪われたこの鳥に、触れようとするような猫も他の獣も見られなかった。（*VS* 47）

神の報復がこの聖人の呪いによって働き、不正な被造物の上にくだるのである。同様に貪欲な雌豚が、生まれたばかりの子羊を殺したことを罰せられる。

次の朝があけると、人々は子羊が死んでいるのを見つけ、その豚がこの悪事を犯したことを知った。情け深い師父はこれを聞くと大いに同情させられ、もう一頭の子羊のことを思い起こすと、みなの前で次のように言って、死んだ子羊を悼んだ。「ああ、兄弟子羊、無邪気な動物よ。お前はすべての人類にとって有益であるものを表している。あなたを殺したあの邪悪な獣に呪いあれ。人は誰も、いかなる動物も、それを食べることのないように」。（*VS* 111）

フランチェスコは「無邪気」で「有益」な被造物の不必要な破壊に反対したが、それは被造物の純粋性と有益性という、『讃歌』の価値観の幾つかを思い起こさせる理念である。子羊の象徴的な価値は、まさに子羊の価値を際立たせるために、また子羊に示されたかかる軽蔑への聖人の憤りを弁明するために言及されている。

グッビオのオオカミの出来事も、フランチェスコの信念の同様な表現を含んでいる。聖人は神の力に信頼してオオカミへの恐れを退ける。彼はオオカミをその悪事に直面させる。すなわち、そのオオカミは無惨にも無垢な被造物をむさぼり食い、さらに神のかたちに創造された人間さえ食い殺した。このことのゆえに罰せられるべきである。しかし、神の仲介人たる聖人は、オオカミとの平和協定を設けることによって状況を正すのである。(24)

これらの出来事において聖人は、被造物の節度のない欲望を懲らしめる神の代理人として働いている。またある時には、被造物自身が災難から救われるために、人間と被造物のあいだの相互依存と尊重という結びつきに頼るべきである。フランチェスコは捕獲されて彼に与えられた魚、キジ、水鳥などを逃がしている（*VP* 61; *VS* 167, 170）。ウサギを与えられた時、

彼は愛情を込めてそれを抱きしめ、母親のように憐れんでいるようだった。そして、再び捕まらないようにと優しく注意してから、自由にしてやった。しかし彼がそれを去らせようと何度地面においても、野ウサギはすぐに彼の腕の中に飛び込むのだった。まるで何か神秘的な仕方で、自らへの彼の愛を悟っていたかのように。結局フランチェスコは兄弟たちに、それを森の中のより安全な場所へと連れて行ってもらった。（*ML* 8:8）

ここでは人間の尊重と憐れみが、仲間の被造物を助け、その幸福のため理に適った気遣いをみせ、そして被造物は親愛の情でこたえている。

われわれは議論をこれらの逸話へと少々拡張したが、それはいかに創造物の価値という『讃歌』の理念と、創造物、神、人間の相関ないし相互依存の関係とが、フランチェスコの自然環境にたいする一貫した一連の態度の部分を形成していたか、を示すためである。[25] フランチェスコの見方では、すべての被造物は機能、価値、要求、美しさにおいて区別されるが、神の正しく慈悲深い眼差しによって保証され統括された、調和的な相互依存関係において互いに結ばれている。フランチェスコの理念は確かに、存在の鎖における人間と被造物という典型的な中世的見方と関連しているが[26]、相互の奉仕、尊重、情愛と相まったその自立性の強調において、中世盛期の禁欲の伝統にたいする根本的に新しい何かを現に表している。『讃歌』の素朴な言葉遣いと気取らない情緒のゆえに、その想定が一つの複合した全体像を含んでいるという事実が覆い隠されてはならない。複合した全体像とは、崇高だが親密で個別的で独創的である被造物のあいだの一つの調和と相互依存の展望であり、実用主義的なキリスト教の伝統に基づいているが、称賛と尊重の手段でもある。

このフランチェスコの展望はわれわれに、創造物は「それ自身の意味」をもっているというドイルの見解を思い出させるであろう。[27] フェミニスト神学者ローズマリー・リューサーのいくつかの見方にも似た見解である。『性差別と神の語り』[28] で彼女は主張する。

われわれは全ての存在における「汝性」にたいして応答しなければならない。これは木々のうちにドリュアス（木の妖精）を見るロマン主義でも、擬人的なアニミズムでもない……。われわれは「我とそれ」のようにではなく、「我と汝」として応答する……。「男性の兄弟性」は女性だけでなく、全ての命の共同体を受け入れるよう拡大される必要がある。[29]

フランチェスコも同様に、創造物の調和的で相互依存的な共同体を思い描いていた。被造物への彼の気遣いと、それらを人々が尊重し称賛するようにとの彼の願いは、彼の自立性と相互性の概念を表している。彼が被造物へ家族的かつ騎士道的な語りかけを用いたことは、汎神論的でもロマン主義的でも、あるいは（性差別者の態度のように）抑圧的でもない。むしろそれは認識された「我―それ」という対象化する関係と、人間と被造物の尊重と情愛という「我―汝」関係との、両立へと向かう一段階であった。フランチェスコが、リューサーの「人間存在と人間以外の存在とが友となる新しい創造[30]」という展望に最も接近しているのは、この連結においてである。一方で、神のもとでの創造物の階層的な性格を肯定し、また神の賜物として人間によるその適切な利用を肯定することにおいて、フランチェスコは明らかに伝統的中世の考え方との関係の中にとどまっている。

『讃歌』における調和と和解

『讃歌』の残りの部分は、調和と和解という主題をその最高の高みへと運んでいる。第五―二二行は人間と物質的創造物のあいだの調和と相互尊重をあつかっているが、『ペルージア伝記』によればフランチェスコはこれらを作詞した直後、人々のあいだの調和と理想的関係をあつかっている第二三―二六行を追加した。特にこの『伝記』に描写された政治的状況、つまりアッシジの司教と執政長官のあいだの確執という状況にふさわしいのは、「讃えられよ、わが主よ、あなたへの愛のために赦し」という第二三行である。ここの橋渡しの句は『讃歌』の他のところでも等しく用いられているので、働きにおいても同様なものとして理解されるべきである。つまりそれはフランチェスコが恥ずべきと考えた仲違いの状況にたいし、積極的な和解の命令という役割を果たすのである（*LP* 44）。このときそれは、ちょうど他のところでフランチェスコの呪いが必然的な神の裁きとみなされたのと同様に（*VS* 47; 111）、神の和解の命令に等しいものと理解されたであろう。

第二四―二六行はこの思想を継続しているように思えるが、実際は視点をフランチェスコと兄弟たちへと移している。もし『伝記』が正しければ、病と苦難を平安に耐え忍ぶ人々への言及は、おそらく「確証 certficatio」直後のフランチェスコと側近の仲間たちを暗示している。それは「幸いなるかな、それを安らかに耐えぬく人々。彼らは、この上なき方よ、あなたから冠を授けられるからです[31]」という異例な至福の調子で述べられている。この章句全体は『伝記』が述べているような重病ながら献身と約束をしたという時に非常によく合致しており、したがってこの部分は、『讃歌』の最初の部分が作詩された直後に挿入されたというその主張を裏付けている。その強調点は最初の呼びかけに現れた出だしの句を思い出させる「この上なき方よ」によって、人々のあいだの調和から人間と神とのあいだの調和へと微妙に変化しているのである。

ある人々は、二七―三一行がこの詩で最も独創的であると考えている[32]。それらはフランチェスコのいくつかのより初期の著作に、とりわけ『全キリスト者への手紙』末尾の熱烈な説教にまさに類例をもっている[33]。その主題は全く中世的ではあるが、それはその徹底的な肯定的要素を除いてである。フランチェスコによってその死の直前に書かれた（*LP* 100）この詩行は、この聖人が姉妹なる死との神秘的な和解において、その到達点へと手を伸ばしていることを示している。姉妹なる死は全ての存在にとって不可避で、邪悪な者にとって恐るべきものだが、聖なる者の友であり、その者に永遠の至福をもたらす[34]。

この詩のこの部分は、いかに聖人が死との平和を実現したかを表現しており、フランチェスコがいかに「兄弟なる肉体」との平和を実現したかも、加えて思い出させる（*VS* 210–11）。またこの部分は、この詩を、偉大な人々が死に臨むときしばしば生み出す、統一と和解の文学とみなされるものの一例へと変化させている[35]。この文脈でフランチェスコが至高の神への感謝、賛美、謙遜なる奉仕の誓約という壮大な合唱において全世界が一つとなるよう命じるとき、この最後の節はこの詩のすべてにわたるフランチェスコの調和と統一の理念に、一種の絶頂をもたらしているのである。

『讃歌』におけるヒューマニズム

（人もあろうに）イタリアの独裁者ムッソリーニをふくむ多くの著者が、「ヒューマニズム」のゆえにフランチェスコを称賛した[36]。この言葉の多様な意味のすべてを探求することも、あるいはキリスト教的ヒューマニズムなるものがあるかどうか、またはどの程度まで可能であるか、を考察することもさえも、この研究の範囲の中にはない[37]。『讃歌』におけるいくらかの要素はある意味でヒューマニズム的と解釈されうるけれども、それはフランチェスコの思想の革新性についての認識いかんに関わるであろう。

初期フランシスコ会のヒューマニズムとシャルトル学派の洗練された文学的で哲学的な到達点とはもちろん区別されねばならないが[38]、それでもなお一二世紀の知識人とフランチェスコの見解のいくつかの側面とのあいだに、興味深い類似性が引き出されるかもしれない。例えばR・W・サザンやデイヴィッド・ノウルズ師らによる一二世紀ヒューマニズムを定義しようとする試みに照らして、フランチェスコの『讃歌』を考察してもよいだろう。サザンはヒューマニズムの価値観に次の三つの部分からなる基礎を想定する。すなわち「人間性の尊厳についての強い意識、自然自体の尊厳についての承認」、そして最後に「人間の理性にとって理解でき接近できる」とみえる世界である[39]。この最後の所見の科学的な意識は、フランチェスコの『讃歌』にはあまりよく適合しない。『讃歌』はより素朴で一般的な態度に発しており、したがって一二世紀の『アンティクラウディアヌス』よりも、先に論じた九世紀のケルト詩歌の見解とむしろ共通点がある。けれども『讃歌』は、人間の評価と理解にたいする創造物の接近可能性を強調しており、したがってより一般的なレベルにおいては、シャルトルの見解に類似していると理解されうる。サザンの他の叙述によれば、『讃歌』のもっとも重要な点のいくつかは、聖人の痛ましい病と衰弱という背景に抗して、人間の善良さと完全さの可能性を提示しているところにある。同様に『讃歌』のもっとも独創的で熱烈な語り口のいくつかが、被造物の高貴さを際だたせる騎士的な称号をもって自然界の尊厳と高貴な身分とを認めているところにある。

ノウルズにとって一二世紀のヒューマニズムとは本質的に、「広い人文学的素養、すなわち古代世界のある人物への個人的傾倒であり、そしてついには個人的人間的な感情と、小さな友人の仲間内での経験や意見のわかちあいと、におかれた高い価値観」[40]を示すことにあった。フランチェスコの非知性的で自発的な表現は、確かにこれらの要件の最初の二つとほとんど共通していない。しかし、先に論じた『讃歌』創作のときの事情とその主観的な詩的情緒は、ノウルズのこの最後の基準にはしっかりと結びつけられる。すなわち『讃歌』は（その他の事柄とならんで）、彼の忠実な仲間たちへの一つの贈り物であり、フランチェスコの最も深い感覚と信念との表現である（*LP* 42-44）。実際『讃歌』におけるフランチェスコのヒューマニズムの最も卓越した表れは、水や火のような地味で見過ごされがちな被造物にたいする歓喜、情愛、共感といった繊細で内面的な情緒についての彼の啓発的な叙述である。[41] この素朴で自発的なほとばしりが、他の人々にも、創造物における美の称賛や科学的興味さえ尊重する心を起こすことができた。フランチェスコの熱烈な表現は、こうしたすべての可能性を未完成なままにも保持していたのである。

結論

無頓着な観察者にとって『讃歌』は、その素朴な言葉使いや外見上の純朴さ単純さから、ある種の深みと洗練に欠けていると思われるかもしれない。しかしフランチェスコの他の作品やこの創作の背後の動機の点から考えると、この詩は思想の独創性と複雑性において、実際疑う余地のない資格を獲得している。『讃歌』は知識人の作品ではないが、独創的なキリスト教思想家による最高の詩的表現である。その中でフランチェスコはラテン語の手本に基づいているが、彼の母国語の選択、詩的な才能、親密かつ微妙に異なる情緒的表現において、明らかにそれらを越えている。これらすべてのことが『讃歌』を革新的であるのと同じほど、真に魅力的にしているのである。創造物の価値と被造物の相互依存、および相互奉仕という複雑な関係とに関するフランチェスコの想定はここにおいて、その最も明快な表現に達している。フランチェスコの詩がその最高の重要性と複雑性を獲得しているのは、想定された相互関係というこの領域においてである。この聖人はエリアーデが述べたような[42]、宇宙に内在する原型的な関係という彼自身の洞察を表現しているのである。被造物はそれぞれが自立した価値と美しさをもち、互いに兄弟姉妹であり、互いに助け、神から割り当てられた働きを喜んで果たしている。人間は他の被造物に援助される存在として、そのことを神に感謝することにより、創造物の献身的奉仕と美しさをたたえるのである。この複雑で均衡のとれた統合こそが、フランチェスコの最も独創的な概念の一つである。被造物に当然与えられるべき称賛を与えることにより、人々は被造物と神への習慣的で冷淡な忘恩を克服する。それはこの詩の末尾に思い描かれている人間の和解と贖いへ向かっての更なる一歩である。フランチェスコのこのヒューマニズム的性格は非知性的だが、創造物の善良性と人間の完成への可能性という理念を包含しており、創造と人間性の肯定という輝かしいキリスト教的表現なのである。人間と物質的世界の性質にたいする広く流布されたカタリ派の疑念にたいして、また物質的世界と肉体に由来する誘惑についての厳格なキリスト教禁欲主義の見方にたいしてさえ、それはあえて反対している[43]。フランチェスコは創造物への禁欲的態度の両義性《アンビヴァレンス》を解決する道が存在することを示し、そして彼の理想の最後の声明として『讃歌』を残したのである。

第七章　注

(1)　例えば、フランチェスコの焚き火の際の個人的経験は、おそらく『讃歌』に表現された火にたいする彼の愛を促したであろう。*LP* 48–50; *MP* 115–19 を見よ。

(2)　創世記一・二六—三〇、テモテへの手紙 I 四・一—五を見よ。

(3)　*VP* 80（虫けらとキリスト）; *VP* 77（子羊）.

(4)　例えば、T. H. White を見よ。

(5)　*MP* 118; É. Leclerc, pp. 76, 98; Getto, p. 53.

(6)　Goad, p. 71.

(7)　Vicinelli, p. 250.

(8)　Ibid., p. 246, note 70.

(9)　*VP* 58; *LP* 48 における他の例を見よ。

(10)　Doyle, p. 397.

(11)　フランチェスコは古来の四元素概念をもっていたにもかかわらず、古典的な地・水・大気・火の配列よりむしろ、詩的かつ独創的な組分けである風・水・火・地を選んでいる。彼の組分けはより聖書的で階層的である。E. Platzeck, pp. 26ff を見よ。

(12)　*VP* 80.

(13)　もし『讃歌』が創造物への称賛の感覚を喧伝するための修辞的な論証であるなら、それは非常に有効である。ヴィチネッリが主張するように（Vicinelli, p. 230）、『讃歌』の最も生き生きとした叙情詩的な見せ場は、まさに最も聖書的なものに基づかないところ、すなわち被造物への熱烈な賛美とそれらの人間との家族的関係の表現を含んでいるところである。

(14)　『諸徳への挨拶』の末尾を見よ。

(15)　子羊に関する逸話を見よ。例えば *VP* 77–79.

(16)　創世記一・一三—一五。

(17)　有名なゼフィルス（西風）、Goldin, p. 97 を見よ。

(18)　É. Leclerc, pp. 98 を見よ。

(19)　第一八行。

(20)　この章句は創世記一・一一と二九という手本に由来したかも知れないが、ここでの美しさへの熱意と集中はフランチェスコ的である。

(21)　ヴィチネッリ（Vicinelli, p. 246, note 20）は、これは一つの可能性だが、シャルトル学派の理念との対比が必須であるというのは疑問だと述べている。

(22)　Habig, p. 134.（『諸徳への挨拶』一七—一八）

(23)　*LP* 43. 同様に人々はまた、別の被造物である死を甘受しなければならない（『讃歌』の第二八行を見よ）。

(24) この出来事の信憑性に関する更なる議論と疑問については、本書第二章の注(47)を見よ。

(25) ドイルとホワイトは単純化しすぎてこの含蓄を全く認識していない。E・A・アームストロングもフランチェスコの被造物の評価の多くの異なる段階や相互依存的存在という一貫した理念には注目していない。

(26) A. O. Lovejoy, *The Great Chain of Being* (Cambridge, 1948) を見よ。

(27) 前記、Doyle, p. 123 を見よ。

(28) R. Reuther, *Sexism and God-Talk* (Boston, Mass., 1983).

(29) Ibid., p. 87.

(30) Ibid., p. 97.

(31) この情趣は、フランチェスコがサン・ダミアーノにて貴婦人清貧のためにイタリア語で書いた、近年発見された慰めの中に反映されている。これは『讃歌』の時期を立証するにも役立つテキストで、前述の立場を支持している（テキストについては以下を見よ。V. Moleta, *From St. Francis to Giotto: The Influence of St. Francis on Early Italian Art and Literature* [Chicago, 1983]）。この二つの作品は他の詩的な意匠も共有している。例えば、長い句と単純で軽快な頭韻句との反復である。

(32) Vicinelli, p. 246. こうした仕方での死の寓意化は例外的である。ただしコリントの信徒への手紙Ⅰ一五・五四—五五を見よ。

(33) Habig, pp. 97–99.

(34) Vicinelli, p. 246. この節についての注。

(35) 他の例としては、ボエティウスの『哲学のなぐさめ』がある。

(36) Zimei, p. 168 を見よ。他のものについては、例えば以下を見よ。Vicinelli, p. 250.

(37) 背景については以下を見よ。D. Knowles, *The Evolution of Medieval Thought*; J. Pelikan, *The Christian Tradition*, vol. 3: *The Growth of Medieval Theology* (Chicago, 1978).

(38) これについては、例えば以下を見よ。W. Wetherbee, *Platonism and Poetry in the Twelfth Century* (Princeton, 1972).

(39) R. W. Southern, *Medieval Humanism* (New York, 1970), pp. 2ff. ノウルズについては以下を見よ。Knowles, "The Humanism of the Twelfth Century," in *Studies* 30 (1941): 43–58.

(40) 以下において見られる。B. Tierney, *The Middle*

Ages, vol. 2: *Reading in Medieval History* (New York, 1974), pp. 189ff.

(41) ここで彼の理念はシャルトル学派と結びついている。彼らはその詩歌において、「人間の感覚」に「一つの内在する重要性」を与えた。Wetherbee, p. 143 を見よ。

(42) Eliade, p. 9. 他各所。

(43) より厳格なキリスト者の態度については、フランチェスコが兄弟たちに胸当てや鉄輪を着けるのを禁じている *F* 18 を見よ。

第八章

フランチェスコ――事実と遺産

ある時代が、過去の偉大な人物から精神的な糧を引き出す努力において、その人々をその時代のイメージに作り替えるのを見るのは、よくあることで心打つものでもあるが、それは歴史家の役割ではなく宣教者のそれである。いくつかの現代の研究は、初期フランシスコ会が創造物への尊重を支持し、通常のキリスト教の環境開発に反対する従順かつ急進的な見方を示す一種の抵抗運動であった、という印象を与えている。しかし、これは現代の問題の過去への投影である。われわれが見てきたように、多くのフランシスコ会の理念と実践は、広く読まれた聖人伝と実例を通して中世社会の多くの階層に甚大な影響力を持っていた、中世の隠遁の伝統からの明白な由来を示している。この領域におけるフランチェスコの関わり方は、ほとんど以前の禁欲思想の反映であり、通常の隠遁生活における経験と理念から容易に説明可能である。フランチェスコの自然界への応答やかかわりには、おびただしい数の非独創的で伝統的な要素が存在するのである。それは例えば、彼の動物の保護（聖人の伝統内に定着している）、自然の事物や生き物への権威と命令（これもやはり定着している）、生き物への呪い（これは聖書と聖人伝統の両方に類例をもつ）、人間以外のものの資質にたいする理性的理解をもった彼の見方（詩歌や聖人伝において全く典型的）、人間以外の事物にたいする倫理的指示（これも聖書的で聖人伝の伝統に定着している)、創造物の個別の存在への尊重(より古いキリスト教資料に見られるので非独創的)、無生物への愛(より古いキリスト教資料には例外的であるが独創的ではない)[1]、創造物は神を称えるべきであり、またそうしているという概念(聖書的)、創造物への讃美(非独創的)、特別な環境にたいする称賛(彼以前に定着していた)、象徴的な連想を介した被造物への称賛(起源において全く伝統的)、修道院を避け小屋・洞穴・墓を求めたこと(伝統的な隠遁)、そして冬の野生動物への特別な給食(例外的だが、独創的ではない)などである。[2]

これらの列挙も、もちろん全てではない。しかし非独創的あるいは典型的な中世の要素の一覧表が長い一方、フランチェスコの経験における独創的な(つまり西欧キリスト教にたいして独創的な)要素の一覧表もまた同様なのである。すなわち彼の自然神秘主義、創造の事物との家族的関係という特別なつながり、自然の事物にたいする騎士的な呼びかけの言葉や他の騎士道精神の適用、対価的《アンビヴァレント》である代わりに恩恵としての自然の事物にたいする彼の並はずれて一貫した強調、無生物の対象にさえ神に仕え賛美するようにとの直接的な(文学的とは対照的な)奨励、被造物へのキリスト教的施しを拡大するという提案(*MP* 114)。そして彼が後で養った動物たちをも含めて行ったグレッチオのクリスマスの祝祭である(*VP* 84ff; *MP* 114)。

独創的で現代の理念にも類似しているように思われるフランチェスコの表現の多くは、一三世紀の文脈内で理解されるべきで、解釈を誤らないようにせねばならない。それらがたとえ独創的であっても、その背後の動機はまったく現代的ではないからである。環境にたいする態度に関心をもつ人々は、フランチェスコが花を摘まず、それらのために小さな場所をとっておいたこと(*VS* 165; *VP* 81;

MP 118）、その再生を願って注意深く木々を切ったこと（*MP* 114, 118）、そして冬に野生の鳥に食べ物を与える法律を望んだこと（*MP* 114）などを聞いて喜ぶかも知れない。しかし本文をより深く読めば、フランチェスコは「『平地のバラ、山裾のユリ』と呼ばれた方への愛から」花々を保護したこと、また「十字架の木の上でわれらの救いを成し遂げようとされたキリストへの愛のゆえに」木々に不可欠な部分を残した（*MP* 118）ということを示している。同様に彼は、人を啓発するその象徴性のゆえに、ヒバリが冬に餌を与えられるのを望んだ（*MP* 113–114）。もちろんフランチェスコが個別の創造物をそれ自体の権利において評価したこと、また「環境への関心」への一般的な定義では「生態学的《エコロジカル》」と表示されるかも知れない関心をもっていたことに疑いはない。ただ上記のような理念の印象は、現代の理念へと傾いているかも知れないが、それらの背後の動機はたとえ独創的でも、おおいに中世的な心性から由来しているのである。

ある特徴的な（しかし系統的でない）思想の傾向が、フランチェスコの独創的な表現の基調をなしている。その一つは、文字通りに解釈しようとする字義的解釈《リテラリズム》の傾向である。フランチェスコを使徒的生活の構想へと導いた同じ字義的解釈的《リテラリスティック》な態度が、同様に彼を今までになく文字通りの仕方で、被造物への修辞的礼典的な奨励と「全ての被造物に」福音を宣べ伝えるという聖書の命令とに適合するよう導いたのである。これら文字通りに解釈された二つの目的の結合が、フランチェスコの自然との関係における最初の大きな革新となった鳥への説教を生み出した。フランチェスコの使徒的生活という十分に鍛えられた今までになく文字通りの理念は、自然界との独創的な出会いを可能にする決定的に新たな要素であった。それは以前の聖人たちとは対照的で、彼らはおそらく人間と被造物のあいだの失われた調和という暗黙の概念を心に抱きつつ、人なつこい動物たちに出会い、単にそれらを飼い慣らし、あるいはこき使っただけであった。フランチェスコとチェラノとはこの説教を、人類から新たな次元へと再構築された使徒的な生活と理念の拡大、つまり人間と宇宙とのいにしえの調和の拡大を表すものと理解している。したがってこの点においてフランチェスコの表現は、そうした調和にたいする禁欲伝統の肯定的な熱望の到達点であると理解されるかも知れない。

われわれは、チェラノとボナヴェントゥラがいかにフランチェスコの自然神秘主義を、神秘的道程についての本質的に文字通りで保守的な解釈として理解したかを指摘した。この解釈はわれわれのものと言うより彼らのものであるが、神の創造物の地上の個々の代表的存在の美や価値にさえ、並はずれて直接的な仕方で神を認識するフランチェスコのこの一種の字義的解釈《リテラリズム》のいくつかの反映がそこには存在している。この直接的な洞察におけるフランチェスコの高揚感が非常に大きかったので、創造物を観想する彼に恍惚の経験をもたらしたのである。

同様の字義的解釈的《リテラリスティック》な心性が吟遊詩人《トルバドール》の詩歌にも接近した。それはフランチェスコの見方に影響し、実際豊かにし深めもした、キリスト教伝統の外側では唯一の極めて重要な要因である。彼はおそらく自然環境の中での彼の自発的な喜びを表明するため、吟遊詩人の詩歌の様式化された「自然の入り口(Natureingang)」を利用し、そうしてそれら修辞的な表現を今までにない文字通りの仕方で当てはめたのである。

さらに、字義的解釈的《リテラリスティック》な傾向以上のものがフランチェスコにはあった。世俗の騎士道理念を彼の霊的な目的に適合させるに際して、彼は全く中世的な素養を見せている。それはある(現代的用語で言う）「意識の段階」から他のそれへと素早く敏感かつ巧妙に至る、直観的特質である。彼が聖書本文の優れた寓意的解釈者とみなされることは、[3] 彼が正式な学問的手法の訓練を受けていないという事実を別にすれば驚くべきことではない。彼の知的な能力はその代わり、説教において際限なく（ad infinitum）使われていた寓意的な手法を聞くことによって育てられていた。彼の生活の方法が安定を得た後には、礼典詩編（われわれが知るそのいくらかを彼は「小さき兄弟会」に言及したものとして解釈している）の洗練された隠喩的技法と豊かな比喩的設定との絶え間ない接触が、彼の素養を訓練し強化していた。[4]

それゆえしばしばフランチェスコの心は、新しい霊的意味を省察することにおいて、または書かれた文書、あるいは「自然という書物」における意味の多様な段階を一緒にまとめることにおいて、ほとんど陽気な気楽さをもってある霊的段階から他段階へ、喜びの内に素早く移動したのである。したがって自然界の事物についての彼の解釈の幾つかを、（『讃歌』における神秘的象徴性のように）寓意についての様式化した中世的な「観念」に照らして吟味することもできるであろう。ただし、このフランチェスコの能力をこれらの段階のみの思想に制限すること、あるいは明らかに固定された方式を念頭において彼が見るものを解釈していたと推測することは不可能である。[5] 自然界の霊的意味を様々な段階で解釈する彼の能力——すなわち彼を啓発すると同時にある現代の学者たちをおそれさせる一つの実践は、彼の霊的豊かさとおそらく恍惚にとってさえ、一つの一貫して自発的な源泉であった。このことにおいても彼はまた、かつてない熱意の深さと率直さによって、伝統を革新へと翻訳したのである。

フランチェスコの文字通りに解釈しようとする理念とその思想の保守的な態度とを考慮すると、彼の聖人伝記者が最も顕著な多くの独創的表現を、それらの劇的な独自性と類いまれな背景を探求するよりは、むしろキリスト教の保守主義と単純さへの回帰として理解したことは驚きではない。フランチェスコの崇拝者は彼の表現をこの上なく正統的なものと解釈することができた。そしてその結論は実際、間違いではなかった。フランチェスコの行動や動機は、必ずしも彼らの信じる仕方で説明可能でもそれに限定されるわけでもなかったにもかかわらず、である。このような幸運が、その他の疑わしい革新の承認をも促したのである。

フランチェスコの態度は一般に、特に『讃歌』において見られるように、中世の全領域における自然界にたいするあの潜在的で明白な反応の最も積極的な発展の一つを示している。フランチェスコは言葉と行動の両方を通して具体的に、自然界にたいする中世の禁欲的な対価性《アンビヴァレンス》が――すなわち自然にたいするさらに一般化された中世のあらゆる拒否と対価性《アンビヴァレンス》の核心が――解決されうるまで、途方もないほとんど完全な広がりを示した。そしてその解決において、創造物への独創的で積極的な反応のほとばしりの状態へと発展する。フランチェスコの自然環境の深い受容は、彼の信仰の肯定的な教義の裏付けに直観的に集中するように彼を導き、またキリスト教の教説を自らの力でその方向に拡げるように彼を導いた。フランチェスコの被造物への愛と関心の実証である鳥への説教と、『讃歌』という最も有名な実例において、この過程が起こるのをわれわれは見ることができる。その説教によってフランチェスコは、人間はキリスト教宣教の一部として被造物の幸福に関心をもつべきであることを如実に示した。動物たちには神の注目と養育があることを、聖書を通して示すその言葉により、彼は神の下で人間と仲間の被造物のあいだに堅い親族関係と共同性を宣言した。

『讃歌』は疑いなく、この領域におけるフランチェスコの最も意味深く総体的な遺産を示している。最初は素朴な人の単純な詩的叙述のように見えるこの独特な文書は、それどころか非常な複雑性を保有することを示している。その著者の学問的訓練の欠如を考慮すれば、なおさら尊重すべき複雑性である。それはフランチェスコがその全生涯において表明し、行動してきた想定を要約している。美的なものから実用的なものまで、多くの様々な意味における創造物の価値へのその洞察、また人間と被造物のあいだの複雑な相関と相互依存についてのその洞察が、神の階層内の多様な段階における被造物の相関的な自立性というその感覚とともに、この詩を同時代あるいはより以前のいかなる中世キリスト教表現との比較にも足る、中世思想における「偉業」にするのである。「我―汝関係」にある人間と被造物との調和と和解という宣言は、その鮮明さにおいて比類なく、可能性に溢れている。その背後にある動機、すなわち人々に創造物を称賛し尊重するように、また他の被造物との人間の近親関係を認めるように強く勧めることは、その率直さと明快さと熱心さにおいて類いまれなものである。

フランチェスコの遺産――即時的なものと持続的なもの

創造物に関するフランチェスコの表現の影響力は、彼の生涯の後の数世紀のあいだに変化した。彼の洞察のいくつかの要素が著しく失われ、西欧キリスト教伝統に広く受容されなかったことを記録は示しているが、それでも他の要素は劇的で深い影響力をもっていた。これらの時代とその後の時代へのフランチェスコの影響に関する広範囲におよぶ議論については他の著者に委ねなければならないが、(6) 私は最後に彼の直後の世代への遺産の一時的に失われた一つの領域と、伝達が著しく成功した一つの例とを指摘しておきたい。

フランチェスコの動物への解放性と物質的環境への関心は、聖エジディオやパドヴァの聖アントニオの逸話、ヤコポーネ・ダ・トーディの詩歌に見られるように、彼の修道会に影響し続けた。(7) しかしチェラノとボナヴェントゥラがキリスト教伝統に組み込む努力をする限りにおいて関心をもっていたフランチェスコの自然神秘主義的経験はほとんど模倣者を見出せず、初期の修道会には全く見られない。(8) ある別の一三世紀の聖人デュセリーヌ（Douceline）（一二七四年頃没）はフランチェスコを深く崇敬していたが、彼と同様の自然神秘主義的経験をもっていたように見える。(9) おそらく修道会の聖職者化と知性化に伴って、フランチェスコの遺産はその本来の文脈と関連とを失ったのである。その遺産は起源においてあまりに隠者的で、あまりに繊細で個性的であり、フランチェスコが特に身近に接し親密な共感をもっていた創造物の荘厳さからは（精神的にも身体的にも）隔たった人々によって、あまりに容易に知性化されてしまったのである。この点に関する彼の思想の重要性と豊かな可能性についての十分に正しい評価は、かなり後になるまで待たねばならなかった。(10)

しかしながら、フランチェスコの被造物への関心と物質的環境への強い結びつきは、彼が期待しなかったであろう領域で並はずれた影響力をもつこととなった。それは美術である。ヴィンセント・モレータが『聖フランチェスコからジオットーへ――初期イタリア美術と文学における聖フランチェスコの影響』で以下のように述べている通りである。

このウンブリアの聖人にして奇跡行者の生涯は、彼の死に続く数世代のあいだ中部イタリアに数多く誕生した高い創造性をもつ才能への神からの贈り物であった。一三世紀と一四世紀初頭のイタリアにおける優れた世俗文化の台頭が、フランシスコ会によるイタリアの宗教生活の再生と同時に起こったというだけではない。聖フランチェスコの理念と実践はこの国の文化の基礎を築いた天才たちへの贈り物であり、聖フランチェスコ自身が彼らの最も重要で感動的な芸術作品のいくつかにおける主題なのである。[11]

一九世紀のテーデの研究の示唆にしたがって[12]多くの現代の著者たちの調査が発見したように、フランチェスコの伝説は前ルネッサンスおよびルネッサンスの芸術家たちの想像力を刺激した。ガーニィ・ソルター[13]はフランチェスコがイタリア美術において誰よりも頻繁に描かれた聖人であったと考えている。壮大で広々としたフランシスコ会の会堂は、その多数の会衆に直接影響を与えるより人気ある芸術に適しており、アッシジ大聖堂のような建築計画と劇的で影響力あるフレスコ画のための広い空間とを提供した。これらとその他の新たな美術作品は、

かつてない自然主義的な様式を映し出しており、ラテン語ではなく口語による分かりやすい説教への視覚的な伴奏を提供した……。われわれは同様に、この時代の最高のイタリア美術を特徴づける自然界の再発見と聖なる物語への率直で人間的な洞察の背後に、フランチェスコの深い人間性と自然への喜ばしい反応を認めることができる。[14]

フランチェスコの伝説を描いたいくつかの初期の主要な絵画における年代と帰属の特定は（アッシジ大聖堂のフレスコ画の帰属と年代決定を含めて）いまだ未確定ではあるが[15]、芸術家たち（特にジオットー）は一四世紀中葉までにはフランチェスコの伝説を、芸術的写実性と自然界への関心という彼らの新たな価値観のための課題としてとらえるようになっていたと思われる。彼らの創作はヴァザーリ（一五七四年没）に至ってようやくルネッサンスの芸術家たちを驚嘆させた。彼はアッシジの礼拝堂に捧げるべき「最大の賛辞」を与えており、特に「その構成の多様さ、その時代の衣装、そして人物像の配列、均整、快活さ、自然さ」のゆえにそれをたたえている。彼は描かれた出来事に「真実性」を見出し、それらを「命の祝祭」ととらえたのである[16]。

フランチェスコの自然への洞察が彼の死の直後に最も強く伝わったのは、文学や他の形式よりもおそらく美術を通してである。スタッブルバインの優れた研究が指摘するように、

アッシジ上部聖堂の聖フランチェスコ伝の仕事において、教えること、説明すること、喜ばせること、そして民衆を楽しませ、または鼓舞するのに必要なその他いかなることを行うことさえ、明らかに芸術家の責務であった。今日もなおアッシジのあるフレスコ画、例えば「泉の奇跡」や「鳥への説教」などの前に人々の集団が群がり、彼らの顔が理解に満たされ、それゆえ喜びと感嘆に満たされているのは驚くべきことである[17]。

フランチェスコが示した模範、初期の伝記者たちによって報告された特筆すべき主要な出来事は、

このような率直な美しさとかつてない強い写実性からなる芸術を刺激した。それが彼のメッセージを、伝記者が言葉でなしえたよりはるかに広範に伝達させたことは理解できる。このフランシスコ会的洞察と美術との幸運な結びつきこそが、ルネッサンスにおける自然界へのさらなる称賛や描写へと向かう西欧美術の方向性に劇的な影響を与え、数え切れないほどの観察者に自然界への関心をもたらしたのかもしれない。

今日へのフランチェスコの遺産

この研究は、フランチェスコの重要性についての多くの行き過ぎた近年の解釈にたいして、疑問を呈しあるいは退けてきた。いくらかの読者にとって、フランチェスコの信念と表現における伝統的要素についてのこの検証は、この偉大な人物を中世的環境の文脈内で理解しようとするその企てとともに、彼らのもつ彼の人物像に一撃を与えているように思われるかも知れない。しかしフランチェスコを彼が生まれた西欧の伝統の点から見て理解することができるなら、その道は彼の全く驚異的な独創性のよりよい評価にたいして開かれているだけではない。その道は人間と他の被造物の関係についての思想における西欧キリスト教伝統が静的で硬直したものではなく、その根本的な価値観に忠実でありつつ深い革新性を吸収し育成できる、豊かな潜在力と恒常的な能力とを含んでいるという認識にたいしても開かれているのである。確かにこのことは、人間の生態学的《エコロジカル》な責任についてのこの時代の態度を西欧の伝統に適した仕方で変革しようとする現代の闘争にかかわる人々にとって、的はずれなことではない。この現代の取り組みへの希望のかすかな光が、西欧の伝統は実にこのような劇的な変化を過去に経験したという証言を通して、輝いているのである。そしてこの希望の中心には、慎ましく柔和な、あのアッシジの人が立っている。フランチェスコは彼の時代の他の人々以上に、人間が全被造物共同体への気遣いを共有する世界を心に描こうとしていた。そして今日なおわれわれに霊感を与えるような、独創的で感動的な仕方でその関心と愛とを表現していたのである。であれば、世の被造物を公然とたたえて日がな一日を費やしていた人（*VP* 80）、「もし誰かが彼らを適切に扱わないと取り乱した（*LP* 49）」ほど被造物への関心と同情をもっていた人、また環境の美しさへのその敏感さがとても強くそれへの喜ばしい率直さが限りないので、花を観想しながら神秘的な恍惚を経験していた人、その人の模範を無視するようなことが、いったい誰にできるのだろうか？

第八章　注

（1）　Biese, p. 59; Bieler, pp. 59–61を見よ。

（2）　例えばミツバチについてはVS 165; MP 114を見よ。また、Stockmayer, p. 41（アンスフリート Ansfried, オットーI世の従者）を見よ。

（3）　VS 102–4. 他の例についてはフランチェスコの『訓戒の言葉（Admonitiones）』を参照。

（4）　新しい字義的《リテラリズム》解釈については、LP 51（フランチェスコと岩）を見よ。またMP 26も見よ。兄弟たちに言及している詩編については、フランチェスコの『聖務日課』（Habig, p. 153）の詩編六八・三三を見よ。チェラノはこの寓意的解釈を認めている。VS 170.

（5）　解釈にたいするフランチェスコの特定の言及については、VS 103および彼が「単純に何の傍注も加えずに（simpliciter et sine glossa）」従うよう望んだ『遺言』を参照。

（6）　以下を参照。Cunningham, *Saint Francis*, pp. 109ff; Moleta; E. Gurney-Salter, *Franciscan Legends in Italian Art*（London, 1905）; G. Kaftal, *St. Francis in Italian Painting*（London, 1950）; J. H. Stubblebine, *Assisi and the Rise of Vernacular Art*（New York, 1985）; *San Francesco e il francescanesimo nella letteratura italiana del Novecento, Convegno nazionale su San Francesco e il francescanesimo nella letteratura italiana del Novecento*（Assisi, 1983）; *L'immagine di San Francesco nella controriforma, Comitato nazionale per la manifestazioni culturali per l'viii centenario della nascita di San Francesco d'Assisi*（Roma, 1982）; *L'immagine di San Francesco nella striografia dall'umanesimo all'ottocento*（Assisi, 1983）.

（7）　エジディオについてはE. A. Armstrong, pp. 55–56を、パドヴァのアントニオについてはF 40を、ヤコポーネの詩についてはMoleta, p. 34を見よ。

（8）　エジディオの逸話が最も近い。

（9）　J. H. Albanès, *La Vie de Saint Douceline*（Marseilles, 1879）, chapters 7–9を見よ。

（10）　前掲書注におけるCunninghamその他の参考文献を参照せよ。

（11）　Moleta, p. 1.

（12）　H.Thöde, *Franz von Assisi und die Anfänge der Kunst der Renaissance in Italien*（Berlin, 1904）.

（13）　*Franciscan Legends*, p. 46.

（14）　Moleta, p. 2.

（15）　一連の論争については、例えばMoletaと

Stubblebine を参照。

（16） Stubblebine, pp. 88–89.

（17） Ibid., p. 91.

フランチェスコとカタリ派

この分野における現代の研究者たちは、フランシスコ会士で優れた歴史家であるカエタン・エッサーによるこの主題における決定的な論文「アッシジのフランチェスコとその時代のカタリ派(Franziskus von Assisi und die Katharer seiner Zeit)」[1]を読んでいないようである。その中でこの著者はフランチェスコの見方とカタリ派の関係を研究し、*『会則』においても、カタリ派と直接対峙したときのカタリ派信条にたいする態度においても、その危険について賢明な理解を示しているフランチェスコには、異端的な影響はないと結論づけている。フランチェスコの信条は、少なくとも暗黙のうちに、カタリ派の極端な禁欲主義と自然界への疑惑とに対抗する、一つの正統宣言と理解されるべきである。[2]

* この領域における近年の最良の研究には、優れた歴史的概観であるウェイクフィールドの『一一〇〇年から一二五〇年の南フランスにおける異端、十字軍、そして異端審問』(W. Wakefield, *Heresy, Crusade and Inquisition in Southern France, 1100–1250* [Berkley, 1974])が含まれる。ラドゥリの『モンタイユー——誤った約束の地』(E. Laduries, *Montaillou, The Promised Land of Error*, trans. B. Bray [New York, 1979])は、カタリ派社会とその文化的状況の再現を試みている。なおその他の資料については、巻末の参考文献を参照されたい。

現代の批評家たちはエッサーの著作を読んでいないため、フランチェスコの理念の起源に関して全く誤った結論に至っている。例えばリン・ホワイトはこう主張している。

スティーヴン・ランシマン卿が「フランシスコ会的な動物の魂についての教義」と呼ぶようなものは、急速にうち消された。それが部分的に、当時イタリアと南フランスに大勢いたカタリ派の異端者、これはおそらくその起源をインドにもつものであろうが、がとっていた再受肉説にたいする信仰から、意識的あるいは無意識に、部分的に刺激を得たことはほぼ確実である。……しかしフランチェスコ自身は魂の転生説も汎神論もとっていたわけではない。かれの自然および人間観は、超越的な創造主の讃美を目指した、生物も無生物もすべて一種の独特な全心説に基づいていた。[3]……聖フランチェスコの第一の奇蹟は、彼の多くの左翼の弟子たちがそうなったように、火刑にされなかったことである。彼は明らかに異端であって、フランシスコ会の総会長、聖ボナヴェントゥラは偉大な感覚の鋭いキリスト教徒であったが、フランシスコ主義の初期の説明を弾圧しようと試みたほどであった。[4]

ここでホワイトは、彼の解釈に合うように歴史的証言を歪曲している。フランチェスコの初期伝記者たちはボナヴェントゥラを含めて、フランチェスコの創造への見方を弾圧していないし、むしろわれわれが見てきたように、それを本来の正統的キリスト教的な何かの現れとして称賛し賛美していた。もし彼らがこれを異端と疑ったなら、フランチェスコの女性たちとの並はずれて親密な関係のような他の事柄について彼らがしようと試みたように、疑いなく直ちに全ての彼の見方を隠蔽したであろう。[5]ボナヴェントゥラがフランチェスコの若い頃の他の記録を隠蔽したとき、彼の関心はフランチェスコの創造の見方を隠蔽することではなかった。それは『讃歌』とボナヴェントゥラ自身のフランチェスコについての著作との中に支障なく生き残っている。そうではなく彼の関心は、フランシスコ会的清貧の穏当な順守と学ぶ権利とに関するいくつかの理念は、より厳格な初期の著作によっても疑われないと保証することであった。(6)

フランチェスコは汎霊魂論〔訳注　邦訳書では「全心説」〕的な異端であったというリン・ホワイトの主張は、エッサーの反論が無くても多くの問題点にぶつかる。初期にも後にもカトリックの伝記者は誰も、フランチェスコの自然環境の解釈を非正統的とは理解しなかった。さらに重要なことには、教皇顧問や教皇自身によるフランシスコ会問題に関するあらゆる一三世紀の議論においても問題は全く生じていない。教会当局はこの新しい修道会にたいしてまず無批判ではいられなかった。修道会はまさにその発端から、多くの分野で反対に直面していた。(7)さらに関連するすべての当局は、ここで起こり得る危険に十分気づいていたであろう。カタリ派が、物質的世界の解釈というまさに致命的な領域で誤りを犯している民衆運動の強烈な実例を、当代にもたらしていたからである。この状況であれば、当局が存在すると考えた何らかの危険を指摘するのを怠ったとは全く考えられない。その彼らが沈黙しているのである。

初期フランシスコ会資料の分析

多くの初期フランシスコ会資料には、その複雑な起源と伝承に関する明確な理解だけはもって取り組むべきである（図表1を見よ）[1]。この理解によって、信頼できる最も確実な資料に序列をもうけることができる。

フランチェスコ自身の叙述はいずれも、二次的な記述に優先するに違いない。ブラウンは正しくこう主張している。

この小さき貧者（Poverello）の個性が、その最高の表現を見出すのは彼の著作の内である。それについてより詳細な知識をわれわれに与えるものは他になく、初期資料の信憑性に関する最高の保証も、フランチェスコ自身の自らについての証言との一致にこそある[2]。

初期の二次的な記述は、互いに複雑な関係をもっている。現在の研究は、執筆の年代、フランチェスコの側近の仲間との近接性、雰囲気の点から最も重要性を主張する四つのテキストを導き出している。チェラノの『第一伝記』はこの聖人の死（一二二六年）後二年以内に、フランチェスコと実際に

図表1　フランシスコ会資料の起源と伝承

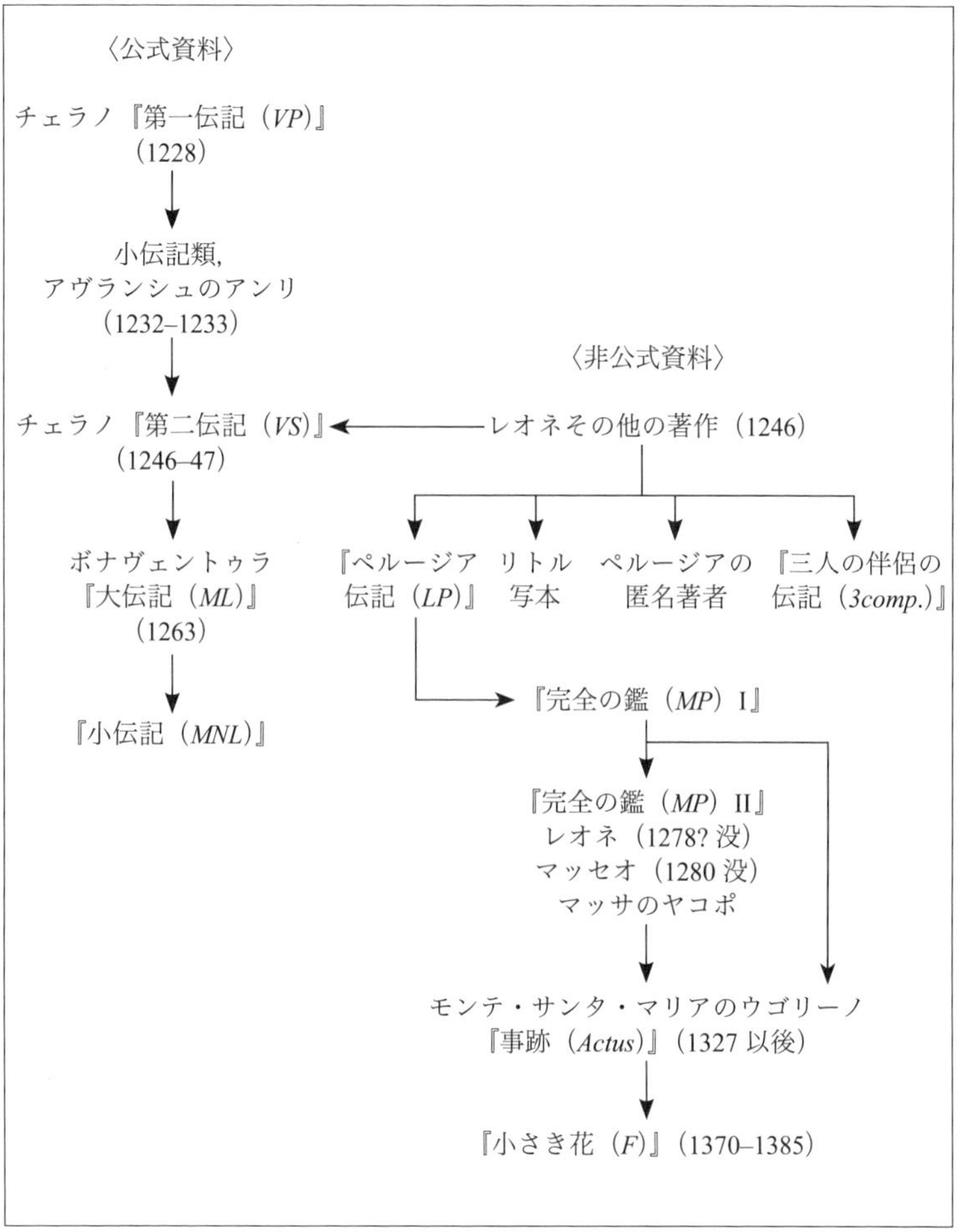

面識もあり、よく訓練された伝記者チェラノのトマスによって執筆された。[3] これは数多くの逸話のゆえに、最も尊重される初期資料である。『ペルージア伝記』は、以下を考慮すればそれに次ぐものに違いない。すなわちフォルティーニ、[4] ビガローニ、[5] ブルック[6] の専門的研究が、この『伝記』の各章の原初の素材は、今日失われた兄弟レオネの著作にさかのぼることを示したからである。レオネが長い間フランチェスコの親密で明確にことを述べる仲間だったことから、これはとても貴重な源泉である。したがってこの『伝記』は、フランチェスコと彼の側近の仲間たちの見方をほぼ間違いなく反映している。チェラノの『第二伝記』はこれ（あるいはその素材）と他の初期の題材とを利用している。

『事跡』―『小さき花』はチェラノとボナヴェントゥラの公式資料とは異なる、ある口頭伝承の集成にあたる。実際『事跡』の著者はチェラノを読んだことがないように思われる。[7] おそらくは修道会による効力ある一二六六年の初期伝記（vitae）禁止のゆえである。[8] したがってその遅い年代（一三二七年以後）、その奇跡的な要素の加筆、時折の混同にもかかわらず、『事跡』の記述は現代の歴史家にとってなお非常に有益である。

歴史家の判断の要旨はこうである。すなわち『事跡』は民間伝承ではなく、数人のフランチェスコの最も親しい友人たち、レオネ、マッセオ、エジディオからわずかな仲介者を経て著者へと伝えられた、直接の口頭伝承に相当すること。またこの口頭伝承はときどき出来事の年代順や地理において不正確ではあるが、より初期の証拠によって反証されない限り、概して信頼できるということである。[9]

現代の批評家たちは『小さき花』を、彼らの先行研究者らよりもさほど軽視してはいない。仮に作家が素材に彼自身の寄稿を追加し、画家が彼の絵を様式化したとしても、名作は多くの歴史的なものを含んでおり、伝説以上のものを含んでいる。その上（聖フランチェスコを扱っている各章において）誤った記述はない。すなわちその論調は真実味があり、主題はこの小さき貧者（Poverello）のみが発案できたものであり、フランシスコ会的な冒険を育成した雰囲気は比類なく、聖フランチェスコの肖像がこれほど生き生きと描かれたことはなかった[10]。

『伝記』と『事跡』─『小さき花』は折にふれて、チェラノのそれより生き生きとして詳しく思われる記述を保持している[11]。チェラノは彼の素材を極めて解釈的で圧縮された構造のうちに配置したが、これがときどき異なる時期からひとまとめにされた多くの似たような出来事や、謎めいてしまうほど簡略化された逸話という結果になっているのである[12]。これらの場合、『伝記』と『事跡』のまとまりのない記述の方が、重要な細部の記述を提供しており、より正確な年代決定を可能にするであろう[13]。アームストロングの研究が、出来事の様々な種類について他にも多くの比較分析を提供している。

初期資料における鳥への説教

鳥への説教に関しては、少なくとも六つの初期記述が存在するが、全て様々な時期に、様々な程度に想定される信憑性と実用性とをもって書かれている（図表2を見よ）。しかしこの六つのうち、われわれの目下の目的には、チェラノの『第一伝記（*VP*）』と『事跡（*Actus*）』─『小さき花（*F*）』のみが実際に重要である。(1)

最も重要なものは、明らかに ***VP* 58** に見出される。その信頼性の根拠は明確で、出来事から二〇年足らずの後に執筆された最初の記述である。それはフランチェスコ自身とその出来事に居合わせた弟子たち、すなわち『事跡』─『小さき花』から知ることができるアンジェロとマッセオが、彼らに基づいていると明白に述べていることにおいて（「フランチェスコ自身、また彼と一緒だった兄弟たちも言うように」(2)）、自ら証明しているように思われる。フランチェスコと個人的面識のあったチェラノは、状況と説教、そしてフランチェスコの見解における鳥との出会いの影響に関して、適度に詳細さに富んだ記述を与えている。ただその記述は、適正な年代的根拠を与えてはいない。この著者はある点で年代的順序から外れて、啓発的な奇跡の出来事を挿入しているように思われるからである。この記述は単純に「ところで前にも話したように、大勢の人が兄弟としてこの集まりに加わって来た頃(3)」と始

図表 2　鳥への説教の記述の伝承

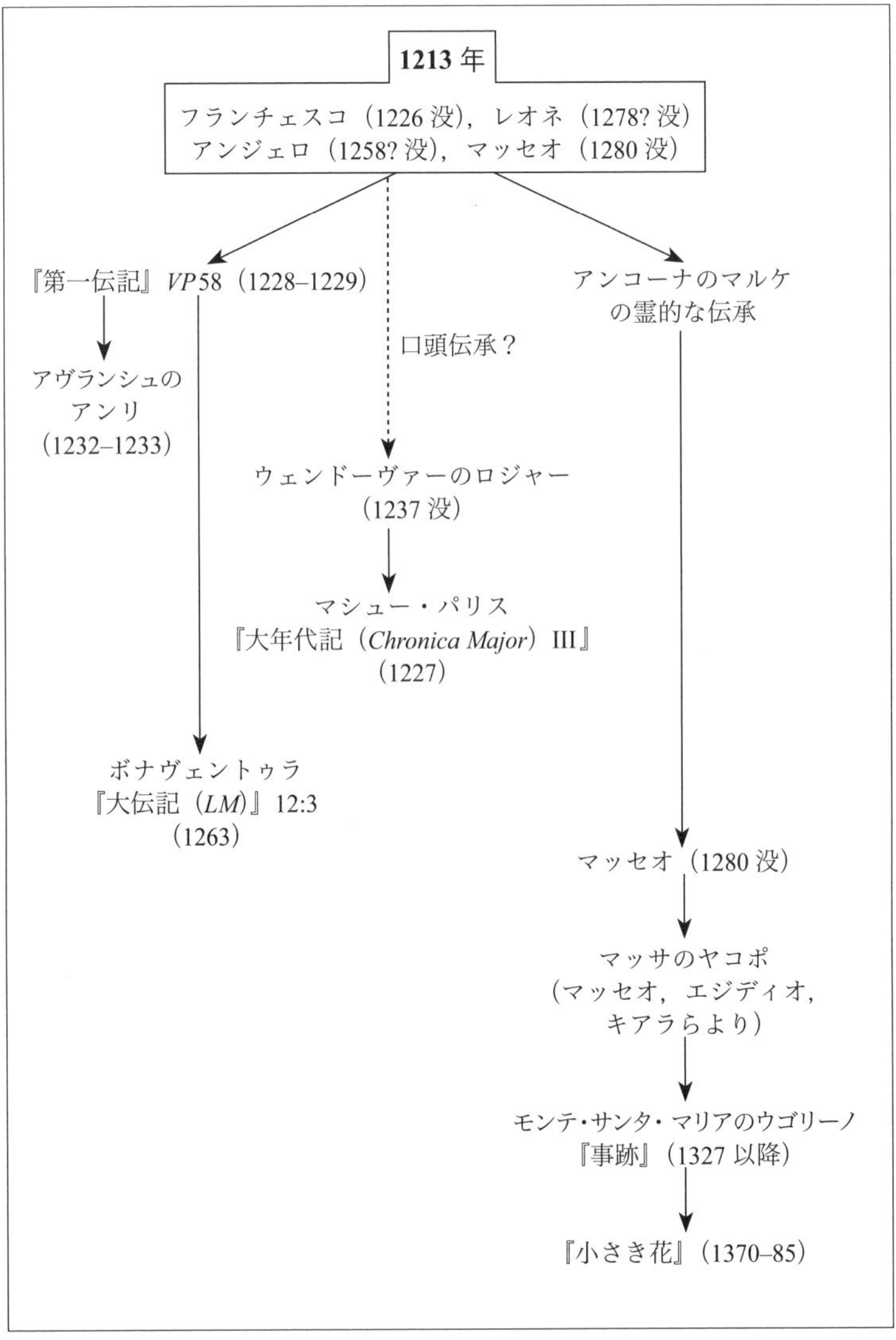

まっており、およそ一二二一―一二一七年頃という曖昧な同定を可能にするのみである。さらに説教それ自体のチェラノの記述は、他の多くの彼の章句ほど修辞的ではないとはいえ、なお実際に使われたはずの元の古いイタリア語ではなくラテン語で表現され、リズミカルに韻をふんだ流れ（cursus）で表現されている。[4] しかしこうした要因にもかかわらず、その内在する自己証明力と執筆時期の早さゆえに、チェラノの記述は無類の権威をもっている。

非公式の方の伝承の枝分かれは、明らかに長期にわたって口頭伝承のかたちで保持されており、非常に長命であった兄弟マッセオに由来する。[5] 彼は後にアンコーナのマルケで瞑想者となり、かの出会いの記憶を保持してそれを弟子のマッサのヤコポを通してモンテ・サンタ・マリアのウゴリーノへ伝えた。そこでウゴリーノはそれを、元の出来事が起こってから一世紀以上の後に、彼の『事跡』の記述を編纂する際に用いたのである（それは『小さき花』の翻訳者によって大きな変更なく引き継がれている[6]）。

『事跡』の遅い編纂時期（一三二七年以降のある時に書き記されたものと思われる[7]）とその神秘的な詳述の傾向は、それを研究者にとって難しい資料にしているが、その記述は出来事の年代決定についてより歴史的な背景を提供しており、もっと短いチェラノの版より明確な優位性をもっている。福音宣教の理想を断念するかどうか最後に熟慮したときのフランチェスコの心の危機を論じているその序文は、われわれが先に見たように姉妹キアラと兄弟シルヴェストロへのフランチェスコの相談について語っている。したがって、もし『事跡』の記述を受け入れるなら、この出来事はキアラと彼女の仲間たちがサン・ダミアーノに定住して以降（一二一二年）、しかしそれほど後ではない時に起こったに違いない。フランチェスコの疑念とキアラへの信頼は、彼の公的生涯のごく初期の段階を示唆するからである。友の励ましを受けてフランチェスコは、大いなる熱意をもって自身をウンブリアへと送り出した。彼が鳥たちに出会ったのは、この説教旅行中のことである。レイフェル・ブラウンはこの宣教活動を、フランチェスコのオルランド伯爵との出会いを含んだ、聖人のラ・ヴェルナ山の入手という結果にいたる話と関連づけている。この入手は一二一三年五月八日に取り決められている。[8]『第一伝記』(*VP* 35–36) はこの初期の出来事の順序を支持しているように思われるが、[9]詳細な記述をすべて省いている。繰り返し見られるこの著者の傾向である。

この仮定された年代決定の証拠を裏付けるその他の断片が、異なる資料に存在するかもしれない。フランチェスコの『神への賛美の励まし』は、エッサーにより近年詳細に研究された文書であるが、[10]それが奉献された小さなチャペルが建てられた時、一二一三年に帰せられている。この作品は礼典と聖書の章句から選別された詩節からなっており、その一つが「空のすべての鳥よ、主を賛美せよ!」(ダニエル書三・八〇、ウルガタ)である。もし、フランチェスコがチェラノによって語られた感情的経過をへて鳥たちと出会った直後にこれが選ばれたのであれば、この奨励は特別によく適合した重要なものである。

ときどき『事跡』の記述は、おそらく事実を誤認している。それはツバメを黙らせた話を鳥への説教の前、カンナーラという場所に位置づけているが、チェラノがそれを鳥への説教の後、アルヴィアーノとしているのと対照的である。[11]この場合、より早い時期の記述が承認されるべきであろう。さらにそれはフランチェスコの第三会(在俗修道会)創設の意図について言及しているが、もしそれが事実なら、この修道会はフランチェスコの発案の後何年も結成されなかったことになる。[12]『事跡』の長い説教の本文は、ラテン修辞的技巧（特に首句反復）と流れ（cursus）の韻律で溢れている。[13]チェッルッチはそれを、チェラノの「冷静な説明」に基づきながら「豊かな空想力」によって発展した「華麗な演出《ブラヴーラ》の一部」と見なしている。アームストロングも同様に、「この著者は聖書を手にしつつ、チェラノの記述を拡大した」と述べている。[14]しかし『事跡』自身はその記述が特定の口伝資料、すなわち兄弟マッセオから由来してマッサのヤコポに基づくと断言している。[15]この『事跡』編纂者はチェラノへの依存をおおい隠しているのか？　あるいはこの編纂者の資料は完全に独立しているのだろうか？　アームストロングは明らかに、この二つの記述を原文で比較していない。もし彼がそうしていたら、『第一伝記』と『事跡』の説教本文の間には、言葉の類似がないことを発見したであろう。実際この出来事を物語るチェラノと『事跡』の各章には、原文の類似がどこにもない。中世の著者たちには、用いた資料に関して悪名高い「盗癖がある」ことから、これは非常に重要なことと見なすべきである。

本文研究からは、『事跡』の物語は類似するチェラノのいくつかの物語と、一貫して奇妙な関係をもっているように見える。[16]それらのどれも『第一伝記』からの影響を示唆するような、注目すべき言語上のいかなる類似性ももってはいない。常に言葉遣いが異なっているだけでなく、非常にしばしば詳細な記述、[17]強調部分、序文、結論、そして長さにおいて異なっている。比較するとチェラノはしばしば簡略に過ぎ、詳細部を省略し、時には神秘的になっている。事実チェラノは説教の記述で、「彼ら（鳥たち）に様々なことを話している中で、彼（フランチェスコ）はつぎのような言葉をつけ加えました」[18]と述べて、素材を省略したことを暗示さえしている。ほとんど全ての出来事がチェラノと『事跡』に共通であるからには、いくつかの詳細な記述と年代は確かに混乱していても、『事跡』の方がより完全で詳細な記述を保持しているのである。『事跡』の記述の長さは神秘主義的な詳述による結果だ、と主張することもできる。このことは、フランチェスコの説教のあと飛び去りながら鳥たちが作ったという見事な象徴的十字形の創案のような、少数の例では確かに当たっている。この話は『事跡』―『小さき花』のみに現れるが、フランチェスコの内的な危機と仲間との相談という状況についての他の詳細な記述は、チェラノの別の箇所においても、その語句は神秘的ながら、いくらか認められる[19]。彼の著述の構造が、この説教を物語るとき、『事跡』の詳細な記述の多くを収録することを困難にさせたのであろう。なぜならそのときの彼の主な関心は、フランチェスコの内的な危機や長い説教ではなく、啓発的な奇跡物語の例証にあったからである[20]。

これら全ての要素は、『第一伝記』と『事跡』は類似した口頭伝承に基づいた、二つの完全に独立した記述であることを示唆していると思われる。チェラノの記述は修道会による一二六六年の初期伝記の禁止のため、『事跡』の編纂者には失われていたのかも知れない[21]。もし他の記述が得られないのであれば、『事跡』の長さと詳細さはより意味があり、そのことがより完全な保存を促したのであろう。それでもなお、『事跡』はこのような年代的隔たりを経て報告され非常に修辞的なので、歴史家は誰もその推敲された説明を、三世代にわたる献身的な弟子たちによって記憶され伝承されたフランチェスコの言葉を記述しようとする、真摯な企て以上の何かとして受け入れることはできないであろう。

もし『事跡』がチェラノから完全に独立した伝承に相当するなら、チェラノの記述がより簡潔にもかかわらず『事跡』の版と非常によく似ているので、ある程度その記述の正確さを証明していることになる。全体の雰囲気はよく似ており、いくつかの共通する聖書の引用が用いられている。[22] この強い類似性から、フランチェスコは実際にチェラノが報告したことに近いことを語った可能性はあるように思われる。チェラノが最も初期の、より修辞的でない記述だからである。チェラノは聖人伝におけるより初期の出来事を用いてこの物語を創作したというタマッシアの提案は、[23] ビールの研究によって十分に論駁されている。

タマッシアによって引用されるいかなる実例においても、この説教に類似したより初期の記事は、本質的にチェラノの意図とは異なっているか、フランチェスコ自身がこの説教を作ったという事実に疑問を投げかけることはできないか、いずれかだとビールは主張している。ビールによって分析された三つの類似記事が、われわれにとって特別に価値がある。その第一は大グレゴリウスに由来する（『対話』三・一五）。純真な修道士フロレンティウスは飼っていたクマを兄弟（frater）と呼んでいた。しかしビールは、『対話』の文脈でこの用語は兄弟ではなく（仲間の）修道士を意味する、と正しく指摘している。続いてビールは、マルティヌスの鳥の群れとの出会い（セウェールス『手紙』三・七—九）とフランチェスコの鳥との出会いとのあいだの類似を論じている。二つの記述の強調点は根本的に異なっている。まずマルティヌスは水鳥を「悪魔の化身」と理解し、悪魔を支配した同じ権威をもってそれらをその場から「追い払う」。マルティヌスの説教は鳥たち「へ」ではなく悪魔の象徴としての鳥たちに「ついての」説教であるが、フランチェスコはまさに鳥たちに直接語りかけている。チェラノの記述はセウェールスのものと対照的に、フランチェスコの愛情に満ちた創造物の受容とともに、鳥たちの自発的な服従を強調している。最後に、シトー会の小修道院長が旋回するコウノトリの群れに渡りの許可を与えるという、先に論じたカエサリウスの『奇跡についての対論』での出来事がある。状況はいくらか似ているが、これらの出来事は理念と説明、そしてまさに（どちらの記述でも偶然言及されている）鳥の種類において異なっている。カエサリウスには説教は含まれていない。以上、いかなる類似記事もフランチェスコの説教の独自性を疑わせるのに十分ではない[24]。

フランチェスコの「進歩主義」を伝記者の「保守主義」と対比させたい欲求のため、チェラノにたいする評価においてしばしば公正を欠くアームストロングは[25]、チェラノについて、その初期記述の信頼性を損なうとみなされかねない非難をしている。何よりもまずアームストロングは、その特定の箇所における記述について、教訓的な目的を考えている。

> チェラノが「鳥への説教と被造物が従ったこと」の章を、サラセン人宣教不成功の物語の直後、聖人のウンブリアからマルケへの福音宣教旅行への幸先の良い前兆として位置づけたのは偶然であるはずがない。そこで彼はたとえ聖人の説教をイスラム教徒が拒否したとしても、多くの人が重要ではないと考えた鳥たちはそうではなかったことを示しているのである[26]。

しかしチェラノの説明は、より一般的な論法をもつと主張することができるだろう。すなわちチェラノは、一二一二—一二一九年にわたってフランチェスコの宣教の歴史をすばやく物語った後、同じ時に起こったがもし五五―五七章に入れると叙述の連続を妨げたであろう奇跡の物語を挿入するため、五八―七〇章に戻っているのである。この（もし存在するなら）サラセン人宣教との暗黙のつながりも、フランチェスコのイタリア宣教活動の始まりにおける鳥への説教という明らかな歴史的出来事の発生に異議をとなえることはできない。それはわれわれがすでに指摘したように、『事跡』の記述が同じように、またより有益な詳細さで物語っている出来事である。教訓的な意図がたとえ明白であっても、歴史的背景の証言を脅かすことはない。

アームストロングは、説教の前にフランチェスコが道ばたで見た鳥の種類の特定における誇張と粉飾についてチェラノを非難する、という奇妙な議論を提示している。

　彼（チェラノ）だけが群れを構成するいくつかの種類を特定できる。ハト、ミヤマガラス、コクマルガラスといった人目につく良く知られた種類の選択は、奇妙にもスズメ目の鳴き声の美しい鳥たちを除外している。もし彼の自然への感覚が鋭かったのなら[27]、彼は確かにカラス類よりもいっそう喜ばしい関心をもって、この鳥たちに言及していたであろう。

アームストロングは話を装飾したとチェラノを非難し、それからそれを十分なしていないと彼を非難している！　もしアームストロングがこれらの詳細な記述を、記述が真正であることの内的なしるしの一つと見なしていたら、とても簡単なことであったろう。カラスやその類は中世の人々には不愉快な関心しかもたれていなかった[28]。つまり説教の記述における彼らへの言及は、信頼性を損なうのではなく、むしろ強めるのである。それはフランチェスコの創造物への新たな愛が、いかに伝統を越えて細い道にさえ足を踏み入れたか示す役割を果たしており、またこの偶然の出会いの写実性を保持しているのである。

附論I　注

（1）*Archivum Franciscanum Historicum* 51（1958）: 223–55.

（2）これについては、エッサーの *Franziskus von Assisi* および *Origins of the Franciscan Order*（Chicago, 1970）の特に p. 95 を参照せよ。フランチェスコがカタリ派と対決させられる *VS* 78 についての広範囲に及ぶ解説が、上記 pp. 77–78 に与えられている。

（3）White, in Spring, pp. 29–30.〔訳注　序論注（8）の邦訳書、九四―九五頁。〕

（4）Ibid., p. 31.〔訳注　邦訳書、九三頁。〕

（5）以下を見よ。Sabatier, p. 149 ; E. A. Armstrong, p. 236.

（6）この議論の歴史については以下を見よ。J. H. R. Moorman, *A History of the Franciscan Order from its Origin to the Year 1517*（Oxford, 1968）, pp. 246–47 et passim.

（7）Englebert（1979）, pp. 56–70 および Moorman, *A History of the Franciscan Order* を見よ。

附論II　注

（1）大部分は P. Bigaroni, p. 51 による。

（2）Englebert（1972）, p. 342.

（3）Habig, pp. 179ff. を見よ。

（4）A. Fortini, "Altre ipotesi sul luogo dove fu composto Il Cantico del Sole（Assisi, 1956）."

（5）P. Bigaroni, *Il Cantico di Frate Sole: Genesi del Cantico*（Assisi, 1956）, pp. 58ff.

（6）R. Brooke, Ed. and trans. *Scripta Leonis, Rufini, et Angeli*（Oxford, 1970）, 特に Introduction を見よ。また、Brooke, "Recent Work on St. Francis of Assisi," *Analecta Bollandiana* 100（1982）: 653–76 を参照。

（7）チェラノと『事跡』の並行する物語については、*F* 2 と *VP* 24、*F* 3 と *VP* 53、*F* 16 と *VP* 58、*F* 18 と *VP* 100、*VS* 191、*F* 27 と *VP* 49 を見よ。『事跡』―『小さき花』の中でこれらのどれも、チェラノの影響を示すに足るいかなる特筆すべき言葉の類似点ももっていない。

（8）詳細は以下を見よ。Moorman, pp. 246–47 et passim.

（9）R. Brown, in Habig, p. 1283.

(10) Brown, in Englebert (1972), p. 358.

(11) *LP* 43–44 と *VP* 80–81 を、また *LP* 48 と *VS* 166 を原文で比較して見よ。同様に注(7)にあげたチェラノと『小さき花』とのあいだの並行箇所を参照。ブルックの "Recent Work" は p. 661 で、チェラノより詳しい *LP* の記述を論じ、それにいくらかの支持を与えている。

(12) 例えば *VS* 165 および *VS* 166 を *LP* 48 と比較して。

(13) *VP* 58 と *F* 16 における鳥への説教の記述の比較においてわかる。

附論III　注

(1) その他については、まずアヴランシュのアンリの『韻文伝説』(Henri d'Avranches, *Legenda versificata*, *Analecta Franciscana* vol. 10 [Quaracchi, 1941], pp. 405–91) は単にチェラノの詩的な再録に過ぎない。マシュー・パリス『大年代記』(Matthew Paris, Chronica Maior) の記述 (F. Klingender, "St. Francis and the Birds of the Apocalypse," *Journal of the Warburg and Courtauld Institutes* 16 [1953]: 12–23) は、ウェンドーヴァーのロジャーの創作や、神話を創り出しがちな口頭伝承、あるいはフランチェスコの説教とパドヴァの聖アントニオの魚への説教との混同により、著しく改竄されている。マシュー・パリスはまた、チェラノにより近い版を知っていた (Klingender)。ボナヴェントゥラの記述 (*ML* 12: 3) は全体としてチェラノからの派生的なものと思われ、何らかの新資料を参照した形跡はない。

(2) *VP* 58: "ut ipse dicebat et qui cum eo fuerant fratres." また *F* 16 を見よ。

(3) "Interea dum, sicut dictum est, multi appositi sunt ad fratres."

(4) 分析については、以下を参照。Cellucci, p. 302.

(5) Englebert (1979), p. 133; *F* 16.

(6) 二つの記述の比較については、チェッルッチ (Cellucci) を見よ。彼はむしろ『小さき花』を実際以上に評価する。彼はまたチェラノの記述が文学的美しさとは対照的に、最大の歴史的信憑性をもつに違いないことを忘れている。

(7) Habig, p. 1281.

(8) Englebert (1979), pp. 132–33 を見よ。

(9) *VP* 35 (……彼らは、自分たちが人々の間で暮らすのがよいか、それとも隠遁するのがよいかについて話し合いました) から *VP* 36 (そこで……フランチェスコは、神の国を宣べ伝え、平和を説き、救いと罪の赦しのための悔い改めを教えながら、町から村へと旅をしました）へ。

(10) Esser, *Die Opuscula*, pp. 282–83.

(11) *VP* 58–59.

(12) しかしながらチェラノは同時に、フランチェスコがごく早い時期に在俗修道会の考えを着想したとほのめかしている。*VP* 34–35 と P. Hermann (Habig, pp. 165–67) の議論を参照。このことは『事跡』の記述に更なる信頼性を与えている。

(13) Cellucci.

(14) E. A. Armstrong, p. 58.

(15) “. . . sicut recitavit frater Jacobus de Massa, sanctus homo, qui omnia supradicta habuit ab ore fratris Massei, qui fuit unus de iis qui tunc erant socii sancti patris” (*Actus* 16:21).「……聖なる人マッサのヤコポが唱えたように、上述のすべてのことを兄弟マッセオの口から得たが、彼はそのとき聖なる父の仲間であった人々のひとりであった」(『事跡』一六・二一)。

(16) 『第一伝記』と『小さき花』の類似する物語については、*F* 2 と *VP* 24, *F* 3 と *VP* 53, *F* 16 と *VP* 58, *VP* 35, *F* 18 と *VP* 100 あるいは *VS* 191, *F* 27 と *VP* 49 を参照。

(17) 『事跡』の説教の記述で鳥たちは、チェラノの場合のように兄弟たちではなく「姉妹たち」である。フランチェスコは時折どちらの仕方でも鳥たちに語りかけていたので、この場合どちらの著者が正しいかを述べるのは困難であるが、『事跡』の編纂者が直接チェラノの著作を前にしてこうした変更を行ったと考えるのはさらに困難であろう。

(18) *VP* 58.

(19) *VP* 35–36.

(20) ある点でこれは彼の意識的慣例であった。*VP* 2 の序文で、奇跡物語に挿入された彼の陳述を参照せよ。

(21) Habig, pp. 1277.

(22) 例えば、ルカによる福音書一二・二四。

(23) N. Tamassia, *Saint Francis of Assisi and His Legend*, trans. L. Ragg (London, 1910), pp. 108–9.

(24) おそらくチェラノはこれらの資料のいくつか、特にマルティヌスについてのセウェールスの著作を知っていたであろう。このフランシスコ会士はフランチェスコのマントについての有名な場面で、これに言及している (*VS* 1:5)。大グレゴリウスのチェラノへの影響については、J. H. R. Moorman, *The Souces for the Life of St. Francis of Assisi* (Manchester, 1940), p. 63 および

Tamassia, pp. 114–20 を見よ。聖人伝の伝統内におけるチェラノの力量は決して疑われていない。しかし特にある記述がフランチェスコ自身と仲間たちのまさしく口頭に由来すると主張され、その幾人かがまだ存命で必要なら反論できる場合には、専門家の力量が作り話をほのめかす必要などないのである。

（25） E. A. Armstrong, pp. 160–62; 197–98 を見よ。

（26） Ibid., p. 59.

（27） Ibid., p. 58.

（28） 多くの例の中でも、Caesarius, book 1, chapter 15; E. A. Armstrong, p. 96, note 90 を参照。

訳者による解説

本書は、Roger D. Sorrell, *St. Francis of Assisi and Nature, Tradition and Innovation in Western Christian Attitudes toward the Environment*, Oxford University Press, New York, 1988 の全訳である。キリスト教史の中でも特筆すべき自然への親和性をもっていた、アッシジのフランチェスコに関する歴史的研究の、すぐれた業績である。

最も人々から愛された聖人といわれるアッシジのフランチェスコは、今日もまた、キリスト教世界のみならず、広く世界中に崇敬者をもっている歴史上の人物の一人である。その人気の高さは、一三世紀から現代に至るまで、美術・音楽・文学などの芸術の題材として多く取り上げられていることからも、容易に窺い知ることができる。ジョットーに至る、またそれ以降の絵画の歴史、『兄弟なる太陽の讃歌』以降のイタリア文学史などをはじめ、あらゆる分野に及ぶその影響の深さをここで逐一述べることはとてもできない。その人気が現代も衰えることなく続いていることについては、二〇世紀生まれの芸術である映画の題材としてもしばしばフランチェスコが描かれていること（ロベルト・ロッセリーニ、フランコ・ゼッフィレッリ、リリアナ・カヴァーニらの作品）や、現代音楽のテーマとされていること（オリヴィエ・メシアンのオペラ作品等）を指摘するだけで十分であろう。

さらに紛争、貧困、環境問題など、二〇世紀後半以降さらに深刻化しつつある諸問題をかかえる現代においては、これまでの社会・文化・宗教のあり方を見直そうとする思想的潮流が起こるなか、これからの人類が進むべき方向はフランチェスコのような存在こそが示している、と考える人が欧米には少なくない。環境問題については、今日の環境危機をもたらした原因の一つとして、西欧近代文明を生み出したキリスト教的自然観のもつ問題性が以前より指摘されてきたが、その問題性を広く一般に知らしめたリン・ホワイト・Jr.がすでに、問題解決の糸口になるべき存在として、フランチェスコを高く評価していることからもそれがわかる（リン・ホワイト著『機械と神――生態学的危機の歴史的根源』青木靖三訳、みすず書房、一九七二年）。環境問題は直接には文明や社会のしくみの問題であるとしても、その根本には、そうした文明や社会を生み出している人間そのものの生き方や価値観の問題がよこたわっている。環境問題のみならず、宗教や政治体制の対立と紛争、ますます拡大する貧困格差などの諸問題に悩む現代において、問題への直接の回答でなくても、少なくともヒントが、あのフランチェスコという人の生き方や価値観に隠されているのではないかという期待を多くの人がもつことは、理解できることである。

さて、二〇世紀後半以降のこうした機運の中、欧米の一般社会、とくにアメリカにおいてフランチェスコは、一九六〇年代―七〇年代の時代的潮流の中、自然に帰れというスローガンのもとサンフランシスコなど西海岸地方に多く出現したヒッピーたちのプロトタイプだとか、自然保護思想の祖とされるヘンリー・デイヴィッド・ソローやジョン・ミューアにはるかに先立つ最初の環境保護論者だとか見られる傾向さえあったようである。一方カトリック教会においては、先のホワイトの提言に応えるかのように、一九七九年教皇ヨハネ・パウロ二世によりフランチェスコが環境保護者の守護聖人に宣せられたこともよく知られている。環境問題というこの時代全体が共有する懸念を無視できないカトリック教会が、フランチェスコへの人々の期待に応えようとしたものと考えられる。

ところが言うまでもなくフランチェスコは、既成の権威への抵抗のために清貧を実践したわけではなかったし、環境への問題意識や生態学的関心から、鳥へ説教したり『兄弟なる太陽の讃歌』を歌ったりしたわけでもなかった。彼は当然ながら中世の人であり、当時の歴史的文脈の中で考え、行動したはずの人である。世界と環境に関する知識はまったく異なっており、今日知られているような自然についての生態学的な認識もごく限られていたであろう。本書は、ややもすると時代錯誤的な虚像を生み出しやすい現代の傾向に抗して、より真実なフランチェスコ像を提示するため、資料にもとづいた歴史研究を通して、問題探究への明確な基礎を提供しようとしたものである。

著者はまず、序論「中世的自然観についての神話」において、中世の自然観にたいして従来持たれてきた概念が偏見に傾いていることを指摘する。中世において自然は禁欲生活を妨害する誘惑者としか認識されていなかったとするような歴史研究者たちの見解や、「一神教特有の自然への無関心」が自然への肯定的な見方を阻んでいたとする生態学者らの見方を、偏見に傾いたものとして批判している。このため著者はこの研究を、中世自然観の綿密な再検討から始める必要があることを指摘する。

一方で著者は、フランチェスコを過度に現代的に評価しようとする試みにたいして、疑問を呈する。現代的なイメージに適合するように再形成されたフランチェスコ像とは、複雑な深みをもつ人間のイメージの単純化でしかない。フランチェスコには、今日のわれわれにはすぐには理解できない中世的な特徴をもつ言動があるが、それを無視することはできない。むしろそこを含めて考察することによってはじめて明らかになるフランチェスコの業績があることを示している。そして偏見を排除して真のフランチェスコ像を探求するためには、初期資料を中心にした歴史的研究をおこなうべきであり、そのために有効な史料の選別を行ったことについて明記する。さらに「自然 nature」「生態学 ecology」といったこの分野における一般的な用語の用い方について解説して、序論を閉じている。

第一章「禁欲の伝統と初期フランシスコ会の見解」では、キリスト教古代から中世の東方・西方の隠修士や修道士らによる詩歌や散文、また一二世紀シトー会士らの文献をとりあげ、フランチェスコ以前のキリスト教伝統から、とくに禁欲の伝統を概観している。まず古代の著者による、自然についての古典的詩的解釈の例として、アウソニウスやパウリーヌスなどの詩歌をあげ、また動物寓話的、百科全書的、哲学的な伝統の内にも科学的な見方の例もあったことを指摘し、アウグスティヌスやヨアネス・スコートゥス・エリウーゲナの著作からの引用がなされる。異教的起源の詩歌の伝統にも一瞥を与える。しかし何と言っても、フランチェスコに大きな影響を与えたのは禁欲的・修道院的な伝統であるとして、アントニオスからバシレイオス、マルティヌス、ベネディクトゥスらを概観し、またケルト的伝統の影響下のグスラックやブレンダヌスの物語を取り上げている。そして一二世紀シトー会士らの文献として、ハイスタバハのカエサリウスの著作と無名会士による『クレルヴォーの記述』から頻繁に引用して、そこにはフランチェスコにも通じる創造との調和という理念が示されていることを指摘する。その上で、定住して修道院生活を送ったシトー会士らとは対照的な側面として、隠者的傾向をもつフランチェスコの生活の特性を指摘している。

第二章「フランチェスコの創造の解釈における伝統的要素」では、フランチェスコの創造解釈に認められる伝統的要素を摘出する。奇跡や悪魔憑き、あるいは動物寓話といった典型的な中世的要素とともに、いわゆる隠遁生活が被造物への彼の態度に与えた影響をとくに重視している。この側面から見ると、よく知られたフランチェスコと生き物たちの数々のエピソードも、彼の独創ではなく、多くの先例が存在していたことが明らかになる。フランチェスコの公式伝記者であるチェラノのトマスやボナヴェントゥラは、フランチェスコのもつこうした伝統的要素を、いにしえの信仰の回復と解釈し、数々の奇跡的なエピソードもフランチェスコが創造の原初の無垢さへと近づいていたことを示す出来事と考えていた、という。そしてフランチェスコ自身もある程度そのような見方を伝記者と共有していたとする。

これにたいし、第三章「フランチェスコの創造物への態度における伝統からの超越性とその最初の主要な影響――鳥への説教」では、フランチェスコにおける伝統から超越した要素を、有名な「鳥への説教」のエピソードから取り出している。伝記記述によれば、一二一三年、様々な問題に悩んだフランチェスコは、活動的生活から離れて観想的な祈りの生活に専念すべきではないかと迷い、このことを信頼する二人の友に相談する。しかし、友は二人とも宣教活動に進むべきだと励まし、この答えに強く鼓舞されて旅立つ途上、あの鳥への説教という出来事が起こる。すなわちこのエピソードが示すのは単なる奇跡物語ではなく、瞑想的な隠遁生活と行動的な福音宣教生活との融合であり、さらに福音宣教を人間だけでなく「全ての造られたもの」への宣教へと拡大することであるという。これはフランチェスコの創造にたいする態度の決定的で中心的な転換であり、これ以降彼は、福音的使命を人間だけでなく、すべての被造物へと広げてゆこうとした。こうしたフランチェスコの革新的理念の発露が、この特異な出来事を契機として始まったとする。

第四章「創造物へのフランチェスコの特別な関心」では、そのほかの被造物についてのエピソードから、フランチェスコの被造物への態度の特徴を取り上げている。まず、被造物にたいする騎士道的な礼儀正しい態度がある。若い頃から騎士道への憧れをもっていたフランチェスコは、被造物にたいしても騎士的な上品で恭しい態度で接していた。それは彼の被造物への高い尊重を示すものにほかならない。

また、フランチェスコが会則において、禁欲の歴史から見れば食物の規定に関して比較的自由な立場をとっているのは、彼がテモテI四・四—五等にある福音的食物規定（神が造られたものは全て良いもので、感謝して受けるなら何一つ捨てるものはない）に忠実であったとともに、創造物の価値を否定して種類により厳格に忌避していたカタリ派に対立する理念に立っていたからとする。

そして、創造にたいするフランチェスコの態度の中の最も非伝統的な要素として、被造物を通して神を観想する自然神秘主義をとりあげている。古代のプロティノスやアウグスティヌスから中世初期のセウェールスや大グレゴリウスらを概観して神秘主義的な経験を論じ、そこには自然神秘主義的な経験の叙述がほとんど見られないことを指摘し、それは自然や創造にたいする評価に両義的《アンビヴァレント》な葛藤があったからだと見る。しかし、被造物にたいする並外れて肯定的な態度によってこの両義性《アンビヴァレンス》を克服していたフランチェスコにおいて、尋常ではない神秘的な喜びや歓喜というかたちをとった自然神秘主義的経験が実現したという。そしてそこにフランチェスコの自然観の根源的な独自性を見ている。

さて、第五章から第七章では、フランチェスコの代表的作品である『兄弟なる太陽の讃歌』(以下『讃歌』)を集中して扱っている。

第五章「『兄弟なる太陽の讃歌』における伝統とその影響」では、著者のいつもの手法としてまず、作品における伝統的要素について論じる。『讃歌』には従来から、礼典用の詩編と賛歌の影響が認められており、その具体例としてとくに詩編一四八編とダニエル書の三人の若者の賛歌との詳細な比較がなされている。言葉の選択や言い回しなどに、明らかな類似ないし模倣が見られ、聖務日課によって日常的にこれらの詩編や賛歌を唱えていたことの影響が決して小さくないことが指摘される。その一方で、その手本にはなかった独創的な要素として、被造物についての積極的、叙情的な表現へと発展している点をあげている。また、資料的に証明できないが、中世の吟遊詩人の叙情詩からの影響の可能性が小さくないことも言及される。さらに、ある研究者によるフランチェスコの著作の文体分析の研究を取り上げ、フランチェスコ自身の著作における文体の発展過程を、『神への賛美の励まし』のような初期作品から、『諸徳への挨拶』や『全時課に唱えられるべき賛美』を経て、『讃歌』に至るまで漸次たどっている。そのうえで『讃歌』の独創性は、語法と表現法とともにその特別な創作意図にあることに注目する。この創作意図が、続く第六章での解釈をめぐる議論を解くこととなる。

さて第六章「『兄弟なる太陽の讃歌』の意味をめぐる論争」では、『讃歌』の解釈をめぐる論争がとりあげられる。とくに「Laudato si . . . per . . .」の前置詞 per の解釈の仕方によって異なる解釈がなされてきた。二つの主要な解釈は、perをラテン語propterとみて「〜のゆえに」と訳すか、フランス語parに関連づけて「〜によって」ととるか、である。著者はいずれの解釈も可能としつつも、初期伝記記述との突き合わせによって総合的に判断し、「〜によって」と訳して被造物に直接語りかけているという解釈より、「〜のゆえに」と訳してあくまで人間にたいする呼びかけとして創作されたと解釈する方が妥当であるとしている。その大きな論拠になっているのが、『讃歌』創作の意図であった。すなわち、伝記記述（『ペルージア伝記』）によれば、晩年のフランチェスコが病に苦しんでいたある夜、天に用意されている報いは大きいから、現在の病と苦悩のただなかで喜びなさいと告げる幻視を体験する。目覚めたフランチェスコは、自分たち人間はまったく神とその被造物に支えられて生きているのに、その恵みの大きさを悟らないで、感謝も賛美もしない。だから自分は、自身の慰めとともに、隣人たちにその恵みの大きさを啓発するために新しい歌を作りたいと語って、『讃歌』の歌い出しを大声で語り始めるのである。『讃歌』はあくまで、神と被造物による大いなる恵みを人々に気づかせ考えさせようという宣教的な意図をもって創作された詩であるゆえに、上記の解釈が妥当と結論されるのである。なお、第五章にこの作品のイタリア語本文とその訳が示されているが、訳者による邦訳はこうした議論を踏まえたものとした。

その上で、第七章「『兄弟なる太陽の讃歌』——創造についてのフランチェスコの理想像」は、この作品の注目すべき諸点を取り上げている。まずこの作品を生み出した理念が聖書の創造信仰以外ではないことを、創世記や詩編などの引用箇所を通して確認した上で、フランチェスコが被造物にたいして用いる「兄弟、姉妹」という親称の意味が論じられる。これは彼が被造物を霊的な家族として受け入れていることを示しており、このような擬人化によって人々に強い印象を与え、人々の被造物への結びつきを分かちやすくしているとする。また『讃歌』の詩の構造がもつ情緒的な独創性に注目し、とくに短くしばしば単音節の名詞や形容詞からなる軽快さが、単純で子供のような歓喜や高揚感や感嘆といったありのままの感覚をよく表現している点を指摘している。続いて、『讃歌』においては被造物と人間とのあいだの多くの相互依存関係が想定されていることを取り上げる。詩には、すべての被造物がそれぞれ調和的な相互依存関係で互いに結ばれていることが具体的に歌われており、フランチェスコが創造された世界を調和的な相互依存共同体と考えていたことを示しているとする。さらに『讃歌』の末尾の部分、二三行以下の人間の調和と和解という主題が歌われる部分と、さらに二七行以下の死の讃歌に至る部分を取り上げる。そこには究極の敵であるはずの死をふくむ、人間と世界にたいする徹底的な肯定が、一つの絶頂に達していると述べている。

それから著者は一二世紀ヒューマニズムとの類似性に短く触れて、『讃歌』が、彼の仲間たちに向けて作られたという点に注目している。著者は、フランチェスコのもっとも独創的なところは、伝統と革新のあいだにおいても、人間と被造物のあいだにおいても、複雑で均衡のとれた「統合」をもたらしているところにあるとし、『讃歌』はまさにそれを表現していると見ているのである。それは、創造物の善良さと人間の完成への可能性という理念を内包する、創造と人間性のまったき肯定という、まさにキリスト教的表現であるという。

第八章「フランチェスコ――事実と遺産」では、これまでの議論から明らかになったことを総括する。被造物にたいするフランチェスコの理念と行動は、中世の隠遁の歴史に明白に由来し、ほとんどそれ以前の禁欲の歴史的文脈の内に数えられることが明らかとなった一方、彼の独創的な要素もまた明らかになったとして、自然神秘主義、被造物との家族的繋がり、騎士道精神の適用、対価性《アンビヴァレンス》を克服した自然への全き肯定、被造物への直接的な奨励、被造物へと施しを拡大する提案、などをあげている。

そしてフランチェスコの思想の傾向として、文字通りに解釈しようとする字義的解釈《リテラリズム》の傾向を指摘する。この字義的解釈的《リテラリスティック》な態度が、文字通りに「すべての被造物に福音を宣べ伝える」ために「鳥への説教」のような行動を生み出した。また彼の字義的解釈的な傾向が、神秘主義的経験において創造物を観想するときの高揚感を高め恍惚の経験をもたらしたし、同様に彼の字義的解釈的な心性が吟遊詩人の詩歌に接近させたとする。

さらに、ある意識の段階から他の段階へと素早く敏感かつ巧妙に至る直観的特質が指摘される。これが、学問的訓練をうけていない彼を聖書の優れた寓意的解釈者にし、また自然界の霊的意味を様々な段階で解釈する能力を与えているという。こうした特質がフランチェスコをして、自然界にたいする中世の禁欲主義的な対価性《アンビヴァレンス》を解決せしめ、創造物への独創的で積極的な反応のほとばしりへと至らせたのである。そしてそうしたフランチェスコの遺産の総体を示すのが、単純素朴な外観に非常な複雑性を保有している、あの『兄弟なる太陽の讃歌』ということになる。

次にこうしたフランチェスコの特質が、彼の後の時代にどのように影響したかを概観している。動物への開放性と環境への関心は、彼の修道会の後継者の中にいくらか影響を認めることができるが、自然神秘主義的経験は、ほとんど模倣者を見出すことができないという。その一方で、並外れた影響力を与えることとなった領域として美術を指摘する。フランチェスコの時代からルネッサンス期に至る美術に関する研究者の言葉を簡単に紹介しつつ、彼の自然への洞察が最も強く伝わったのは美術を通してであり、それがフランチェスコのメッセージを伝記者が言葉でなすよりはるかに広範に伝達させることを可能にした、という。

そして最後に、現代へのフランチェスコの遺産として、著者（と読者）が生きる西欧世界のキリスト教伝統が、従来指摘されたような静的で硬直したものではなく、その根本的価値観に忠実でありつつ深い革新性をも育てることのできる、豊かな潜在力を含んでいるという認識をあげている。つまり、昨今問題とされている西欧キリスト教伝統の中にむしろ、フランチェスコの自然への親和性を促進させるような要素が少なからず存在していたことを明らかにしている。西欧キリスト教伝統に忠実でありつつ、フランチェスコのように豊かな可能性と深い革新性をもった自然との関係を築く可能性が残されていることに読者は目が開かれることになる。そこに著者は、今日の世界の生態学的《エコロジカル》な課題に取り組もうとする人々にとっての、希望のともしびの輝きを見ているのである。

なお、巻末の附論では、フランチェスコとカタリ派の関係について、フランチェスコの初期伝記資料の伝承とそれぞれの資料の史料的評価について、そして初期伝記資料における「鳥への説教」記述の比較検討について、それぞれ詳細な解説を加えている。

さて、こうした本書にたいする歴史学や神学の分野からの肯定的評価は、以下のいくつかの書評によって知ることができる。

「ソレルは、フランチェスコの広く誤解された自然への態度について、価値ある批判的評価を提示している。……彼の最も大きな貢献は、フランチェスコの被造物への態度における伝統的要素と革新的要素とを区別したことである」(『セオロジカルスタディーズ』誌［*Theological Studies*, vol. 50, no. 3, 1989］)。

「高い権威をもって著者は資料問題を詳細に調べており、レオネ資料の引用章句の簡潔さとチェラノとボナヴェントゥラの学識ある反映とのもとで、フランチェスコの思想世界を探索している。読者は章ごとに……原資料および二次資料からの引用の迷宮に次から次へと楽しく導かれ、この著者がその結論においてバランスと調和に到達していること、またこの主題に関してなお他の調査は必要がないこと、に確信を抱くのである」(『ジャーナル・オブ・セオロジカルスタディーズ』誌［*Journal of Theological Studies*, vol. 42, no. 1, 1991］)。

「ソレルのよく書かれた研究は、自然界へのフランチェスコの態度についての誤解を明らかにし、またいかに彼のその見方が伝統的で、なおかつ革新的であったかについて綿密な分析を提供している。アングロ・サクソンの文献における数少ない学術的な試みの一つである」(『チャーチ・ヒストリー』誌［*Church History*, vol. 59, 1990］)。

「ソレルの本は、あらゆる言語圏においてアッシジのフランチェスコと自然に関する最も信頼できる研究である。学術的であるが無味乾燥でなく、興味深いが逸話的でなく、挑戦的だが衒学的でもない。……ソレルの全体の議論は、論理的かつ説得的である」(『アメリカン・ヒストリカル・レヴュー』誌［*American Historical Review*, vol. 95, no. 5, 1990］)。

本書が英語圏を超えて基本的信頼を得ていることについては、研究の本国イタリアの文献にもしばしば引用されていることから、うかがい知ることができる。例えば『フランシスカン事典』（*Dizionario Francescano, a cura di Ernesto Caroli*, Padova, 1995）の「環境と生態学（Ambiente-Ecologia）」の「二、環境論者フランチェスコ（Francesco《Ambientalista》）」の項で本書が取り上げられている。フランチェスコは決して自然（natura）という言葉を使っておらず、代わりに太陽、月、大地、水などを使っているというソレルの指摘に注目することは重要だ、とした上で、ソレルはフランチェスコの環境主義に教会の伝統の影響を、とくにシトー会修道士たちの特別な態度に認めており、その上で鳥への説教を先行する伝統より超越したものとして示している、と記している。E・A・アームストロングやルネ・デュボスなどの説に言及した後、リン・ホワイトの提言に応えるカトリック教会の反応と、ヨハネ・パウロ二世によるエコロジスト守護聖人宣言にいたる流れで記述がなされており、ソレルが教会伝統のフランチェスコへの影響を的確に指摘したことなどが好意的に評価されている印象である。

また、『兄弟なる太陽の讃歌』についてのブランカの文献『兄弟なる太陽の讃歌、資料研究と校訂本文』（Vittorio Branca, *Il Cantico di Frate Sole, Studio delle Fonti e Testo Critico*, Firenze, ristampa1994）は、資料批判から本文校訂、初期伝承と、『讃歌』研究のために最も基本的な情報を提供してくれる文献であるが、その最新文献表（一九五〇―一九九二年）の一五七編中にわずか四編しかない英語文献の一つとして本書が掲載されている。四編のうち二編は以下に紹介した邦訳もあるE・ドイルのものである。英語以外はK・エッサーのものを中心にドイツ語文献一二編、E・ルクレールなどフランス語文献九編、そしてスペイン語文献一編を除けば、残りすべてイタリア語文献である。

わが国における、フランチェスコと自然というテーマに関わる既刊書としては、上述したエリク・ドイル著『現代に生きる「太陽の賛歌」――フランシスコの環境の神学』石井健吾訳、サンパウロ、二〇〇〇年(Eric Doyle, *St. Francis and the Song of Brotherhood*, 1980)がある。フランチェスコの『兄弟なる太陽の讃歌』に示された人間を含めた被造物全体の兄弟性に注目し、この詩の各節の言葉に鼓吹され、現代の諸問題にたいするキリスト教的あり方について、神学的かつ具体的に論じた書物である。『讃歌』の詩の各節は現代の諸問題を考える際のヒントとして提示され、詩文そのものについての文学的・歴史的考察よりも、現代の具体的な課題たいして直接取り組もうとする姿勢で書かれている。例えば、「兄弟なる火」についての章では、石炭・石油・天然ガスの消費とエネルギー問題について考察している。そして原子力が取り上げられ、「姉妹なる核エネルギー」について論ずるが、核兵器ではなく平和利用こそ兄弟性にふさわしいと考えていると見られる。現代のフランシスカンとして、喫緊の課題に応えようとする著者ドイルの姿勢に敬意と共感を覚えつつも、『讃歌』の「兄弟なる火」の中に「核エネルギー」を加えることが、フランチェスコ自身がもっていた精神に合致しているかどうか、当然議論の分かれるところであろう。未だ世界がチェルノブイリを知らなかった時期(一九八〇年)に書かれたものではあるが、フクシマ以後を生きるわれわれの時代からは、やや遠くなってしまった。こうしたことから鑑みても、フランチェスコの自然への態度や思想に関する、本書のような歴史的・実証的研究がまずもって必要と考えられる。

これ以外には、エコロジーや環境思想とキリスト教に関する書籍で、ごく簡単にフランチェスコに言及する例が散見されるにとどまっている。例えばカトリック司祭のチャールズ・カミングス著『エコロジーと霊性』木鎌安雄訳、聖母の騎士社、一九九三年（Charles Cummings, *Eco-Spirituality Toward a Reverent Life*, Paulist Press, 1991）では、キリスト教古代の教父や修道者たちからアルベルト・シュヴァイツアー、さらにネイティブアメリカンの伝説にいたるまで、あらゆる言説を広く引用して総論的に論じているが、フランチェスコについては数回簡単に取り上げられるに過ぎず、特に彼を積極的に取り上げようとする意図は感じられない。プロテスタント圏では、J・ツィンク著『美しい大地――破壊される自然と創造の秩序』宍戸達訳、新教出版社、一九八三年（Jörg Zink, *Kostbare Erde: biblische Reden über unseren Umgang mit der Schöpfung*, 1981）、ゲルハルト・リートケ著『生態学的破局とキリスト教――魚の腹の中で』安田治夫訳、新教出版社、一九八九年（Gerhard Liedke, *Im Bauch des Fisches, Ökologische Theologie*, Kreuz Verlag, 1981）などがあるが、フランチェスコへの言及はない。富坂キリスト教センター編『エコロジーとキリスト教』新教出版社、一九九三年には、この問題に関する様々な専門家たちが論考を寄せているが、ある著者が自然の意義を高調したキリスト者の先駆者の中にフランチェスコの名前をあげているだけで、内容的な言及はない。藤井清久著『歴史における近代科学とキリスト教』教文館、二〇〇八年においても、フランチェスコのいくつかのエピソードが短くまとめて紹介されているに過ぎない。村上陽一郎著『科学史からキリスト教をみる』創文社、二〇〇三年では、リン・ホワイトの議論を取り上げる限りでフランチェスコに言及している。そのほか、ルネ・デュボスやロデリック・F・ナッシュなどによって、また日本の環境学者らによって、環境思想とキリスト教について論じた様々な文献が数多く出版されているが、いずれもフランチェスコの名前がアルベルト・シュヴァイツアーなどと共に登場することはあっても、リン・ホワイト以上にフランチェスコを積極的に論じているものは、意外なほど見つからない。

こうした環境思想家たちのフランチェスコにたいする消極的な姿勢は、「フランチェスコは我々の懐疑的な時代からあまりに離れ過ぎているために、説得力のある教師にはなれないかもしれない。おそらく彼が実践したことは極端すぎるため、新しいキリスト教の効果的モデルとしては役に立たないだろう。鳥たちに説教したいと思う人はあまりいないだろう」というカブの言葉が代表しているであろう（J・B・カブ著『今からではもう遅すぎるか？——環境問題とキリスト教』郷義孝訳、ヨルダン社、一九九三年（J. B. Cobb, *Is It Too Late? A Theology of Ecology*, Beverly Hills, CA: Bruce, 1972)）。このように、一見親和性のありそうな現代の環境思想とフランチェスコの間には、ある種の溝が存在することは確かのようである。またカブのような意見の背景には、本書のような歴史的・実証的な認識の欠如があることも、重ねながら確認しておきたい。

一方、ソレルの研究を参照している例としてリンゼイの著作（A・リンゼイ著『神は何のために動物を造ったのか——動物の権利の神学』宇都宮秀和訳、教文館、二〇〇一年（Andrew Linzey, *Animal Theology*, SCM Press, 1994)）がある。その中ではリンゼイはレオナルド・ボフの著作（レオナルド・ボフ著『アシジの貧者・解放の神学』石井健吾訳、エンデルレ書店、一九八五年（Leonardo Boff, *Saint Francis: A model for human liberation*, 1981)）によりつつ、フランチェスコを取り上げ評価している。フランチェスコを解釈することは、「ロジャー・ソレルの本が示すように、困難でもなければ曖昧でもない」としながら、結論はボフもフランチェスコさえも、いわゆる人間中心主義を脱しておらず、神の前に動物自体が固有の権利をもつというリンゼイの主張する考えには至っていないと批判している。リン・ホワイトらの期待に反して、聖書の自然観の影響下にあるフランチェスコに人間中心主義的な側面もあることを実証したソレルの研究が踏まえられているかたちだが、人間中心主義の問題についての評価は分かれている。人間中心主義については、「ギリシャ・キリスト教的尊大さ」の伝統とするパスモアの批判が知られるが（J・パスモア著『自然に対する人間の責任』間瀬啓允訳、岩波書店、一九七九年（John Passmore, *Man's Responsibility for Nature, Ecological Problem and Western Tradition*, 1974））、一方で、キリスト教が歴史的にもつ人間中心主義的言明は、人間の責任の自覚をうながすことにより、「強い実践力、社会的性格」のような「積極的意義」をもつ、という指摘もなされていることを付記しておきたい（芦名定道・土井健司・辻学共著『現代を生きるキリスト教――もうひとつの道から』、教文館、二〇〇四年、二五八頁以下）。

なお、これ以外に信濃千曲著『「エコロジスト守護聖人」アッシジのフランチェスコ』文芸社、二〇一一年という本もあるが、簡略な内容のエッセーである。

このようにわが国では今のところ、フランチェスコと自然との関係を歴史的・実証的に取り上げた研究書は、翻訳を含めて出版されていない。ソレルの本書こそ、このテーマにおける基本的文献として、わが国の研究にたいする確かな基盤を提供してくれるであろう。

アッシジのフランチェスコその人についての、もっとも簡便かつ的確な紹介としては、川下勝著『アッシジのフランチェスコ』清水書院、二〇〇四年がある。その他のフランチェスコに関する一般的な文献については、初期伝記（『聖フランシスコの第一伝記』石井健吾訳、あかし書房、一九八九年／『聖フランチェスコの小さな花』田辺保訳、教文館、一九八七年など）についても、評伝（下村寅太郎著『アッシジの聖フランシス』南窓社、一九六五年／ジュリアン・グリーン著『アシジの聖フランチェスコ』原田武訳、人文書院、一九八四年など）についても、すでに多くの既刊書が存在しており、また現在も刊行されつつあるので、ここで詳しくは取り上げない。最近の、本書のテーマ・内容と関係するものに限って簡単に触れておく。

フランチェスコの伝記資料をめぐる問題（いわゆるフランシスカン問題）や近代以降のフランチェスコ研究史については、初期伝記の待望の邦訳である『アッシジの聖フランシスコ　完全の鑑』石井健吾訳、三邊マリ子解説、あかし書房、二〇〇五年の解説の中で簡潔に解説されており有益である。ちなみにそこで紹介されている研究者たちの著作の一部も近年翻訳出版されている。例えば、キアーラ・フルゴーニ著『アッシジのフランチェスコ　ひとりの人間の生涯』三森のぞみ訳、白水社、二〇〇四年は、文献資料のみならず図像資料にもよりつつ、その表題通りにフランチェスコを聖人や師父であるより一人の人間として描こうとする姿勢で書かれており、非常に参考になる。また、ジャック・ルゴフ著『アッシジの聖フランチェスコ』池上俊一・梶原洋一訳、岩波書店、二〇一〇年は、四編からなる論文集であるが、中世歴史家の著作らしく、資料を綿密に検討した上で当時の社会や文化の状況との関係のなかで総体的にフランチェスコとフランシスコ会を描こうとしており、こちらも有益である。
また、わが国のフランチェスコおよびフランシスコ会に関する最近の研究は、二〇〇六年より刊行されている東京フランシスカン研究所による『フランシスカン研究』（vol. 1-4）によって知ることができる。特に vol. 1 掲載の、伊能哲大著「イタリアのフランシスコ会史研究の現状」は、近年のフランチェスコおよびフランシスコ会研究状況と新たな資料類についてまとめて報告されており貴重であった。上記の伝記資料の名称見直しについても詳しく報告されている。またフランチェスコの著作については、vol. 2 掲載の三邊マリ子著「アシジのフランシスコの書き物——出版と研究」が資料と研究課題について的確にまとめられている。なお、本書のテーマとは直接関係はないが、二〇〇九年のフランシスコ会創立八〇〇年を記して、フランシスコ会関係の著訳者による会則と霊性に関する解説書が「フランシスカン叢書」（既刊四巻）として刊行されている。

さて、最後になったが、著者について述べておく。著者ロジャー・D・ソレルは一九五四年、ドイツのエスリンゲン生まれ。一九七二年からアメリカ・カンザス州立大学で歴史学・人類学を学び、一九七五年に優秀な成績で（summa cum laude）卒業している。さらにローズ奨学金を受けて、オックスフォード大学コルプス・クリスティ・カレッジに学び、西欧初期の歴史における夢や心理現象の解釈を研究した論文で一九七八年に歴史文学の修士号を受けた。つづいて一九七八年から一九八三年までコーネル大学に学び、論文 Tradition and Innovation in Saint Francis of Assisi's Interpretation of Nature, 1983 によって同大学より博士号 Ph. D. を受けている。本書はこの博士論文を改訂して単行本の形にしたものである。翌一九八四年には本書に先立って Franciscan Press から同名の本を出版しているが、一九八八年に Oxford University Press から出版された本書が代表的な著作となる。

その後、彼は実践の道へ進み、ワシントン大学にて社会福祉学の修士号を取得して以降、精神療法士《サイコセラピスト》およびソーシャルワーカーとして働いている。専門は高齢者メンタルヘルスで、一九九七年から二〇〇七年まで在住したアメリカ・ハワイ州では、ネグレクトや虐待のリスクから高齢者を守る福祉サービスユニットの立ち上げに尽力している。そのかたわら、当地の大学の植物研究所で絶滅危惧植物の保護・育成を行う取り組みにボランティアとして参加し、ソーシャルワークのプログラム終了後は同研究所に雇用されている。まさに人々と被造物をともにケアする生活である。二〇〇八年以降は、高齢の両親のためにカリフォルニア州サンディエゴへ移動し、当地の遺伝学研究所で働きながら、サンディエゴ郡の糖尿病患者を援助するプログラム作成に助力している。こうした自らの歩みについてソレル博士は、「われらの親愛なる聖フランチェスコも理解してくれるだろう働き」として誇りに思うと述べている（私信による）。

本書は、人生の歩みにおいてもフランチェスコに倣って生きようとする誠実な探求者によってなされた、優れた歴史研究である。本書によって明らかにされているフランチェスコ自身の思想と態度は、われわれと次の世代にとって、意義ある示唆を与えてくれるに違いない。

訳者あとがき

本書翻訳において、問題となった語がいくつかあった。例えばEcologyは生物学の一分野としての生態学である以上に、今日広い範囲の意味を包含する語であるので「生態学《エコロジー》」とルビをつけた。その他ルビをつけたものとして、ambivalenceは「対価性《アンビヴァレンス》」あるいは「両義性《アンビヴァレンス》」、literalismは「字義的解釈《リテラリズム》」あるいは「直解主義《リテラリズム》」、とそれぞれ日本語訳の文脈を考えて訳し分けた。他にもtroubadour「吟遊詩人《トルバドール》」、trouvère「吟遊詩人《トルベール》」、minstrel「吟遊詩人《ミンストレル》」、jongleur「旅芸人《ジョングール》」、bravura「華麗な演奏《ブラヴーラ》」などにも原語を示すためにルビをつけている。翻訳作業全般にわたってそれこそ字義的な訳をこころがけたが、それだけ日本語としては生硬な訳文になっていることは否めない。訳者の力量不足に起因する誤訳や思い違いの可能性もあり、諸氏のご指摘を仰ぎたい。

その他訳業に困難を覚えた箇所として、一章における古代キリスト教の詩歌がある。語学力不足に加え、原著にある英語訳からの重訳となり、ラテン語であろう原文は参照できていない。誤解や思い違いがないことを願うのみである。

聖書の引用は原則として、日本聖書協会『新共同訳』に準拠した。原著に引用された章句の章節と新共同訳のそれが相違している場合（ウルガタ聖書など）には、当該箇所の原注に訳注を追加して説明した上で、新共同訳の章節区分に従った。

フランチェスコの著作や初期伝記からの引用文は、邦訳書が出版されている場合はなるべくそれに従ったが、本文との文体の統一などを考えて適宜訳語を変えている箇所もある。

人名はフランシスコではなくフランチェスコとするなど現地発音表記を原則としたが、フランシスコ会、チェラノのトマスなど、既刊の邦訳書表記などにより慣用的に呼び方が定着していると思われるものはそれに従っている。その他のキリスト教史上の人物名などは、『キリスト教人名事典』（日本基督教団出版局、一九八六年）の表記を基準とした。

またフランチェスコの資料に関して、『ペルージア伝記（*Regenda Perugina*）』は近年『アッシジ編纂文書（*Compilatio Assisiensis*）』と称されるようになっているが、本訳書では原著出版当時の名称のまま『ペルージア伝記』を用いている。その他の資料名はおおむね、既刊邦訳書（『アシジの聖フランシスコの小品集』庄司篤訳、聖母の騎士社、一九八八年）に従っている。

なお、原著に挿入されている詩文の引用や表、注などの掲載順序を、読者の理解しやすさを考え、訳者の判断で変更している箇所がある。

さて二〇一三年三月、新しく選出されたローマ教皇の名前がフランチェスコ（日本ではフランシスコと表記）と呼ばれることが世界中に伝えられた。初めての南米（アルゼンチン）出身の新教皇は、選出されたとき、「その瞬間、脳裏に鳴り響いたのが、貧しい人々、貧しい人々という言葉でした。即座にアッシジのフランチェスコが頭に浮かびました」と述べたという。このことは、環境問題のみならず、貧困や紛争など様々な課題を抱えるこれからの時代もやはり、フランチェスコのような導き手を求めていることを示していると言えよう。「わたしをあなたの平和の道具としてください」で始まる、いわゆる『フランシスコの平和の祈り』が今日広く知られている。もともと二〇世紀初頭にフランスで書かれたもので、歴史的にはフランチェスコの著作ではないが、フランチェスコの精神を示すもっとも一般的な表現として、世界中に知られるようになった。マザー・テレサやヨハネ・パウロ二世が取り上げ、人々に示していたこともまだ記憶に新しい。二一世紀の世界が宗教や文化を越えて普遍的に求めているのは、こうした精神をそれぞれの置かれた場で実現しようとする人間であろう。著者ソレル博士が、そしてフランチェスコを愛する多くの人々がそうであるように、訳者自身もそのような働きの一端でも担う者でありたいと願う。

関西学院大学神学部で指導をうけた宮谷宣史教授より本書を紹介いただいてから、二〇年余が経過してしまった。その間、翻訳作業をまったく放擲してしまった時期が長く、再開後も訳業は遅々として進まず、原稿データをコンピュータートラブルによって失ってしまうような失態もあった。そのつど叱咤激励してここまで導いていただいた宮谷教授の長きにわたるご指導に、心から感謝をもうしあげたい。

そのほか、本書翻訳の大部分を費やした時期、援助をいただいた永田直美氏と長谷川耕一氏、また訳業への励ましとアドバイスをくださった福岡女学院の徳永徹、橋口隆文、John B. Kinsella、Alan

Williams の各氏、福岡女学院看護大学に移ってから同僚として協力いただいた貞野宏之氏と本村直美氏、さらに出版に際してお世話になった教文館の渡部満氏と髙橋真人氏、その際の出版費用助成をいただいた福岡女学院看護大学（西間三馨学長・前田三枝子学部長）、そしてすべての時を通じて生活面での協力を続けてくれた母に、それぞれ心から感謝の意を表したい。

二〇一五年春　福岡県古賀市にて

金田俊郎

《訳者紹介》

金田俊郎（かねだ・しゅんろう）

1961 年山口県生まれ。鹿児島大学理学部，関西学院大学神学部，同大学院神学研究科にて学ぶ（神学修士）。1999 年より福岡女学院中学校高等学校宗教主事。2008 年より福岡女学院看護大学講師・宗教主事。専門分野はキリスト教史。

アッシジのフランチェスコと自然
——自然環境に対する西洋キリスト教的態度の伝統と革新

2015 年 3 月 31 日　初版発行

訳　者　金田俊郎
発行者　渡部　満
発行所　株式会社　教文館
〒 104-0061　東京都中央区銀座 4-5-1
電話 03（3561）5549　FAX 03（5250）5107
URL　http://www.kyobunkwan.co.jp/publishing/
印刷所　株式会社　平河工業社

配給元　日キ販　〒 162-0814 東京都新宿区新小川町 9-1
電話 03（3260）5670　FAX 03（3260）5637

ISBN 978-4-7642-6717-6　Printed in Japan

落丁・乱丁本はお取り換えいたします。